INTRODUCTION A LA PSYCHOLOGIE
DE LA PERSONNALITE

D0994713

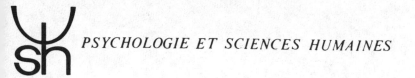

PSYCHOLOGIE ET SCIENCES HUMAINES

W. Huber

introduction
à la psychologie
de la personnalité

Septième édition

MARDAGA

© Pierre Mardaga, éditeur
Av. du Luxembourg 1 - 4020 Liège
D. 1996-0024-10
I.S.B.N. 2-87009-078-1

PREFACE

Invité à écrire une introduction à la psychologie de la personnalité, on se trouve devant la difficulté de présenter un domaine extrêmement vaste dans lequel les problèmes et les tentatives de solution sont nombreux et variés, et l'embarras du choix est grand devant les « théories » élaborées sur le sujet. Confronté à cette situation, il nous a paru utile d'aborder cette tâche en nous demandant quels sont les problèmes posés et les essais de solutions avancées au cours des recherches sur la personnalité, de nous interroger sur la manière de penser les problèmes plutôt que de recenser et d'inventorier les « théories » de la personnalité dont un certain nombre est déjà excellemment décrit dans la littérature en langue française.

A cet effet, nous avons cru bon de faire état dans une première partie de certains problèmes généraux et de présenter dans une seconde partie quelques « théories » illustrant les façons de penser en ce domaine et présentant des questions non abordées dans la première partie. L'exposé des quatre « théories » choisies, sans être à proprement parler comparatif, comprend une introduction générale situant les options fondamentales et une esquisse de la façon dont la théorie traite les cinq grands problèmes que sont la structure de la personnalité, sa dynamique, son développement, ses troubles et sa modification.

Les critères que nous avons suivis dans le choix des « systèmes » sont les suivants : d'abord la théorie ne pouvait pas être une théorie « partielle », mais devait être une conception d'ensemble ou globale de la personnalité; ensuite elle devait présenter une conception relativement élaborée des troubles et de la modification de la conduite et de la personnalité; enfin la théorie ne devait pas seulement être spéculative, mais comprendre une méthodologie et des recherches empiriques. L'application de ces critères a évidemment eu pour conséquence d'exclure un certain nombre de théories intéressantes; nous croyons cependant que le choix que nous avons fait permet d'éclairer les questions, les options et les réponses fondamentales de la psychologie de la personnalité actuelle et de ses développements à venir, et que de ce fait cette façon de présenter les choses est plus utile que la description d'un grand nombre de théories.

Comme il s'agit d'un texte introductif et non d'un manuel, notre présentation du problème ne peut naturellement pas remplacer la lecture des textes classiques en ce domaine; elle vise simplement à inciter à cette lecture et à la faciliter. Les larges citations que nous faisons dans le texte permettront au lecteur d'apercevoir quelque chose de la tournure d'esprit particulière à chacun de nos auteurs dont nous espérons, par nos pages, avoir préparé la lecture.

I. L'OBJET ET LE BUT DE LA PSYCHOLOGIE DE LA PERSONNALITE

> *La personnalité est un problème tellement primordial en psychiatrie, que la moindre ambiguïté du concept ou la moindre incertitude dans la façon de décrire et de mesurer les éléments qu'elle implique, risque d'affaiblir la structure de la psychiatrie, tant théorique que clinique.*

Cette phrase de Sir Aubrey Lewis, professeur de psychiatrie à l'Université de Londres, nous dit l'importance que revêt, pour la psychiatrie, le concept de la personnalité, et l'urgence qu'il y a à bien le définir. En psychologie cette notion occupe une place non moins centrale. Cattell (1950), après Allport (1937), souligne que «la psychologie de la personnalité occupe une position stratégique qui constitue une base nécessaire à la compréhension de ces domaines» plus restreints de l'apprentissage, de la perception, etc., et la nécessité de la préciser n'est pas moins impérieuse. Et cependant...

Définir l'objet de la psychologie de la personnalité n'est pas chose aisée, car, comme le disait un jour un de nos étudiants: «tout le monde en parle et nul ne sait ce que c'est». S'il fallait une référence à un auteur consacré pour étayer le bien fondé de cette phrase, nous citerions volontiers Eysenck pour qui il s'agit là du «terme peut-être le plus général et en même temps le moins défini qui soit utilisé en psychologie».

Il est donc indispensable que nous donnions non pas tellement une définition qui s'ajouterait à celles qui existent déjà, mais que nous présentions les éléments nécessaires pour saisir les différentes significations du terme. Nous le ferons en le situant d'abord dans l'histoire des idées dont les traces se retrouvent encore souvent imperceptibles dans beaucoup de conceptions contemporaines, pour le préciser ensuite à partir des définitions de la psychologie actuelle.

HISTORIQUE

Le mot personnalité vient du latin «persona» et signifie originairement «masque de théâtre», raison pour laquelle on a voulu faire dériver le terme «persona» du grec «prosôpon» qui signifie également «masque de théâtre», du latin «personare» (sonner à travers de) ou encore du grec «perisoma» (autour du corps), dérivations qui sont aujourd'hui toutes abandonnées au profit de celle de l'étrusque «phersu», qui désigne une figure entièrement masquée (Koch, 1960).

A ce propos il peut être intéressant de remarquer avec P.R. Hofstätter (1957) que les masques du théâtre antique, du théâtre No et du théâtre populaire, présentent des caractéristiques que l'on retrouve dans la notion de personnalité: 1. Ces masques restent inchangés au cours de l'action tout comme on pense généralement que la personnalité reste la même au cours de la vie; 2. Leur nombre se limite à une douzaine, tout comme le nombre de types de personnalité est relativement restreint; 3. Le spectateur comprend ces masques en ce sens qu'il peut prévoir certaines de leurs actions de même qu'on s'attend à certains comportements de la part de certaines personnalités.

Quoi qu'il en soit de l'étymologie, ce qui intéresse le psychologue, c'est de voir comparer le rôle que joue l'individu humain dans la vie à celui que tient l'acteur au théâtre, idée qui remonte au Philèbe où Platon parle de «la tragédie et de la comédie de la vie» (E. Curtius, cité par

Koch, 1960).

Chez Cicéron on peut, selon Allport (1937), déjà distinguer au moins quatre significations de « persona » :

a) ce que l'on paraît être aux yeux des autres (mais qu'on n'est pas vraiment);

b) le rôle que joue quelqu'un (p. ex. un philosophe) dans la vie;

c) un assemblage de qualités personnelles qui rendent quelqu'un apte à son travail;

d) la distinction et la dignité (du style écrit).

Dans le langage juridique d'alors, la persona est un individu ayant des droits et des devoirs dans la société.

On voit donc que déjà dans l'antiquité, « persona » avait des significations diverses : ce que l'on paraît sans l'être, le rôle que l'on joue, les aptitudes et capacités personnelles, ce qui vous distingue des autres, ce qui vous rend responsable.

L'évolution ultérieure de « persona » est influencée surtout par le langage théologique qui l'approfondit et lui enlève l'aspect d'inauthenticité. Tertullien propose de parler des trois personnes divines, et après le concile d'Alexandrie (362) « persona » devient synonyme de « hypostasis » et de « idioma », désignant ainsi le noyau de la personne, le principe même de son être et de son agir.

La première définition de « persona » nous vient alors de Boèce (vers 500) : « Persona est substantia individua rationalis naturae », définition à laquelle se référera aussi St. Thomas d'Aquin. Ici la notion de persona ne renvoie donc plus au paraître, mais au contraire à l'être, à la substance même de l'individu.

La philosophie scholastique forme dans la suite « personalitas » qui sera reprise par les mystiques allemands et traduite par « persônlichkeit » et « personlîchkeit », le suffixe « -lich » signifiant aussi « corps », celui de « -keit » aussi « essence ». « La personnalité est ici le côté divin, immortel de notre être » (Koch, 1960). Cet aspect supranaturel conféré à la personnalité par la mystique allemande se retrouvera dans l'idéalisme allemand, chez Goethe, Schiller et chez Kant qui nous dit: «Ce qui élève l'homme au-dessus de lui-même (comme partie du monde sensible)... n'est rien d'autre que la personnalité, c'est la liberté et l'indépendance du mécanisme de toute la nature.» On remarquera que dans cette définition se trouve l'une des sources de l'idée encore fréquente aujourd'hui selon laquelle toute recherche empirique ne saisirait que des aspects périphériques et inessentiels de la personnalité.

Cette dernière idée, il est vrai, plonge aussi des racines dans la doctrine de l'individualité de Goethe que Wilhelm von Humboldt et Schleiermacher ont continuée dans le domaine de la personnalité où elle trouve alors son point culminant dans l'œuvre de Dilthey, et, plus tard, le mouvement existentialiste.

Pour la caractérologie allemande des années 1920-1940 qui se conçoit comme science de l'esprit (Lersch, Wellek), la personnalité et le caractère renvoient à ce qui est unique dans l'individu.

Aux Etats-Unis, où l'on parlait déjà au début de ce siècle de «personality study» lorsqu'il s'agissait d'une étude de cas («case study»), le mot «personality» renvoie à l'ensemble des caractéristiques physiques et psychiques de l'individu.

Ce rapide coup d'œil sur l'évolution des notions de personne et de personnalité à travers l'histoire des idées nous met en présence de significations diverses, voire contradictoires. Considérant que la psychologie s'est de plus en plus dégagée des traditions philosophiques pour devenir autonome et étudier à sa façon ses propres problèmes, voyons ce que nous pouvons attendre de la psychologie contemporaine pour définir l'objet de notre travail et examinons quelques définitions relativement récentes de la personnalité. Les définitions que nous présentons ne sont pas nécessairement les meilleures, elles ne constituent pas nécessairement un échantillon représentatif de tout ce que l'on pourrait trouver actuellement en cette matière. Nous les avons simplement choisies parce qu'elles illustrent au mieux notre propos.

QUELQUES DEFINITIONS DE LA PERSONNALITE

Pour Lersch (1954) la notion de «personne» (Person) renvoie à la «forme fondamentale de l'être humain». Elle est étudiée par la psychologie générale qui «doit parvenir à l'horizon d'une conception d'ensemble de l'homme et de sa position dans le monde». La caractérologie, par contre, étudie les «particularités psychiques individuelles», «les formes de manifestation de la vie psychique dans l'homme particulier». Le caractère (ou la personnalité) est donc «la particularité individuelle de l'homme, la façon dont — émergeant des profondeurs inconscientes de la nature vivante — il s'explique avec le monde en sentant et en agissant, dans des jugements et des prises de position spirituelles, et reçoit par là une physionomie saisissable de son être individuel qui le distingue et le détache des autres hommes». Et Lersch précise: «le caractère est la particularité psychique d'un homme, telle qu'elle se détache, en étant visée de l'extérieur, de celles des autres hommes. Dans le sens de la caractérologie, on est un caractère par comparaison avec les autres, l'un étant ainsi, un autre autrement». La personne, par contre, a des références beaucoup plus larges, car on est une personne «en tant qu'être singulier, humain, unique, qu'on ne peut confondre ni échanger et qui vit et réalise son Dasein dans et avec le monde dans les multiples processus et contenus de l'expérience». Cependant: «Le mystère métaphysique de l'individualité, ce que Dieu a voulu dans chaque être singulier, ne peut plus être saisi de façon rationnelle ni être l'objet d'un énoncé. C'est l'amour seul qui parvient à le saisir en le pressentant.»

Selon Allport (1937) la personnalité est «l'organisation dynamique dans l'individu des systèmes psychophysiques qui déterminent ses adaptations uniques à son environnement».

Dans son explication de cette définition, Allport précise: «La personnalité est quelque chose et fait quelque chose. Elle n'est pas synonyme de comportement ou d'activité... Elle est ce qu'il y a derrière les actes spécifiques et dans l'individu.» Mc Clelland (1951), par contre, ne souscrirait pas à cette explication d'Allport, et dit: «Nous avons finalement achevé notre définition de la personnalité. En commençant par une simple définition opérationnelle d'une personne comme étant quelque chose que l'on peut désigner, nous avons conclu par une définition de la personnalité comme étant la conceptualisation la plus adéquate qu'un scientifique peut donner à un certain moment du comportement humain dans tous ses détails.»

Eysenck, comme Allport, parle de systèmes psychophysiques qui déterminent l'adaptation unique au milieu: «La personnalité est la somme totale des modes de comportement actuels ou potentiels de l'organisme déterminée par l'hérédité et l'environnement» (1947); selon une seconde définition, la personnalité est «l'organisation plus ou moins ferme et durable du caractère, du tempérament, de l'intelligence et du physique d'une personne; cette organisation détermine son adaptation unique au milieu» (1953). Le physique renvoie ici aux bases biologiques de la personnalité [1].

Pour Cattell (1950) la personnalité est «ce qui permet une prédiction de ce que va faire une personne dans une situation donnée». Et la personnalité «est concernée par tout le comportement de l'individu, par ce qui est manifeste et par ce qui est sous la peau».

Dans son «*Introductrion à la psychologie de la personnalité*», Byrne (1966) définit la personnalité d'un individu comme «la combinaison de toutes les dimensions relativement durables de différences individuelles par rapport auxquelles il peut être mesuré».

Contrairement à ce que l'on aurait pu espérer, les définitions psychologiques de la personnalité sont à peine moins diverses et imprécises que celles que l'on peut trouver dans l'histoire des idées et il est intéressant de se demander quelles sont les raisons de cet état de choses et quelle en est la signification. Avant cela remarquons toutefois que l'on peut aussi se demander ce qui est commun à toutes ces définitions, et l'on pourrait dire que c'est la conception de la personnalité comme quelque chose d'unique, d'organisé et de relativement stable (dans l'individu), qui nous permet d'expliquer sa conduite dans telle situation.

L'ARRIERE FOND PHILOSOPHIQUE DES CONCEPTIONS DE LA PERSONNALITE

Pour connaître les raisons de cette diversité de définitions de la personnalité que nous propose la psychologie contemporaine, il suffit de se souvenir du fait que la psychologie, dans son effort pour devenir une science autonome, a dû se dégager de la philosophie d'abord et ensuite préciser ses relations avec les sciences naturelles. Cette prise de distance et situation critique se sont faites à travers un processus d'opposition, de différenciation et d'intégration par rapport à la philosophie et aux sciences naturelles, qui font que tout naturellement, la psychologie contemporaine et plus particulièrement la psychologie de la personnalité (dont un des problèmes importants est celui de l'intégration et de l'unité des divers comportements d'un individu) se trouvent marquées par certains thèmes et problèmes des philosophies dont elles sont issues. C'est dire que toute psychologie de la personnalité comporte toujours, de façon plus ou moins explicite, une conception de l'homme dont il s'agit de bien mesurer la portée pour le problème empirique abordé dans le contexte de cette psychologie.

Vu l'importance de ce problème qu'il n'est pas possible de traiter dans ce travail, nous voudrions néanmoins l'illus-

trer en mettant en lumière deux de ses aspects qui se re-
coupent d'ailleurs en certains points.

Rappelons d'abord qu'en ce qui concerne l'étude de la
personnalité, c'est Dilthey qui, dans ses «Idées concernant
une psychologie descriptive et analytique» (1894), propose
du point de vue épistémologique et élabore ce que l'on a pu
appeler par la suite une psychologie naturaliste et une psychologie humaniste. D'un autre point de vue, celui de la
comparaison des psychologies expérimentale et clinique,
D. Lagache (1949) caractérise les deux perspectives en les
opposant par rapport à cinq points :

1. la nature du fait psychologique : conçu comme chose
par le naturalisme; comme «conscience», «expérience vécue», fait existentiel par l'humanisme;

2. la relation entre le tout et les parties : le naturalisme
pose l'antériorité des éléments et lois élémentaires, le tout
n'étant que l'ensemble des parties, alors que pour l'humanisme le tout est antérieur aux parties et ne peut être re-
composé à partir des éléments artificiellement isolés;

3. l'intelligibilité des faits psychologiques : elle est
conçue par le naturalisme à la façon des sciences naturelles
qui visent des lois exprimées quantitativement autant que
possible et «expliquent» les phénomènes en les réduisant à
des composantes plus simples et moins nombreuses; l'humaniste se réfère non pas à des lois, mais à des types
idéaux ou des relations idéales permettant de «comprendre» les phénomènes;

4. le substrat de la vie psychique est vu par le naturalisme dans des faits matériels objectivement décrits, alors
que l'humanisme met l'accent sur l'importance des «couches profondes» et de «l'inconscient»;

5. la position quant à la finalité et aux valeurs est négative chez le naturaliste qui les rejette à cause de leur subjectivité, alors que l'humanisme affirme que le monde du
vivant est un monde de valeurs.

Et Lagache attire l'attention sur le fait qu'il s'agit ici
d'un schéma simplifié de tendances et qu'aucune école

d'orientation expérimentale ou d'orientation clinique ne se range sans plus dans le naturalisme ou l'humanisme ainsi caractérisés. Il ne manque pas non plus de remarquer que le choix ou la préférence d'une de ces deux grandes orientations ne sont pas seulement fonction d'aspects objectifs inhérents au problème posé, mais que la sensibilité, la tournure d'esprit, les besoins affectifs du psychologue peuvent y jouer un grand rôle.

Le second exemple illustrant l'influence de la philosophie et le fondement pré-psychologique des diverses conceptions psychologiques de la personnalité peut se trouver dans deux travaux de G.W. Allport (1955, 1957) que nous résumerons brièvement ici parce que cela nous permet de soulever déjà quelques problèmes qui se posent lorsqu'on étudie la personnalité, de montrer comment on les a abordés et de caractériser, de façon plus poussée que ne le fait le travail de Lagache, deux grandes traditions dans l'étude de la personnalité: la tradition de l'Europe continentale et la tradition anglo-américaine.

Comme Lagache, Allport souligne que sa comparaison est une simplification, un schéma, qu'il ne fait que décrire des constellations plus ou moins typiques de courants à l'intérieur desquelles des caractéristiques nationales et personnelles peuvent encore jouer. Et il faut ajouter que, actuellement, la pensée de l'Europe continentale reprend de l'importance aux U.S.A. tout comme la tradition anglo-américaine influence déjà fortement la recherche dans beaucoup de centres européens. Il reste néanmoins des différences que l'on aurait tort de négliger, car leur sacrifice appauvrirait certainement la psychologie de la personnalité.

Pour caractériser ces deux grandes traditions dans l'étude de la personnalité, Allport, se référant à Ellenberger et Wolff, présente d'abord une thèse dont il dit qu'elle est certainement trop générale tout en contenant un grain de vérité: les théoriciens américains envisageraient la personnalité surtout selon les aspects « comportement extérieur», traits de surface, composantes motrices, relations interhumaines et modifiabilité, alors que les européens préfèreraient des notions comme disposition profonde, détermination constitutionnelle, structure fermée, indépendance relative du contexte social, et non-modifiabilité de la personnalité. Il passe ensuite à des considérations plus nuancées et approfondies en comparant les deux traditions selon six points qui constituent d'ailleurs des problèmes centraux pour toute théorie de la personnalité.

1. Les présupposés philosophiques. Dans ce domaine les différences sont profondes et s'expliquent par le fait que l'Amérique et l'Angleterre sont influencées par la tradition de Locke, alors que l'Europe continentale est imprégnée de la pensée de Leibniz et de Kant.

La tradition de Locke conçoit l'esprit humain comme «tabula rasa», comme quelque chose de passif qui reçoit sa structure et son contenu de l'activité sensorielle (*nihil est in intellectu quod non fuerit in sensu*) et de ses diverses associations; «l'esprit fait ce qu'on lui fait faire», il ré-agit (aux stimuli du milieu) et se développe grâce à l'association d'éléments simples.

Pour Leibniz et pour Kant, par contre, l'esprit est actif, présente une activité interne et spontanée, et le chemin n'est pas loin de la monade active de Leibniz à la «personne» de W. Stern accomplissant son destin grâce à ses tendances qui participent à l'entéléchie. Ici la personnalité n'est plus le lieu où se déroulent des sensations et des actions, mais la source de ces activités, et l'on comprend alors que les théories continentales considèrent souvent le patrimoine héréditaire et la constitution comme plus importants que le milieu.

Allport souligne aussi l'influence de cette conception d'un esprit actif ou passif sur les théories de la connaissance et de la motivation, et nous fait ainsi mieux comprendre la façon dont l'Amérique a accueilli, compris et développé la phénoménologie, la psychologie de la Gestalt et la psychanalyse. Il attire l'attention sur la façon dont cette minimisation de l'activité autochtone de l'esprit s'exprime dans certaines notions clé de la psychologie : à « intuition » on préfère la notion plus passive d'attente (expectancy) et les notions de projet et de prévision sont remplacées par les notions plus statiques de schéma cognitif (« cognitive map ») et d'attitude (« set »).

2. Le tout et ses parties, et leur relation, sont également vus de façon très différente en ce sens que les théories européennes essayent de saisir « l'homme entier », l'individu dans sa totalité, alors que les théories anglo-américaines visent plutôt les parties de ce tout, soit des traits, des attitudes, des syndromes, des facteurs ou des performances.

En Europe, le tout est conçu comme primaire et c'est à partir de cette totalité que l'on distingue et différencie alors les parties grâce à une démarche « analytique » et « compréhensive » qui porte sur l'expérience vécue du sujet et les structures qui s'en décantent. L'individu est conçu comme ayant une certaine consistance et unité propres dont il est en partie l'auteur, l'unité et la totalité résultant d'un projet.

Pour les auteurs anglo-américains la chose importante sont les parties du tout : des traits, des attitudes, des facteurs, des performances ou des syndromes plus ou moins indépendants, et l'unité, la totalité sont secondaires et conçues comme le résultat de l'interaction des parties. Parfois on essaye même de nier l'unité et la totalité de la personnalité ou on essaie de la réduire à la façon dont l'individu est perçu par autrui, à la constance et stabilité des stimuli, des situations et des contacts interpersonnels. Sullivan définit ainsi la personnalité comme « le patron (pattern) relativement constant de situations interhumaines récurrentes qui caractérisent une vie humaine. » La démarche adoptée dans une pareille perspective est évidemment « constructive » et « explicative ».

3. Les tonalités affectives des deux traditions ne sont pas non plus les mêmes. Les conceptions américaines bai-

gnent dans un climat d'optimisme et d'amélioration de la vie, de progrès, alors que les conceptions européennes seraient marquées d'une note de fatalisme et de pessimisme.

Les exemples cités par Allport sont celui de Freud et de l'existentialisme continental d'une part, de Rogers et de la philosophie américaine de l'autre.

Allport écrit que Freud nous a légué une conception pessimiste des possibilités de la nature humaine et que l'existentialisme continental a souligné surtout les conflits, l'incompréhensible et le désespoir de l'existence. Rogers, par contre, nous dit Allport, se propose de changer l'image que se fait de lui-même le patient et, dans le processus thérapeutique, la «liberté» existentielle prend une tournure pleine d'espoir, la «liberté» ne condamne pas à l'échec, il y a «une atmosphère d'attente, d'encouragement, de découverte de solutions couronnées de succès». Il dit aussi que la philosophie américaine (le pragmatisme, l'éthique de la croissance) exprime un courage indestructible et donne une réponse positive au dilemme existentiel, qu'il y a une passion de l'amélioration de soi qui fait que des théories de la modifiabilité, de la réactivité et de l'amélioration de soi semblent convenir aux Américains, alors que les théories de l'intériorité, de la fermeté, de l'intégrité seraient plus adéquates en Europe[2].

4. La collaboration sociale prend une place plus grande dans les théories américaines que dans les théories continentales en ce sens que si selon la définition de W. Stern les théories européennes mettent l'accent sur la centration sur soi, la plupart des théories américaines le mettent sur l'ouverture au monde. Ainsi Parsons et Shils, deux sociologues, affirment que le système de la personnalité n'est pas plus fondamental que le système social, et l'on fait remarquer que le comportement n'est jamais fonction de simples propriétés intérieures, mais plutôt une réaction au comportement d'autrui.

5. Les modèles neurologiques et les composantes physiologiques de la personnalité semblent également rencon-

trer plus d'intérêt chez les Américains que chez les Européens, ce qui s'explique en partie par leur passion pour les définitions opérationnelles.

6. La méthodologie et la créativité enfin, sont un autre point qui mérite d'être pris en considération. Allport remarque que des préoccupations méthodologiques sont plus fréquentes aux U.S.A. et que l'idéal d'un positivisme rigoureux semble y réunir plus d'adeptes qu'en Europe continentale. Il approuve ce souci méthodologique, mais il attire aussi l'attention sur la tentation qu'il comporte d'ignorer «toutes les questions concernant la personnalité auxquelles il n'y a pas de réponse du côté d'une méthodologie arbitraire qui est empruntée aux sciences naturelles». Et Allport poursuit: «La partie principale des problèmes de la personnalité restera intouchée, si nous limitons trop étroitement nos concepts à des procédés qui sont permis de ce point de vue» et avance un argument de poids méritant réflexion: «Cet idéal n'a pratiquement rien apporté à la substance des théories de la personnalité actuelles... les théoriciens anglo-américains qui ont de si grandes exigences au point de vue méthodologique sont des emprunteurs éhontés. Ils ont créé peu d'idées fondamentales eux-mêmes (abstraction faite de la méthode) et ont repris le noyau de leur théorie à leurs collègues ''philosophes'' du Continent».

Ces dernières remarques d'Allport ne doivent certainement pas être un prétexte à des polémiques, mais elles sont dignes d'être prises en considération comme en témoigne d'ailleurs un nombre croissant de travaux américains montrant une prise de conscience des dangers de stérilité et d'insignifiance que comporte tout purisme méthodologique. Répétons-le encore une fois: cette comparaison faite par Allport n'est qu'un schéma caractérisant deux traditions, esquissant des «perspectives de perspectives»; il illustre cependant le fait que la diversité des conceptions et définitions de la personnalité prend son origine dans des traditions philosophiques différentes proposant des conceptions de l'homme et des conceptions méthodologiques différentes.

LE BUT DE LA PSYCHOLOGIE DE LA PERSONNALITE

Pour l'homme de la rue, la psychologie de la personnalité doit nous dire de quelqu'un « comment il est », ce qu'il pense et ce qu'il fait, ce qu'il fera, comment il est devenu ce qu'il est et pourquoi il agit et pense comme il le fait dans les divers domaines de sa vie, elle doit nous dire pourquoi tout le monde ne sent, ne pense et n'agit pas de la même façon, pourquoi « chacun a sa personnalité » d'ailleurs plus ou moins difficile à connaître. La psychologie de la personnalité doit donc nous aider à « comprendre » quelqu'un, c'est-à-dire qu'elle doit permettre de décrire, expliquer et prédire le comportement d'un individu.

Tout un chacun a d'ailleurs une conception ou sa « théorie » de la personnalité, plus ou moins riche, nuancée et solide, à laquelle il se réfère lorsqu'il essaie de comprendre ou d'influencer son prochain. On pourrait donc dire que le but de la psychologie de la personnalité est d'élaborer une théorie scientifique permettant de décrire, d'expliquer et de prédire le comportement des individus. Plus exactement le but d'une théorie de la personnalité est double, comme le signale Hofstätter (1960): elle doit fournir « le cadre systématique pour la mise en ordre des différences constatées entre individus » et présenter « un modèle qui permet d'analyser les divergences dans les manifestations d'un seul et même individu suivant les situations ou les domaines de la vie ».

Cette théorie scientifique se distingue évidemment de celles du sens commun par son caractère systématique et critique et certaines options devant les réalités psychiques.

D'abord une théorie scientifique suppose une conception déterministe du psychisme pour laquelle tout phénomène psychique procède d'un antécédent selon une certaine règle, et pour laquelle, dans des conditions identiques, les mêmes causes produisent les mêmes effets.

Ensuite, une théorie scientifique suppose que les phénomènes soient décrits en termes de concepts ou de variables définis opérationnellement, c'est-à-dire en indiquant les conditions d'observation ou les règles de procédure ayant conduit au concept ou à la variable utilisés. C'est dire, par exemple, qu'au lieu de parler sans plus de l'anxiété d'un patient, on indique au contraire quelles sont les observations qui nous l'ont fait décrire comme anxieux : des gestes hésitants, une voix qui tremble, ce qu'il nous dit sur sa conduite dans certaines circonstances, des notes élevées qu'il obtient à des tests mesurant l'anxiété, etc. Cela revient à préciser laquelle, parmi les nombreuses significations de ce terme, on lui donne, et pourquoi.

Cette exigence de décrire les phénomènes en termes de variables opérationnellement définies a souvent été critiquée comme un appauvrissement de la psychologie, l'opérationisme lui coupant les ailes qui lui permettraient de s'élever à la pensée créatrice, en réduisant la réalité à ce qui peut en être dit en termes de variables ainsi définies, et en « interdisant » toute pensée qui ne suit pas les règles proposées par l'opérationisme.

A ce sujet deux remarques s'imposent. D'abord, en ce qui concerne la réduction des phénomènes psychiques à des variables définies opérationnellement, il y a lieu d'observer qu'aucun psychologue ne prétend qu'une définition opérationnelle saisisse à elle seule, d'un seul coup et une fois pour toutes la quintessence des phénomènes en question ; l'expérience montre simplement qu'à partir d'un certain moment les définitions non-opérationnelles sont trop larges et trop floues pour une recherche scientifique. On peut répondre à cette objection en citant ce que dit Spence (1948) au sujet des concepts behaviouristes :

« On entend souvent des critiques disant que les concepts behaviouristes sont trop élémentaristes, trop atomistiques, ou qu'ils manquent de représenter l'essence réelle ou la vraie signification du comportement de l'homme. Ces dernières critiques déplorent souvent amèrement l'appauvrissement de l'esprit, et le manque de chaleur et de particularités éclatantes dans le tableau que fait le behaviouriste des événements psychiques. Certaines de ces critiques reflètent naturellement le seul manque d'appréciation (de compréhension) de la part de certains «psychologues» concernant la différence entre, d'une part, la connaissance scientifique d'un événement et la connaissance journalière, ou, d'autre part, le type de connaissance que proposent l'auteur de nouvelles ou le poète. Soit à cause de leur formation, soit à cause de leurs intérêts fondamentalement non scientifiques, ces critiques n'ont jamais réellement compris le caractère abstrait que présente le compte rendu scientifique d'un phénomène... Il y a naturellement d'autres interprétations légitimes de la nature et de l'homme que celle proposée par la science et chacune a ses droits d'être poursuivie.»

La seconde remarque concerne alors l'application des règles et de la méthode générale proposées par l'opérationisme et qui empêcherait toute pensée créatrice. La réponse à ces objections a été donnée déjà par Stevens (1939):

«Sa méthode est une méthode qui est appliquée après que la proposition scientifique ait été faite: elle fournit des critères en vue de déterminer si ce qui a été dit est empiriquement significatif. En bref, elle met à l'épreuve des inventions, mais ne dit pas comment on invente. Elle n'est pas opposée aux hypothèses, aux théories ou à la spéculation. Elle cherche simplement à découvrir des critères grâce auxquels ces choses peuvent être détectées et étiquetées. Elle n'est pas opposée à la poésie, à l'art ou à la religion. Elle désire savoir à quelles conditions l'alliance de la science avec la métaphysique engendre des pseudo-problèmes.»

Après avoir indiqué les options prises par le psychologue qui se veut scientifique, voyons quelles sont ses démarches ultérieures dans l'effort pour construire cette théorie qui est le but de toute psychologie de la personnalité. Ces démarches pourraient être schématisées en distinguant quatre phases essentielles, dont l'importance et la difficulté varient selon les problèmes.

1. L'observation sous ses multiples formes est naturellement la première phase de ce processus de connaissance scientifique, son objet étant la conduite des autres ou de soi-même dans les diverses situations naturelles ou artificielles. Elle permet de décrire certaines caractéristiques de

la conduite (variables) et les relations existant entre elles, de former des concepts. Rogers (1959) dit au sujet de cette première phase :

« Je suis d'avis que le type de connaissance que nous appelons science peut commencer n'importe où, à n'importe quel niveau d'élaboration. Observer de façon aiguë, penser de façon soigneuse et créative - voilà les activités qui sont les débuts de la science et non pas l'accumulation d'instruments de laboratoire. Observer qu'une plante donnée pousse mieux sur une colline rocheuse que dans la terre fertile de la plaine, et réfléchir sur cette observation est le début de la science. Remarquer que la majorité des marins qui n'ont pas été à terre pour prendre des fruits frais contractent le scorbut est un début semblable. Reconnaître que le comportement d'une personne change suite à la modification de la vue qu'elle a d'elle même, et s'interroger à ce sujet, c'est encore le début aussi bien de la théorie que de la science. J'avance cette conviction en guise de protestation contre l'attitude qui semble trop fréquente dans la psychologie américaine en vertu de laquelle la science commence au laboratoire ou à la machine à calculer. »

2. La généralisation des observations faites sur un objet à d'autres objets de la même classe constitue la seconde phase dans la construction d'une théorie, phase que l'on retrouve d'ailleurs au niveau du sens commun qui nous dit, par exemple, que « les gros sont gentils » et qu'il « faut se méfier des maigres », qu'un individu qui ment est aussi voleur, que « l'ambition et la méfiance vont toujours de pair », etc. C'est à ce niveau d'une généralisation globale non contrôlée que s'arrête la plupart du temps la psychologie de l'homme de la rue parce que ses généralisations lui paraissent évidentes et parce que, sauf exception, il n'est pas sensible aux faits qui les contredisent.

3. La vérification des généralisations est en effet rare dans la psychologie de tous les jours et lorsque le non-spécialiste s'y trouve engagé par hasard ou par force pour une idée qui lui tient à cœur, il prendra généralement en considération les cas favorables à son hypothèse et ignorera les autres. C'est ainsi qu'une personne convaincue de la validité des horoscopes ou de certains « tests » de personnalité interprétera ces prédictions dans le sens qui lui convient et ne retiendra que les cas où les événements pré-

dits se sont effectivement produits, alors que la prise en considération d'un grand nombre de cas non sélectionnés lui aurait démontré que le nombre de prédictions correctes ne dépasse pas ce qui est dû au hasard. Cet exemple peut nous montrer que la vérification scientifique comporte des exigences qui ne sont pas remplies par la psychologie de tous les jours: des descriptions et propositions précises, objectives et explicites, et une méthodologie de la vérification.

4. La construction d'une théorie consiste alors à formuler, à partir des généralisations vérifiées, des généralisations de plus en plus générales, à constituer un ensemble cohérent de généralisations entre lesquelles existent des relations logiques nécessaires. Nous parlons ici de «construction» d'une théorie pour marquer qu'il s'agit d'une activité d'invention et non de simple constatation, et d'une activité inventive qui, en se pliant à certaines règles, aboutit à un édifice plus ou moins complexe; une théorie n'est en effet pas une donnée, un aboutissement inévitable de généralisations empiriques, ni une simple idée originale, mais l'aboutissement de l'invention disciplinée d'un ensemble de propositions permettant d'organiser ces généralisations et d'en dériver de nouvelles qui pourront, à leur tour, être vérifiées.

En ce qui concerne ces démarches conduisant à une théorie scientifique, il n'est peut-être pas inutile de rappeler ici que la méthode clinique, l'étude approfondie de cas individuels, n'a pas de statut à part: elle part de l'observation de faits, formule des hypothèses, et doit les vérifier de façon empirique, si elle veut parvenir à constituer un savoir, une science. C'était cela, comme nous le verrons, la démarche de Freud.

La fonction d'une théorie est donc double. D'abord elle organise et intègre les généralisations déjà vérifiées, «ce que l'on sait déjà» en un ensemble cohérent, elle résume en quelque sorte de façon systématique le savoir atteint à un certain moment, elle nous dit ce que l'on sait et quels sont les critères de ce savoir. C'est ce que M. H. Marx (1963) appelle la «fonction-*but*» d'une théorie. Ensuite, et c'est là la fonction peut-être la plus importante d'une théorie, elle guide la recherche et conduit à des généralisations empiriques nouvelles encore inobservées, mais susceptibles de vérification empirique. Un des exemples bien connus est la prédiction de l'existence de la planète Neptune à partir des seuls calculs faits sur la base des données astronomiques antérieures à son observation effective. Cette mise au point du savoir oriente la recherche en permettant d'entrevoir non seulement des problèmes nouveaux, mais aussi les démarches empiriques concrètes par lesquelles il y a moyen de les résoudre d'une façon scientifique, en suggérant quelles sont, parmi toutes les variables possibles dans la complexité du réel, les plus importantes pour poser et résoudre le problème nouveau. C'est ce que M.H. Marx appelle la «fonction *moyen*» d'une théorie.

A ces deux fonctions de la théorie on peut faire correspondre ce que l'on pourrait appeler la dimension explicative et la dimension créative d'une théorie. Il s'agit là de deux dimensions relativement indépendantes en ce sens qu'une théorie peut présenter une dimension explicative relativement faible et quand même conduire à des idées et des recherches nouvelles. C'est le cas de la théorie de l'évolution de Darwin et, en psychologie, celui de la psychanalyse. Il est toutefois évident qu'une théorie qui ne conduirait jamais qu'à des idées ou recherches nouvelles empiriquement peu vérifiables, est une théorie peu intéressante et inutile. Il ne suffit pas qu'une théorie produise des idées, il faut encore que ces idées soient vérifiables et finalement vérifiées (falsifiées).

Pour remplir adéquatement ses fonctions, une théorie doit répondre à certaines exigences.

a) Tout d'abord une théorie scientifique de la personnalité doit être vérifiable par l'observation ou, plus exactement, les propositions faites par la théorie doivent l'être. Cela veut dire qu'elle ne peut porter que sur des phénomènes empiriquement vérifiables (et non pas sur des phénomènes qui sont de l'ordre de l'anthropologie philosophique, de la morale ou de la métaphysique) et que ses propositions doivent être formulées en indiquant comment elles se réfèrent à la réalité empirique, et de façon suffisamment explicite et précise, faute de quoi la théorie n'a pas de contenu empirique déterminé et n'importe quel événement pourra être considéré comme confirmant ses propositions. Ces exigences fondamentales satisfaites par la théorie, toute observation en accord avec une proposition pourra être considérée comme confirmation provisoire, toute observation qui la contredit comme une infirmation. Toute observation concordante n'est donc pas nécessairement une confirmation de la proposition; il faut, pour qu'elle le soit, que la théorie satisfasse aux critères mentionnés.

b) Mais une théorie n'est pas seulement un ensemble de propositions sur des phénomènes empiriques, c'est un ensemble cohérent et systématique. En tant que telle, elle doit avoir une certaine consistance logique ou ne pas présenter de contradiction interne. Cette condition vaut bien entendu aussi pour la métathéorie. Ainsi, on ne peut pas affirmer à la fois que le test de Szondi réalise une évaluation quantitative des tendances pulsionnelles (qu'il les mesure) et que c'est ne rien comprendre à la théorie que de vouloir tester empiriquement ses propositions et d'exiger du test en question qu'il satisfasse aux critères les plus élémentaires de validation psychométrique. C'est l'un ou l'autre : ou bien la théorie de Szondi est une théorie qui est basée sur les faits de l'expérience clinique et les données du test qu'elle prétend éclairer en retour, et elle devra se soumettre aux critères de l'empirie, ou bien c'est une théorie élaborée par la réflexion philosophique sur les phénomènes observés en clinique, et c'est une anthropologie philosophique qui a ses propres critères et sa propre sphère de vérité, mais ce n'est pas alors de la clinique. Une pareille conception anthropologique de Szondi pourra bien entendu suggérer des hypothèses intéressantes pour la clinique, mais elle ne peut pas juger la clinique puisqu'il s'agit de deux domaines différents.

En plus de sa consistance logique, une théorie scientifique doit alors présenter une articulation systématique de ses propositions, indiquer les liens qui existent entre celles-ci.

Comme la vérifiabilité empirique, la consistance logique d'une théorie suppose des concepts précis et explicites et, en plus, une formalisation suffisante. On remarquera toutefois que si l'inconsistance logique suffit à infirmer les propositions d'une théorie, la simple consistance logique et le caractère systématique d'une théorie ne les confirment pas si elle n'est pas formulée dans des termes permettant une vérification empirique. Tout clinicien a en effet pu rencontrer des délires systématiques très cohérents qui étaient néanmoins des dé-lires, des constructions logiques et systématiques, mais «à côté de la réalité». Cela n'implique naturellement pas que tout système cohérent soit délirant, mais simplement que le seul caractère logique n'en garantit pas la vérité comme le non spécialiste a tendance à le croire lorsqu'il se trouve devant certaines caractérologies spéculatives.

c) Finalement une théorie doit être compréhensive, elle doit permettre de décrire tous les phénomènes importants de son objet et de les expliquer, elle doit être complète. Une théorie de la personnalité devrait ainsi englober tous les aspects importants de celle-ci.

Parmi les critères généralement énoncés par la méthodologie et l'épistémologie scientifiques on cite souvent encore le «principe d'économie», la théorie doit rendre compte des faits avec un minimum de notions, de lois et de principes. La meilleure théorie est alors celle qui explique le plus grand nombre de faits avec le plus petit nombre de concepts. «*Essenda non sunt multiplicanda*» disait G. d'Occam qui a formulé ce principe.

II. LES APPROCHES ET LES METHODES

LES PERSPECTIVES D'APPROCHE DES DIFFERENCES INDIVIDUELLES

Pour situer le problème des méthodes de la psychologie de la personnalité, nous pouvons partir du schéma proposé par W. Stern dans sa « Psychologie différentielle » où l'auteur entend fonder celle-ci comme science empirique, schéma dont les deux dimensions indiquent les quatre perspectives fondamentales selon lesquelles on peut étudier les deux faits relevant de cette discipline : les individus et les traits qui les caractérisent.

A partir des deux dimensions de ce schéma, Stern décrit les quatre perspectives fondamentales suivantes :

1. Une coupe horizontale signifie : une caractéristique (m) est étudiée chez beaucoup d'individus (A...Z) et cela sous l'aspect de ses variations. Adopter cette perspective c'est faire l'étude des variations (Variationslehre). Ainsi on peut, par exemple, étudier l'intelligence dans toute son étendue, des degrés inférieurs (idiotie, imbécillité, débilité)

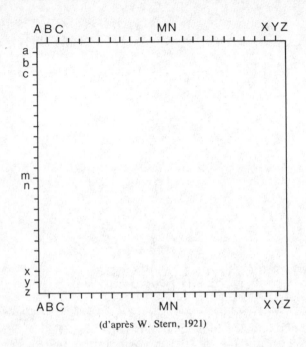

(d'après W. Stern, 1921)

aux degrés supérieurs (les génies), et en décrire les limites de normalité inférieure et supérieure.

2. Une coupe verticale signifie : un individu (M) est étudié par rapport à plusieurs et si possible toutes ses caractéristiques (a...z) et de leurs relations, et cela en le décrivant dans sa particularité. C'est ce que Stern appelle faire une « Psychographie » et dont il donne comme exemple l'analyse psychologique de Goethe, la pathographie de Rousseau, la description de l'état psychique d'un malade mental, etc. C'est donc le portrait psychologique, la description aussi complète et caractéristique que possible d'un individu qui est visée ici. Mais il faut remarquer que Stern n'envisage que l'état actuel de l'individu, ce que l'on appelle aujourd'hui l'analyse transversale, et non pas l'évolu-

tion ou l'histoire de l'individu dont l'analyse est actuellement dite longitudinale. Cette dimension temporelle absente du «carré» de Stern sera introduite ultérieurement dans un schéma qui complétera celui de Stern: le «cube» de Cattell.

3. Deux ou plusieurs coupes horizontales signifient: deux ou plusieurs caractéristiques (m et n) sont étudiées chez plusieurs individus (A...Z) afin de voir si elles varient dans le même sens, en sens opposé ou de façon indépendante. C'est «l'étude des corrélations» qui vise, par exemple, l'investigation de la relation existant entre deux aptitudes. Cette étude des corrélations a été perfectionnée après Stern à partir d'analyses mathématiques pour aboutir à «l'analyse factorielle» de la personnalité.

4. Deux ou plusieurs coupes verticales signifient: deux ou plusieurs individus (M et N) sont comparés par rapport à plusieurs caractéristiques (a...z). Cette façon d'analyser est appelée «l'étude comparative» et trouve une illustration dans l'étude des familles, l'étude comparative de deux individus, de Schiller et de Goethe, par exemple. Actuellement cette comparaison et l'étude de la ressemblance ou dissemblance de deux personnes ou objets peut se faire à partir de techniques d'analyse factorielle ou du «différenciateur sémantique» d'Osgood, donc de façon beaucoup plus poussée que du temps de Stern.

CAS INDIVIDUEL OU REGLE GENERALE?

Les quatre perspectives fondamentales selon lesquelles on peut étudier l'individu et ses caractéristiques étant définies, la question se pose de savoir laquelle des deux grandes voies d'approche sous lesquelles on peut subsumer les quatre perspectives est la plus adéquate pour la psychologie de la personnalité, l'idiographique ou la nomothétique? Faut-il étudier l'individu ou établir la règle?

C'est là un problème épineux dont les origines lointaines se trouvent dans le conflit de deux doctrines philosophiques, le réalisme et le nominalisme, et qui a été réactivé à la fin du siècle dernier par Windelband et Dilthey pour garder toute son acuité dans le conflit à travers lequel il oppose encore actuellement bon nombre de « cliniciens » aux psychologues qui pensent qu'il n'y a pas deux, mais une psychologie scientifique.

Caractérisons d'abord ces deux grandes voies d'approche de l'étude de la personnalité pour nous interroger ensuite sur la place qu'elles occupent dans celle-ci.

Dans l'approche nomothétique représentée dans le schéma de Stern par les coupes horizontales, à savoir l'étude des variations et l'étude des corrélations de caractéristiques, on isole d'abord une ou plusieurs caractéristiques de la personnalité et on les étudie ensuite chez un grand nombre d'individus.

Ainsi le psychologue peut étudier la relation existant entre une caractéristique (l'agressivité, p. ex.) et le comportement manifesté dans une situation (la passation d'un test, p. ex.) chez un grand nombre d'individus. Il pourra de cette façon décrire l'influence de ce trait sur le comportement et établir une loi générale la concernant. En recourant à un schéma plus complexe, il pourra étudier la relation existant entre deux caractéristiques (l'agressivité et le désir d'approbation sociale [3] p. ex.) et le comportement de plusieurs individus manifesté dans deux situations (la passation d'un test sous condition normale et sous alcool). Ici de nouveau le psychologue étudie la relation existant entre ces deux caractéristiques (agressivité et besoin d'approbation sociale) et le comportement, et la généralise à plusieurs individus. Ce qui l'intéresse c'est les deux traits et leur relation et non l'individu, et ses généralisations portent sur des individus et non sur des situations. L'avantage de cette approche est de permettre la généralisation des résultats obtenus sur un échantillon et l'établissement des lois générales concernant la structure et la dynamique de la personnalité. L'inconvénient réside dans le fait que l'on étudie des traits et leurs fonctions et non pas l'individu concret dans sa totalité.

Dans l'approche idiographique illustrée dans le schéma de Stern par les coupes verticales, à savoir l'étude psychographique et l'étude comparative, la démarche suit le chemin inverse: on considère un seul individu dans plusieurs ou toutes ses caractéristiques, — et dans son unité —, pour les étudier dans un grand nombre de situations, comme cela se fait dans les études de cas, par exemple de Freud et de P. Janet. Ici la généralisation porte sur les situations et vise la prédiction de comportements de l'individu dans un grand nombre de situations. La généralisation de ces informations à d'autres individus est difficile puisque aussi bien les caractéristiques de ces autres individus que les situations dans lesquelles elles se manifestent ne sont pas nécessairement comparables.

Laquelle de ces deux approches nous conduit alors le plus sûrement à notre but? L'idiographique, évidemment, répond la majorité des gens et des cliniciens, puisque le but d'une théorie de la personnalité est de décrire et d'expliquer la conduite des individus. Les deux, l'idiographique complétée par la nomothétique, répondront les cliniciens informés des problèmes méthodologiques de leur discipline. Le comportement individuel ne peut en effet être expliqué sans référence à des généralisations empiriques et celles-ci ne peuvent guère être fournies par une approche idiographique qui ne présente pas les conditions de contrôle et de possibilité de répétition nécessaire à cet effet. L'approche idiographique doit donc être complétée par l'approche nomothétique. Celle-ci, de son côté, doit être complétée par celle-là, parce que son approche analytique risque de négliger des réactions et des situations importantes, et aussi de lui faire manquer l'unité de l'individu. Cette idée d'une complémentarité des deux approches se trouve d'ailleurs déjà chez ce pionnier de la conception de «l'unicité de l'individu» qu'était W. von Humboldt, et le personnaliste W. Stern dit aussi que l'unicité n'apparaît que sur le fond des lois générales. Elle vient d'être réaffirmée par H. Thomae (1968) qui a élaboré une théorie de la personnalité concernant «l'individu et son monde», lorsqu'il dit, à propos des principes devant guider la recherche, qu'ils devront être développés dans le contexte d'une «étude biographique psychologique qui tente de réunir les visées idiographiques et la façon de penser nomothétique».

LES METHODES

Après avoir esquissé les approches générales de l'étude de la personnalité, nous aurons à situer les méthodes plus particulières qui permettent de répondre aux problèmes qui se posent dans l'investigation empirique de la personnalité. Nous le ferons de façon très générale en suivant un schéma classique qui distingue l'observation, l'expérimentation et la méthode des tests.

1. L'observation

Comme nous l'avons vu à propos de la démarche empirique, l'observation est le fondement de toutes les sciences empiriques en ce qu'elle permet la description de leur objet et se trouve à la base de la conception et de la vérification des hypothèses. On pourrait donc la définir comme processus perceptif visant un objet de façon attentive et méthodique dans le but de sa connaissance exhaustive et précise. Cette définition, qui peut paraître trop restrictive au premier moment, laisse voir immédiatement qu'il y a lieu de préciser les choses et de s'interroger sur les conditions qui affectent la valeur de connaissance de l'observation, l'observation fortuite que peut faire un savant n'étant pas du même ordre que l'observation systématique et contrôlée, l'observation du clinicien ou l'observation qui mène le philosophe à l'intuition des essences. A cet effet, distinguons l'auto-observation de l'hétéro-observation et précisons les conditions qui affectent leur valeur de connaissance.

L'auto-observation, ou introspection, consiste dans l'observation par le sujet des phénomènes de sa vie psychique propre. En tournant son attention et son regard vers lui-même, le sujet essaie de saisir ce qui survient et ce qui se passe en lui, observation qu'il peut essayer de faire au moment même où les phénomènes psychiques surgissent et se déroulent, ou après-coup, en essayant de ressaisir les phénomènes ou l'expérience qui viennent de se produire. Cette observation de la vie intérieure et de la «conscience» a sans doute été la méthode la plus importante de la psychologie préscientifique et elle l'est encore au moment où Wundt fonde la première psychologie scientifique qui était, comme on sait, une psychologie de la conscience.

L'hétéro-observation, observation de la conduite d'autrui, a, elle aussi, été utilisée au cours de la psychologie préscientifique — qu'on se souvienne comment Platon déjà proposait de sélectionner les agents de l'Etat — mais son importance était probablement moindre jusqu'au 19e siècle et ce n'est qu'au début du 20e siècle que sa supériorité a été affirmée avec force par Watson, le fondateur d'une psychologie du comportement qu'il veut distincte, voire en opposition, avec la psychologie de la conscience et la psychologie de l'expérience vécue.

Après F.A. Lange et les réflexologistes russes qui concevaient la psychologie comme science objective basée sur la physiologie, Watson, en réaction contre la psychologie de Wundt et de James proposait de remplacer l'objet et la méthode de celle-ci, la conscience et l'introspection, par le comportement, défini objectivement, et par l'hétéro-observation qui consiste en une saisie des réactions objectivement observables d'autrui. Watson affirme en effet que l'introspection n'est nullement la méthode naturelle de la psychologie et que les résultats auxquels elle conduit ne sont ni objectifs ni contrôlables.

Sans entrer dans le débat opposant les tenants d'une psychologie subjective à ceux d'une psychologie objective, voyons quels sont les avantages et les inconvénients de ces deux méthodes qui ont également été utilisées par la psychologie de la personnalité.

En faveur de l'auto-observation, il faut d'abord mentionner que beaucoup de faits importants et qui influencent notre conduite, ne nous sont directement accessibles que par l'introspection. Ce n'est, en effet, que par elle que j'ai accès directement à mes sentiments et à mes pensées, et à ce titre c'est une méthode non seulement légitime, mais nécessaire.

Mais à côté de cet avantage, l'auto-observation présente indiscutablement certains inconvénients ou problèmes. On peut d'abord se demander s'il est possible de vivre une expérience et de l'observer en même temps, si l'individu peut en quelque sorte se dédoubler en une partie qui vit une expérience et une autre qui l'observe. Si cela est possible, comme l'expérience le prouve, ce n'est peut-être pas la condition optimale pour une connaissance et cela soulève aussi un second problème qui réside dans le fait que l'introspection influence le phénomène à observer. Cette seconde difficulté peut être contournée, comme la première d'ailleurs, en demandant au sujet, comme le fit Külpe, de penser après coup à l'expérience qu'il vient de vivre. Une troisième difficulté de l'introspection réside alors dans le fait que la connaissance qu'elle nous procure s'exprime par le langage et qu'il est difficile de savoir si une même expression verbale donnée par deux sujets différents correspond à une expérience semblable. C'est une difficulté sérieuse qu'on aurait tort de nier, mais qu'il ne convient pas non plus d'exagérer, puisque l'expérience nous prouve que nos états d'âme et nos expériences vécues ne sont pas entièrement incommunicables. Reste alors une dernière objection: l'introspection ne nous renseigne pas nécessairement sur ce qui se passe réellement en nous, elle peut nous tromper comme cela a été amplement montré par la psychanalyse et les expériences sur les phénomènes posthypnotiques, elle n'atteint pas les phénomènes inconscients. C'est vrai, mais puisqu'on le sait, on peut prendre des mesures de contrôle et cela n'a d'ailleurs pas empêché la discipline qui en a montré l'insuffisance de la prendre comme point de départ de son investigation. On peut donc conclure en disant que, si la méthode introspective présente indéniablement certaines difficultés, elle a sa place en psychologie à condition que l'on soit conscient de ses limites. C'est ainsi, c'est-à-dire de façon critique, qu'on y a recours en psychologie clinique et dans un certain nombre de questionnaires de personnalité.

L'avantage de l'hétéro-observation qui porte sur la conduite d'autrui dans sa manifestation objectivement saisissable, réside dans la possibilité qu'elle offre d'étudier des phénomènes psychiques qui échappent à l'introspection et d'aborder un même phénomène du point de vue de plusieurs observateurs indépendants. Ceux-ci peuvent ainsi comparer et contrôler leurs observations, qui deviennent dès lors plus objectives. A cela s'ajoute la possibilité d'utilisation d'instruments d'enregistrement et de mesure qui prolongent nos sens et peuvent compenser leur faiblesse (électrocardiogramme, réflexe psychogalvanique, film, enregistrement sur bandes, etc.).

L'inconvénient de l'hétéro-observation est de ne saisir de la conduite d'autrui que ce qui s'y exprime de façon objectivement observable et de risquer de laisser échapper ainsi des phénomènes subjectifs qui ont néanmoins un effet déterminant sur la conduite. Envisager ces phénomènes subjectifs sous forme de « réactions verbales » et en termes de variables intermédiaires comme le fait le néobehaviourisme est un essai de solution de ce problème, essai de solution qui risque cependant de manquer la richesse de l'expérience vécue et qui recourt finalement aussi à l'introspection, mais cette fois-ci du côté du sujet observé qui présente les « réactions verbales ».

Comme on le voit, chacune de ces deux méthodes saisit un aspect de la conduite qui échappe à l'autre, et l'on peut dire, pour cette raison, qu'elles sont complémentaires en ce sens qu'une psychologie qui veut étudier adéquatement son objet, la conduite avec son aspect interne et externe, doit nécessairement avoir recours à ces deux méthodes dont l'importance respective variera en fonction du problème posé.

Pour atteindre son but, à savoir une connaissance exhaustive et précise, l'observation, qui est nécessairement sélective parce que nous ne pouvons pas être attentifs en un moment à tout ce qui nous entoure, doit se faire selon certaines conditions qui permettent de contrôler cette sélectivité et de préciser la valeur de la connaissance ainsi acquise. Ces conditions peuvent se résumer en distinguant l'observation libre et l'observation systématique.

Dans le cas de l'observation libre, l'observateur reste disponible et se laisse frapper par les événements sans orienter son attention de façon précise, il est ouvert à tout ce qui se passe, il balaie le champ d'observation tel un radar, il prête une «attention flottante», et il enregistre les choses telles qu'elles se présentent. Cette forme d'observation est indiquée lorsque le but est très général, lorsqu'il s'agit de se faire une première idée d'un problème ou d'un cas, par exemple. Il est important de se rendre compte que le résultat de ce genre d'observation libre n'est pas seulement fonction des caractéristiques des phénomènes observés, mais aussi des connaissances et des conceptions implicites de l'observateur.

L'observation systématique, par contre, oriente l'attention du psychologue, et elle l'oriente de façon systématique. Cette systématisation de l'observation se fait par rapport à trois critères :

a) Le moment de l'observation. Pour s'assurer que les phénomènes observés ne sont pas le résultat de conditions particulières existant au moment de l'observation, il y a lieu de contrôler ces moments d'observations en les variant en fonction du problème posé. Il s'agit d'avoir des «échantillons temporels» adéquats des conduites à étudier.

b) L'objet de l'observation. Cet objet présentant des variations interindividuelles (et intra-individuelles), il y a lieu de les contrôler en constituant un échantillon représentatif de cet objet. Si on veut, par exemple, étudier l'intelligence des femmes, il ne suffit pas de l'étudier chez un seul individu ou même chez plusieurs, les femmes artistes ou universitaires par exemple, il faut encore que le groupe étudié soit représentatif de l'ensemble des femmes.

c) L'angle et l'instrument de l'observation en affectent également le résultat, en ce sens que la «grille de lecture» que nous appliquons aux phénomènes et qui nous dit ce que nous devons observer et retenir de la multiplicité de phénomènes, est le résultat d'une option théorique plus ou moins explicite. Le psychanalyste et le behaviouriste n'observeront pas de la même façon, la grille de lecture qu'ils appliquent aux mêmes phénomènes, un cas par exemple, est différente, et les résultats qui en découlent aussi, comme le montre par exemple la comparaison de l'étude du cas du Petit Hans faite par Freud et par Wolpe et Rachman (1960); un test projectif et un questionnaire de personnalité ne donnent pas non plus le même résultat. Lorsque cette systématisation par rapport à son angle et l'instrument de l'observation est très poussée, le psychologue sélectionne donc certains aspects de la conduite en fonction d'une conception explicite et consignera ses résultats selon des dimensions imposées par celle-ci; il se trouvera ainsi aux antipodes de l'observation libre.

La méthode d'observation nous permet donc d'approcher les phénomènes psychiques internes ou externes selon un continuum allant d'un pôle de grande liberté à un pôle de grande systématisation, fournissant ainsi un contrôle plus ou moins grand des observations faites dans des situations naturelles.

2. L'expérimentation

Dans l'expérimentation, ce contrôle est poussé à son maximum grâce à la création des conditions d'observation. L'expérimentation est donc la forme d'observation la plus systématique et une observation provoquée (Cl. Bernard) qui se fait non plus dans des situations naturelles où l'observateur n'agit pas sur les phénomènes à observer, mais dans une situation artificielle créée par l'expérimentateur pour mieux contrôler les phénomènes sur lesquels il agit en fonction de ses hypothèses:

« L'auto-observation, comme l'observation en général, ne nous fournit que des phénomènes composés. Ce n'est que dans l'expérimentation que nous dépouillons les phénomènes de toutes les circonstances accidentelles auxquelles ils sont liés dans la nature. Par l'expérimentation, nous produisons artificiellement les phénomènes à partir des conditions que nous contrôlons. Nous modifions ces conditions et modifions ainsi, de façon mesurable, également le phénomène. Ainsi c'est partout et toujours l'expérimentation qui nous conduit aux lois de la nature, parce que ce n'est que dans l'expérimentation que nous pouvons observer en même temps les causes et les effets» (Wundt, 1864).

L'expérimentation se caractérise donc par trois critères, déjà mentionnés par Wundt: c'est une observation provoquée dont on peut varier systématiquement les conditions, et que l'on peut répéter. C'est grâce à ces trois critères qu'elle nous donne le savoir le mieux établi.

Mais c'est aussi dans ces trois critères que se trouvent les limitations de la méthode expérimentale dans le domaine de la psychologie de la personnalité, limitations qui ne sont que des variantes des problèmes déjà rencontrés à propos des approches nomothétique et idiographique.

Le premier critère, la production artificielle des conditions d'observations, a souvent donné lieu à une objection: l'expérimentation serait loin de la vie réelle, elle en manquerait l'aspect authentique et complexe et de ce fait serait inadéquate pour l'étude de la personnalité. Lersch résume bien cette objection lorsqu'il dit:

« D'autre part, tout un chacun possédant une connaissance approfondie de la nature humaine et de la particularité du psychisme, sait que ce n'est jamais qu'un rayon limité de processus psychiques qui se laisse provoquer au laboratoire par des dispositions expérimentales, et que l'applicabilité de l'expérimentation décroît d'autant plus que nous essayons d'avancer de la périphérie de la conscience des objets vers les expériences plus profondes et centrales. Ce n'est pas la situation expérimentale du laboratoire, mais bien la situation existentielle de la vie qui met en œuvre, et par là rend accessible à l'observation, un sentiment de haine et d'amour, un acte d'une décision irrévocable, une attitude de courage ou de bravoure, une manifestation de manières de penser vraies et enracinées dans la profondeur psychique» (Lersch, 1954).

Lagache (1949) aussi, attire l'attention sur la difficulté ou l'impossibilité d'une étude expérimentale directe de la conduite humaine concrète : « car il s'agit de situations qui ne peuvent que difficilement ou pas du tout être créées et contrôlées artificiellement pour des raisons d'ordre moral ou technique : la psychologie de la jalousie amoureuse, du crime passionnel, du suicide a peu à attendre de l'expérimentation ».

Ce sont là deux difficultés importantes qui soulèvent la question de savoir dans quelle mesure les résultats obtenus par l'expérimentation sont généralisables à des situations plus complexes et plus proches de la vie réelle. Ces difficultés sont d'ailleurs parfaitement reconnues par les chercheurs qui travaillent dans le domaine où l'étude expérimentale des conduites de la vie réelle a été poussée le plus loin, en psychologie sociale expérimentale (les travaux de Byrne [1971], par exemple, sur le phénomène d'attraction inter-personnelle en témoignent). Il ne faut cependant pas oublier que l'étude de l'effet de variables isolées est importante pour la psychologie de la personnalité, que l'accumulation du savoir et le perfectionnement des méthodes permettent une approche expérimentale de phénomènes de plus en plus complexes. De plus la confrontation des résultats obtenus par expérimentation et par l'observation clinique est d'un grand intérêt pour la psychologie de la personnalité parce qu'elle fertilise la démarche expérimentale et discipline la démarche clinique.

Le deuxième critère, la possibilité de faire varier systématiquement les conditions de l'expérience, pose également quelques difficultés en psychologie de la personnalité. Il suppose la possibilité de contrôler toutes les variables, ce qui se fait en les maintenant constantes à l'exception d'une dont on veut connaître l'influence. Pour les raisons que nous venons de voir, cela n'est pas possible dans un grand nombre de problèmes que se pose la psychologie de la personnalité qui devra par conséquent renoncer à leur étude expérimentale, du moins provisoirement, et les aborder par la méthode différentielle.

Quant au troisième critère, la possibilité de répéter l'expérience dans des conditions identiques, on imaginera, après ce que nous venons de voir à propos du contrôle des variables, qu'il présente lui aussi certaines difficultés. Même refaire l'expérience dans les mêmes conditions avec le même sujet ne garantit en effet pas l'identité des conditions, étant donné que le sujet garde en quelque sorte les traces de la première expérience qui aura ainsi été subie sous d'autres conditions que la seconde, et que d'autres facteurs (développement, événements, apprentissages) auront pu jouer entre les deux expériences, les rendant ainsi peu comparables. Lorsqu'on essaie de tourner la difficulté en recourant à d'autres sujets, on en rencontre une autre, qui consiste à trouver des sujets parfaitement comparables.

Malgré ces difficultés de l'expérimentation dans l'étude de la personnalité, elle y joue un rôle important. D'abord elle fournit des observations qui échappent en grande partie à l'observation courante : l'effet qu'ont sur la personnalité certaines substances chimiques, la privation de stimuli extérieurs et la privation de rêves, par exemple. Ensuite elle permet la vérification d'un grand nombre des hypothèses et propostions faites par la psychologie de la personnalité, que celle-ci soit basée sur la méthode expérimentale ou non.

L'étude de la personnalité par simulation du comportement sur ordinateur doit encore être mentionnée ici dans le contexte des méthodes expérimentales. La simulation peut en effet être considérée comme cas particulier de l'expérimentation, en ce sens qu'elle permet de faire varier de façon systématique certaines conditions d'expérience. Son intérêt pour l'étude de la personnalité tient précisément au fait qu'elle permet de faire varier par la simulation du comportement des variables que la démarche expérimentale ne peut pas manipuler pour les raisons mentionnées plus haut, intérêt qui reste énorme, même si la simulation ne rend pas inutile l'expérimentation avec des individus réels.

3. La méthode différentielle, la mesure et les tests

Lorsque les variables qui intéressent le psychologue ne peuvent pas être contrôlées expérimentalement par une modification systématique des conditions d'expérience, lorsqu'il ne peut pas influencer directement la variable indépendante chez un sujet, il essaiera de la faire varier indirectement en choisissant des sujets différents possédant la variable aux degrés auxquels il aurait souhaité la modifier. S'il désire connaître l'influence de l'intelligence sur la suggestibilité, par exemple, il constituera, à l'instar de Simmons, des groupes de sujets semblables pour toutes les variables influençant la suggestibilité (âge, sexe, instruction) sauf pour l'intelligence qu'il fera varier en choisissant des sujets intelligents et des sujets peu intelligents; la différence dans les notes de suggestibilité obtenues par les groupes pourra alors être attribuée à la différence d'intelligence. Dans ce cas il n'y aura pas eu variation expérimentale de la variable indépendante, mais variation différentielle, parce que l'on a pris comme variable indépendante une différence (inter-) individuelle. Comme ces différences individuelles utilisées par les méthodes différentielles de la psychologie de la personnalité empirique contemporaine sont la plupart du temps exprimées de façon quantitative, nous aurons à nous arrêter un instant au problème de la quantification en psychologie, au problème de la mesure et de ses instruments: les tests [4].

Mesurer signifie, selon N.R. Campbel, attribuer des nombres aux choses selon certaines règles qui établissent une correspondance entre certaines propriétés des nombres et certaines propriétés des choses. Ces propriétés des nombres sont conventionnellement définies par les postulats qui se trouvent à la base d'un système de nombres donné, et déterminent les opérations mathématiques permises sur les nombres en question. Le problème de la mesure en psychologie sera alors d'établir une correspondance entre les propriétés des nombres et certaines propriétés des « choses » psychologiques. Cette correspondance peut se situer, en fonction des propriétés des nombres qui nous importent en psychologie (l'identité, l'ordination et l'additivité), à des niveaux différents que l'on désigne, à la suite de S.S. Stevens (1951) comme ceux des échelles nominale, ordinale, d'intervalle et de rapports.

a) L'échelle nominale se situe au niveau de mesure le plus faible. Elle permet la classification de données en un certain nombre de classes dont chacune contient des données de même qualité. L'opération empirique de base est la détermination des équivalences. La propriété des nombres utilisés est d'être différents les uns des autres ou identiques à eux-mêmes, leur sériation et l'intervalle qui les sépare sont indéterminés. Les opérations numériques permises portent sur le nombre d'observations rangées dans chaque classe, la calcul du mode et du rapport de contingences. Comme exemple on peut donner la classification d'objets en fonction de qualités différentes, la classification d'individus en fonction de types constitutionnels différents: 1. leptosome, 2. pycnique, 3. athlétique, 4. dysplasique, 5. formes mixtes.

b) L'échelle ordinale se situe à un niveau de mesure plus élevé puisque, à la propriété identité des nombres de l'échelle nominale, s'ajoute celle d'une relation d'ordre, en ce sens que 1 précède 2 qui précède 3. Comme les intervalles qui séparent les nombres restent indéterminés, ces nombres ne peuvent être additionnés. L'opération empirique de base est la comparaison d'objets selon le critère «plus grand-plus petit». L'échelle ordinale permet donc l'établissement de rangs d'une série. Les opérations numériques permises sont l'établissement des percentiles, le calcul du médian et du rapport de corrélation. Comme exemple on peut mentionner l'échelle de dureté des minéraux de Mohs, le nombre de problèmes résolus d'un test supposés correspondre à une aptitude, l'ordination des attitudes.

c) L'échelle d'intervalle ajoute aux propriétés des échelles précédentes celle de l'additivité, qui résulte de la détermination de l'intervalle séparant deux nombres. Il faut remarquer cependant qu'en l'absence d'un zéro véritable de l'échelle, cette additivité ne porte pas sur la valeur des échelons, mais seulement sur la distance qui les sépare; on ne peut donc pas dire, par exemple, qu'un QI de 140 corresponde a une intelligence deux fois plus grande qu'un QI de 70. Les opérations numériques permises seront donc le calcul de la moyenne, de l'écart type et de la corrélation. L'opération empirique de base est la détermination de l'égalité des intervalles ou des différences. Les exemples les plus connus dans le domaine des échelles d'intervalles sont les échelles de température et les cotes standardisées des tests de rendement.

d) L'échelle de rapport constitue le niveau de mesure le plus élevé parce qu'il s'y ajoute un point zéro véritable permettant l'addition de la valeur des échelons, le calcul de la moyenne géométrique et du coefficient de variation. L'opération empirique de base est la détermination de l'égalité des rapports. Les échelles de mesure de la longueur, du poids, sont de pareilles échelles de rapports. En psychologie la possibilité d'utilisation de ces échelles est cependant très restreinte à cause de l'absence quasi totale d'un véritable point zéro.

Pour terminer on remarquera que ces échelles ont des propriétés cumulatives et que l'information qu'elles nous donnent augmente d'une échelle à la suivante.

Parmi les instruments qui permettent la réalisation de ces opérations de mesure, la psychologie de la personnalité utilise surtout, mais pas exclusivement, un type particulier que l'on appelle communément les tests psychologiques. Parmi ces tests on distingue habituellement les tests d'aptitude et de connaissance, des tests de personnalité que l'on divise à leur tour en questionnaires, tests objectifs de personnalité et tests projectifs.

Pour que leur application ait un sens, tous ces tests, y compris les tests projectifs, doivent satisfaire à un certain nombre de conditions ou de critères qui doivent d'ailleurs être remplis par tout instrument de mesure. Ces critères sont la standardisation, la constance, la sensibilité et la validité.

a) La standardisation d'un test consiste dans l'uniformité des conditions d'administration des tâches qui le constituent et d'évaluation des réponses qu'il suscite. Si ce critère n'est pas satisfait, il est impossible de dire si la différence de deux résultats de test est due à une différence réelle se situant au niveau du trait mesuré ou simplement à une différence dans la façon d'administrer le test, et d'évaluer les réponses qu'il fournit. Ce critère garantit donc l'objectivité des résultats qui doivent être indépendants de celui qui applique le test.

b) La constance ou la fidélité d'un test est sa capacité de donner le même résultat lorsqu'il est appliqué plusieurs fois dans les mêmes conditions aux mêmes individus ou à des individus semblables. Un test qui, appliqué dans les mêmes conditions à deux individus d'intelligence semblable, donnerait pour l'un d'eux un QI de 90 et un QI de 120 pour l'autre, serait un test peu constant et par conséquent peu précis. Ce degré de constance qui est variable d'un test à l'autre doit être connu et ne pas descendre au-dessous d'une certaine valeur sans quoi ses résultats sont peu valables.

c) La sensibilité d'un test, sa finesse discriminative ou sélectivité, réside en sa capacité de différencier les sujets. Un test peu sensible ne permettra que des différenciations ou classements grossiers des sujets auxquels il a été appliqué, dans le domaine de l'intelligence, par exemple, il ne permettra de classer les sujets qu'en bien doués et peu doués, alors qu'un test sensible permettrait de les situer sur un continu présentant plus de cent unités.

d) La validité d'un test est sa capacité de mesurer ce qu'il prétend mesurer. S'il prétend par exemple mesurer la capacité des individus à réussir des études universitaires, ses résultats et les prédictions faites sur leur base doivent correspondre effectivement aux échecs et succès universitaires de ces individus; s'il prétend diagnostiquer la schizophrénie, il doit repérer tous les schizophrènes et ne pas diagnostiquer la schizophrénie chez des individus qui souffrent de troubles autres. L'établissement de la validité d'un test, sa validation, est un problème délicat et complexe, surtout dans le domaine de la personnalité, qui fait intervenir celui de sa validité interne (de son contenu et de sa construction) et celui de sa validité externe, sa relation à un critère extérieur souvent très difficile à établir. Cette validation externe nécessite absolument qu'il n'y ait pas contamination des données du test et du critère externe, ce qui suppose une interprétation aveugle du test : si c'est le même psychologue qui administre le test et qui l'interprète en vue d'obtenir le critère externe de validation, il n'est pas possible de savoir si le résultat obtenu par l'interprétation des réponses données au test n'est pas influencé par ce que le psychologue a pu savoir indépendamment de celui-ci, par le comportement de l'individu lors de la prise du test, par exemple.

III. LA DESCRIPTION
DE LA PERSONNALITE

La première tâche d'une psychologie de la personnalité est évidemment de décrire son objet, de dire comment il est, de lui attribuer des caractéristiques ou des qualités. C'est là une question qui, malgré son apparente simplicité, pose de nombreux problèmes méthodologiques comme le montrent les travaux des phénoménologues et des philosophes néoposivistes, et qui, en psychologie, a reçu des réponses diverses. Aussi croyons-nous utile de présenter quelques concepts couramment utilisés dans la description de la personnalité.

Nous examinerons d'abord ce que nous faisons lorsque nous décrivons quelqu'un en lui attribuant des caractéristiques, et analyserons ensuite quelques façons de concevoir les unités d'analyse de la personnalité qui servent toujours non seulement à la décrire, mais aussi à expliquer le comportement. Ce faisant, nous avons essayé d'en indiquer les racines pré-scientifiques et d'indiquer leur fondement empirique. On notera que ces unités d'analyse ne sont pas de l'ordre du comportement concret et que, de ce fait, elles ne sont pas directement observables, mais inférées. Il s'agit donc de constructions qui renvoient soit aux aspects communs de conduites individuelles dégagés par induction à partir de leur co-variation, soit à des hypothèses déduites de la constance présumée de la conduite.

Après l'examen des unités d'analyse, nous aurons alors à présenter les deux principales perspectives selon lesquelles on décrit la personnalité, à savoir la perspective structurale et la perspective dynamique.

LES UNITES D'ANALYSE

Le trait

Une première façon de concevoir ce qui permet d'expliquer et de prévoir le comportement consiste à supposer que l'individu possède des propriétés ou des dispositions qui le portent à agir comme il le fait, de concevoir son comportement comme une conséquence de ces propriétés ou dispositions. Selon la façon dont on procède pour les déterminer, on distingue les traits comme « propriété » (« Eigenschaft ») des traits conçus comme « facteurs ».

● *Le trait comme propriété*

En matière de détermination scientifique des traits, Graumann (1960) propose, à la suite de Carr et Kingsbury (1938), d'envisager quatre modes de description qui correspondent à des niveaux d'abstraction croissants : le mode verbal, le mode adverbial, le mode adjectival et le mode substantival.

Les modes de description

Le mode verbal

Prenons la description suivante, analysons-la, demandons-nous ce qu'elle nous donne et ce qu'elle implique comme exigence. « X entre dans la salle, me salue, réfléchit à la question posée, expose le problème et répond aux questions que je lui pose. »

Un tel protocole contient des propositions sur ce qui se passe, sur ce que fait l'individu ainsi décrit, mais il ne nous apprend pas comment il le fait; il nous renseigne sur le *quoi*, la thématique du comportement, mais non pas sur le *comment*. Malgré cela, un pareil protocole, s'il est assez long, peut nous donner des indications sur les caractéristiques propres de l'individu ainsi décrit, parce que tout le monde ne fait pas nécessairement la même chose dans une situation semblable.

Les actes de connaissance intervenant à ce premier niveau de description sont une bonne observation de ce qui se passe et l'utilisation correcte des concepts désignant ce comportement concret, et posent le problème des relations entre signifiant et signifié.

Le mode adverbial

« X (Y) entre d'un pas décidé (hésitant) dans la salle, me salue vivement (de façon réservée), réfléchit rapidement (longuement) à la question posée, expose abondamment (en peu de mots) le problème et répond immédiatement (après un long silence) aux questions que je lui pose. »

Comme on le voit, le protocole fait à ce second niveau de caractérisation contient, en plus des verbes disant simplement ce qui se passe, des adverbes nous informant sur le « comment » de ce qui se passe, sur la façon dont X (Y) fait ce qu'il fait. Ainsi X n'est plus interchangeable avec Y, comme c'était le cas au niveau verbal, mais se caractérise par les déterminations adverbiales d'une part, et l'ensemble caractéristique non aléatoire, le syndrome qu'elles peuvent former, de l'autre. Les déterminations adverbiales font ainsi surgir quelque chose qui ne dépend plus seulement de la situation qui donne lieu au comportement, mais qui correspond à une sorte de cohérence interne du comportement.

Du point de vue des actes cognitifs intervenant dans l'établissement d'un protocole à ce second niveau, il s'ajoute à ceux du premier, la comparaison d'un comportement avec d'autres et avec des normes. Ce n'est en effet qu'en comparant deux comportements semblables dans des situations comparables ou en me référant à une norme concernant ce comportement que je puis dire qu'il est rapide ou lent.

Les problèmes qui se posent à ce second niveau de description pour l'étude de la personnalité sont ceux de la constance, de la généralité et de l'universalité des comportements qualifiés par les déterminations adverbiales.

Le problème de la constance est de savoir si, dans des situations semblables, l'individu se comporte toujours de façon semblable, qualifiée par les déterminations adverbiales. La réponse à cette question suppose évidemment que le comportement de l'individu ait été observé dans un grand nombre de situations semblables suffisamment contrôlées. Si tel est le cas, et si l'individu se comporte toujours ou très fréquemment de façon semblable dans des situations semblables, nous pouvons faire abstraction des comportements particuliers et généraliser le qualificatif à tous les comportements manifestés par l'individu dans des situations semblables, nous pouvons dire que X entre et marche généralement d'un pas décidé non seulement à tel moment précis où il est venu passer un examen chez moi, mais également à d'autres moments lorsqu'il se trouve dans des situations semblables, nous pourrons dire que X entre et marche généralement d'un pas décidé et parler ainsi d'un trait de comportement. Le problème de la constance du comportement doit être résolu si l'on veut aborder valablement les deux problèmes suivants qui sont également fondamentaux pour toute étude de la personnalité.

Le problème de la généralité du comportement consiste à savoir si la qualification adverbiale convient également à d'autres comportements du sujet dans la même situation et dans des situations différentes. La vivacité caractérisant la démarche de X, sa façon de se mouvoir, se retrouve-t-elle dans sa pensée et dans ses relations avec autrui ? Si c'est le cas, on pourra faire abstraction des divers comportements particuliers, généraliser et décrire le comportement de X comme vif.

Le problème de l'universalité est de savoir si le trait ou le comportement observé chez un individu peut se retrouver chez quelques autres ou même chez tous les autres. Lorsque le trait ne se rencontre que chez un individu, on parlera d'un trait individuel, lorsqu'il est présent chez tout le monde on dira qu'il est universel, alors qu'on le dira différentiel s'il ne se rencontre que chez quelques individus.

- Le mode adjectival

Lorsqu'à ce niveau de caractérisation je dis « X est vif », « Y est lent », etc., je passe à un niveau d'abstraction supérieur puisqu'en plus de la situation dans laquelle X se comporte vivement, je fais abstraction du comportement de X et attribue, par un adjectif, à l'être de X la qualification adverbiale qui caractérise son comportement. Les traits de comportement décrits au niveau adverbial deviennent ainsi des traits de personnalité, des propriétés, des qualités inhérentes à l'être de l'individu et qui expliquent pourquoi il se comporte comme il le fait.

- Le mode substantival

Quand à ce dernier niveau de caractérisation je parle de la grande ou élégante vivacité de X, je passe à un niveau d'abstraction encore plus élevé : je fais abstraction non seulement du comportement de X mais encore de son trait de personnalité que je substantialise ainsi en lui reconnaissant une existence propre qui à son tour peut être qualifiée.

Le problème qui se pose à ces deux derniers niveaux de caractérisation est de bien distinguer l'être d'une personne de son comportement. La psychologie, en effet, a pour objet non pas l'être d'un individu, mais son comportement, et pour cette raison la caractérisation par le mode adjectival ou substantival ne sont légitimes que lorsque les descriptions ainsi faites peuvent se vérifier en termes de traits de comportement. Parler de l'intelligence, de la vivacité, etc., n'a de sens pour le psychologue, que lorsque ces termes renvoient à des comportements précis qui les définissent ainsi.

En guise de conclusion de ce rapide aperçu sur les modes de caractérisation, nous pourrons dire que la notion de trait qualifiant le comportement apparaît au niveau adverbial alors qu'au niveau adjectival cette qualification est transposée de l'action à l'agent, du comportement à l'individu qui en est le support, et qu'au niveau substantival le trait devient en quelque sorte quelque chose d'autonome, une caractéristique, une qualité qu'un individu peut posséder dans une plus ou moins grande mesure et que l'on invoque pour expliquer son comportement. On voit aussi qu'observer et décrire le comportement d'un individu n'est pas la même chose que lui attribuer des propriétés et que la description d'une personnalité en termes de trait recèle des problèmes ignorés par la psychologie du bon sens.

La conception de la personnalité basée sur la notion de trait

Après avoir situé la notion de trait et en nous rappelant qu'il s'agit d'un concept utilisé non seulement pour décrire des individus, mais aussi pour en expliquer le comportement, nous imaginons aisément quelle peut être la conception de la personnalité qui en dérive. C'est d'ailleurs la façon la plus courante dont le non-spécialiste conçoit les choses : la personnalité c'est l'ensemble des traits, et les gens se comportent de telle ou telle façon parce qu'ils ont tel et tel trait qui les fait agir ainsi.

Au niveau scientifique les choses sont quelque peu plus complexes et il se pose un certain nombre de problèmes : comment définir le trait, combien en faut-il théoriquement pour décrire non seulement la personnalité en général, mais telle personnalité particulière, et pratiquement combien en utilise-t-on ? Quelle relation y a-t-il entre les différents traits, ou quelle est la structure de la personnalité, les traits sont-ils stables, modifiables ? C'est l'investigation empirique systématique et critique de ces problèmes qui distingue ce qu'on pourrait appeler la caractérologie de l'homme de la rue des conceptions scientifiques de la personnalité. Nous en rapporterons une ici sans cependant l'analyser systématiquement par rapport à toutes les questions méthodologiques, mais seulement pour illustrer les particularités d'une conception de la personnalité basée sur la notion de trait.

Parmi le grand nombre de conceptions basées sur cette notion, nous choisirons celle de Lersch parce qu'elle illustre de la façon la plus frappante et simple, l'option qualitative ou phénoménologique en ce domaine. Une illustration de l'option quantitative ou psychométrique sera donnée plus loin dans l'exposé de la conception de Cattell.

Pour Lersch, qui parle de caractère là où nous parlons de personnalité, la personnalité est :

> « La particularité individuelle de l'homme, la façon dont — émergeant des profondeurs inconscientes de la nature vivante — il s'explique avec le monde en sentant et en agissant, dans des décisions volontaires, des valorisations et des projets, dans des jugements et des prises de position spirituelles, et reçoit par là une physionomie saisissable de son être individuel qui le distingue et le détache d'autres hommes » (1954).

Cette « particularité individuelle de l'homme », sa personnalité est conceptualisée en distinguant « la vie psychique actuelle, les processus et états psychiques momentanés, des dispositions habituelles pour de pareils états et processus, qui sont relativement durables et différentes d'un individu à l'autre ». Ces dispositions sont conçues comme des « propriétés habituelles du style d'expérience, qui se répètent au cours fluctuant des événements et déterminent la vie psychique dans l'ici et maintenant ». Il s'agit donc de « la disposition et inclination à l'accomplissement de certaines expériences psychiques (formes du sentir, de l'agir, etc.) qui, en tant que disposition, ne change pas d'un moment à l'autre, mais présente une durée en tout cas relative». Ainsi «toute disposition représente une base de réaction et en tant que telle, elle est ou bien innée ou... acquise». Quant à la façon dont on peut les connaître, Lersch dit encore qu'on ne peut pas les «constater directement, mais seulement les inférer à partir des réactions qui se répètent toujours à nouveau...» (ibid.).

La détermination de ces dispositions se fait «par des notions que la psychologie doit en partie créer, mais dont la majeure partie se trouve déjà comme produit fini d'usage dans le vocabulaire accumulé au cours d'un développement à travers les siècles». Pour Lersch ces notions du langage préscientifique méritent d'être utilisées dans l'étude de la personnalité, leur reprise «doit cependant se faire en se posant la question de savoir ce qui est visé par les différentes notions» (ibid.).

Lersch distingue alors trois sortes de traits qui concernent des aspects différents du comportement et diffèrent du point de vue de leur degré de constance.

Les traits de comportement (*Verhaltenseigenschaften*) décrivent l'aspect extérieur de celui-ci sans en caractériser l'origine. Lersch s'exprime à ce sujet de la façon suivante: «Lorsque, en déterminant la physionomie d'un homme, nous utilisons des mots comme soigneux, sociable, aimable... nous avons caractérisé par là seulement un comportement apparaissant extérieurement... Ce comportement a naturellement un fond psycho-caractériel; mais celui-ci reste encore indéterminé dans les désignations linguistiques mentionnées. On peut être sociable par bonté authentique... mais aussi par routine sociale ou par technique calculée...» (ibid.).

Les traits de performance (*Leistungseigenschaften*) décrivent l'individu dans sa façon caractéristique d'accomplir des tâches et des performances objectives, de sa profession, par exemple. On dira ainsi de quelqu'un qu'il est intelligent, adaptable, autonome.

Tout comme les traits de comportement, les traits de performance caractérisent un comportement dans son aspect extérieur sans en décrire les origines.

C'est précisément l'aspect interne ou subjectif du comportement et ses origines qui sont visés par les traits d'essence (*Wesenseigenschaften*): « Ici la vie psychique individuelle dans sa particularité caractérologique n'est pas, ou en tout cas pas seulement, vue sous l'aspect du comportement extérieur, mais dans l'intimité des processus et états intrapsychiques, telle qu'elle nous est donnée et compréhensible dans l'expérience de nous-même » (ibid.). Lorsque ces traits d'essence visent non seulement la « réalité intérieure », mais en même temps le comportement extérieur, Lersch parle de traits d'attitude (*Haltungsbegriffe*).

Quant à l'importance de ces sortes de traits pour l'étude de la personnalité, Lersch nous dit: « l'intention dernière de la caractérologie vise toujours la mise en lumière des traits d'essence. A côté de cela, elle a cependant aussi pour tâche de montrer les relations possibles reliant les traits de comportement et les traits de performance aux traits d'essence » (ibid.).

Mais l'étude de la personnalité ne se limite pas à la détermination de ses traits.

En fait « les dispositions en tant que traits distincts du caractère se situent les unes par rapport aux autres dans une relation interne, elles se pénètrent dans leur activité. Tous les traits dépendent les uns des autres par leur accord dans l'unité de la personne, ils s'influencent mutuellement... ils ne sont donc jamais isolés les uns des autres; chaque trait a son importance pour l'autre » (ibid.). Outre l'investigation des traits, l'étude de la personnalité comporte donc la description de leur relation, de leur ordre, de ce que l'on appelle aussi la structure de la personnalité.

La détermination de cette structure de la personnalité se fait chez Lersch en essayant de comprendre comment et pourquoi différents traits se trouvent en interaction.

C'est ainsi que l'ambition peut être le principe structurant d'un caractère, qui éclaire et permet de comprendre d'autres traits, comme le manque d'humour, l'acharnement au travail, l'usage que fait l'individu de son intelligence, etc., ou elle peut aussi être une simple caractéristique parmi d'autres, par exemple chez quelqu'un dont le caractère est structuré surtout par ses traits artistiques ou scientifiques.

Conçue en termes de traits (propriété, Eigenschaft), la personnalité est donc constituée de dispositions constantes, générales et universelles se trouvant en interaction et déterminées à partir du langage courant ou d'une description phénoménologique.

Ainsi formulée, cette conception laisse immédiatement paraître sa force et ses faiblesses.

Sa force réside dans sa conception relativement simple et proche de l'expérience quotidienne et la confirmation que celle-ci et nombre d'expériences scientifiques lui apportent. Ses faiblesses sont le revers de sa force et apparaîtront de façon plus précise si nous nous posons des questions sur les problèmes rencontrés lors de la description des modes de caractérisation : quelle est la valeur du langage courant et de la description phénoménologique pour la détermination des traits et qu'en est-il de la constance, de la généralité et de l'universalité de ces derniers ?

Concernant le langage courant et la description phénoménologique, il faut remarquer que les mots utilisés pour la description des traits n'ont pas l'objectivité, la constance et la précision souhaitables pour une étude scientifique et manquent souvent de rapport avec le comportement observable. Ce sont des lacunes qui n'empêchent pas la conception d'hypothèses intéressantes, mais elles font problème au niveau de leur vérification. Comme le montrent les travaux faits sur ce sujet (Hartshorne et May, 1928 et 1930; Mischel, 1968) la constance et la généralité des traits ne vont pas non plus sans problèmes, ne sont pas aussi élevées qu'on le suppose, et l'universalité n'est pas assurée non plus. A cela s'ajoute encore tout le problème des erreurs de jugement pouvant intervenir dans l'attribution d'un trait à un individu.

Un dernier point faible des conceptions de la personnalité basées sur la notion de propriété réside alors dans le fait qu'elles considèrent celle-ci comme déterminant principal du comportement ou ont, en tout cas, tendance à négliger les déterminants « externes » comme la situation ou les relations sociales.

● *Le trait comme facteur*

Considérant le trait comme unité adéquate pour l'analyse de la personnalité, si l'on évite dans sa détermination les écueils de l'approche qualitative traditionnelle, des psychologues surtout anglo-saxons, soucieux d'objectivité, de contrôle et de précision, ont entrepris son investigation quantitative, psychométrique. Ce faisant ils ont appliqué à l'étude de la personnalité, en les perfectionnant, des techniques statistiques élaborées en vue de recherches sur les aptitudes mentales, techniques connues actuellement sous le nom d'analyse factorielle. Leur but était de déterminer de façon objective, grâce à des instruments contrôlables et précis, les traits fondamentaux (de base) de la personnalité et leur organisation.

La notion de facteur

L'analyse factorielle est une méthode statistique qui permet de réduire, à partir de l'analyse des corrélations existantes, un grand nombre de variables à un nombre plus restreint. Pour mieux situer cette démarche, supposons que l'on ait mesuré, par des tests ou des questionnaires, un grand nombre de traits différents chez un grand nombre de personnes. En inspectant les résultats on pourra constater que toutes ces mesures (variables) ne sont pas indépendantes les unes des autres, mais que certaines « vont ensemble », qu'il y a des relations entre certaines de ces mesures (variables). Ces relations (corrélations) peuvent être considérées comme reflet d'un nombre de variables sous-jacentes plus restreint qui déterminerait la partie commune de ces mesures (variables) qui constitue leur relation (corrélation). Si l'on constate, par exemple, un résultat élevé pour un test de raisonnement allant de pair avec un résultat élevé pour un test de compréhension de phrases, on peut supposer que ces deux résultats représentent deux aspects d'une variable sous-jacente plus fondamentale appelée facteur, par exemple l'intelligence. Pour réduire alors le nombre de variables mesurées dans notre exemple à un nombre plus restreint de variables plus fondamentales, pour dégager les facteurs, on commencera par déterminer au moyen du calcul des corrélations toutes les relations existant entre ces variables et à les inscrire dans un tableau, appelé matrice de corrélation, qui contient toutes les paires possibles de mesures. L'analyse systématique de cette matrice de corrélations constitue alors ce que l'on appelle analyse factorielle.

Le principe de cette analyse factorielle qui comporte actuellement un grand nombre de techniques, repose sur le raisonnement suivant : si chacune des mesures entrant dans la matrice des corrélations représente une ou plusieurs variables plus fondamentales, alors leurs corrélations reflètent la part avec laquelle ces variables fondamentales sont présentes dans chacune des mesures et la grandeur de la relation entre ces variables.

La mise en œuvre pratique de ce raisonnement permet deux choses. D'abord elle permet de déterminer les variables sous-jacentes plus fondamentales que l'on appelle *facteurs*. Celles-ci sont toujours moins nombreuses que celles qui entrent dans la matrice de corrélation, et peuvent être considérées comme suffisantes pour rendre compte de la corrélation des variables figurant dans la matrice. Ensuite elle permet de déterminer la relation entre les facteurs et les mesures ou les tests qui les ont fournis. Cette relation s'exprime en termes de saturation et indique la mesure dans laquelle chaque facteur influence les résultats des tests. Cette saturation peut fournir des informations sur la pureté du test en tant que mesurant un facteur particulier, et donner des indications pour l'interprétation et l'appellation des facteurs. Si, par exemple, plusieurs tests supposés mesurer l'affirmation de soi présentent tous une forte saturation en un facteur X, ce facteur est fortement en rapport avec l'affirmation de soi et pourra porter ce nom.

L'exemple qui précède montre que l'analyse factorielle n'est qu'une technique permettant de réduire un grand nombre de variables (caractéristiques) à un plus petit nombre de variables plus fondamentales, et que la signification psychologique de ces facteurs ne découle pas simplement d'une série d'opérations mathématiques, mais fait appel à une interprétation proprement psychologique ou, si l'on préfère, l'opération mathématique n'a pas éliminé l'interprétation psychologique. Ceci implique aussi que l'analyse factorielle est seulement une méthode d'investigation et ne conduit pas à une théorie particulière de la personnalité.

D'après ce que nous venons de dire sur l'analyse factorielle, on devine que le facteur est en fait un trait de personnalité qui se distingue des propriétés précédemment décrites par la façon dont il a été établi, à savoir la mensuration des caractéristiques et l'analyse statistique de ces mesures.

La notion de facteur et la conception de la personnalité

La conception de la personnalité basée sur la notion de facteur ne se distingue donc pas fondamentalement de celle qui est basée sur la notion de propriété, la personnalité étant vue comme ensemble organisé d'un certain nombre de dispositions ou de probabilités de comportement. Ici aussi on peut trouver plusieurs «systèmes». Ces systèmes diffèrent entre eux en fonction des options théoriques, des données d'observation et des techniques d'analyse statistique qui sont à la base des travaux de différents auteurs. Malgré l'intérêt considérable que représentent pour une conception de l'ensemble de la personnalité les travaux de Eysenck (1947, 1952) et de Guilford (1959), nous choisirons pour illustrer la conception factorielle, le système Cattell parce qu'il s'agit là non seulement du système le plus riche, le plus étendu et le plus complexe, mais aussi d'une conception qui accorde une importance considérable à l'aspect « dynamique » et motivationnel de la personnalité. Nous en ferons une présentation dans la deuxième partie de notre ouvrage.

L'importance que présente la notion de facteur pour l'étude de la personnalité réside dans l'explication et la précision des techniques d'analyse. La faiblesse de cette notion lui vient des problèmes posés par la constance, la généralité et l'universalité des traits et par certaines caractéristiques de la méthode factorielle dont il sera question lors des remarques critiques adressées à Cattell.

Le « habit »

● *La notion de « habit »*

L'importance accordée à l'environnement et à l'adaptation par les psychologues fonctionnalistes américains James et Dewey d'une part, l'effort de Watson pour établir une psychologie objective de l'autre, ont conduit à une conception selon laquelle la psychologie doit étudier les actions des animaux et des hommes comme des réponses données par un organisme à des excitants (stimuli) externes ou internes. C'est l'association relativement stable d'un stimulus et d'une réponse qui constitue alors un « habit », dont la forme la plus simple est le réflexe conditionnel de Pavlov (v. p. 267). Watson, qui a introduit ce schéma du réflexe conditionnel en psychologie humaine et en a fait le principe explicatif de l'apprentissage, décrit la formation du « habit » de la façon suivante :

> « Cela est la clé de la formation de toutes nos habitudes. Un quelconque stimulus dans notre environnement extérieur ou intérieur (notez que ce que l'on nomme ''absence'' de stimulus est un stimulus parfaitement

efficace) entraîne le sujet à l'action. Il peut agir de plusieurs manières, faire plusieurs centaines de choses, avant de supprimer le stimulus ou sortir de son champ. Si, lorsqu'il se trouve de nouveau dans la même situation, il peut accomplir l'un ou l'autre de ces résultats plus rapidement et avec moins de mouvements, on peut dire qu'il a appris ou formé une habitude» (Watson, 1930).

● La conception de la personnalité basée sur la notion de «habit»

Dans pareille perspective, la personnalité est alors l'ensemble des «habits» ou, plus précisément, «le produit final de nos systèmes de «habit» (ibid.) qui se développent progressivement à partir de la naissance. Pour Watson, l'organisme humain nouveau-né est pourvu d'un nombre restreint de réflexes nécessaires à la survie (respiration, déglutition, évacuation, etc.) et de réactions innées (de peur, de rage et d'amour) devant certains stimuli. A partir de la naissance «chaque unité de comportement non appris se développe en un système allant toujours en s'élargissant» grâce à l'apprentissage, se faisant selon le schéma du réflexe conditionnel. Les hommes étant semblables à la naissance pour Watson, les différences et la personnalité individuelles s'expliquent surtout par l'apprentissage : «C'est ce qui arrive aux individus après la naissance qui fait que l'un devient bûcheron, un autre diplomate, voleur, homme d'affaire chanceux ou scientifique réputé» (ibid.). Et Watson va même plus loin :

«Donnez-moi une douzaine d'enfants bien portants, bien conformés et mon propre milieu spécifique pour les élever, et je garantis de prendre chacun au hasard et d'en faire n'importe quel type de spécialiste existant: docteur, juriste, artiste, commerçant et même mendiant et voleur, sans tenir compte de ses talents, penchants, tendances, capacités, de sa vocation ni de la race de ses ancêtres» (ibid.).

Pour Watson la personnalité est donc un ensemble de «habits» relativement spécifiques et indépendants acquis par l'apprentissage et déterminés principalement par des facteurs se situant dans l'environnement de l'individu.

Bien qu'étant plus complexes et plus différenciées, les conceptions néo-behaviouristes de la personnalité sont basées sur le même schéma, comme on pourra le constater lors de la présentation que nous donnerons dans la seconde partie.

L'intérêt de la notion de « habit » pour la psychologie de la personnalité réside dans le fait qu'elle a souligné la plasticité et la modifiabilité de la personnalité, et qu'elle a permis d'éclairer les mécanismes d'acquisition des conduites et des caractéristiques de la personnalité. Elle a aussi eu pour conséquence de déplacer l'attention des déterminants du comportement se situant « à l'intérieur » de l'individu vers ceux qui se situent « à l'extérieur » et d'éclairer ainsi les aspects quelque peu négligés par les premières conceptions basées sur la notion de trait. Ses inconvénients ont été de concevoir les déterminants de la conduite de façon trop spécifique et d'en manquer ainsi l'interaction, de négliger le facteur héréditaire, l'expérience vécue, les processus cognitifs et symboliques.

Le motif

L'idée que l'homme agit parce qu'il y est poussé par un mobile est aussi ancienne que celle selon laquelle son comportement est déterminé par des propriétés et des dispositions, mais elle éclaire un autre aspect du problème de la détermination du comportement et ouvre d'autres questions.

• *La notion de motif*

Dans la vie quotidienne, le terme « mobile » ou « motif » renvoie à la question du « pourquoi » d'une action et comporte l'idée de mouvement, de force, et le langage courant dispose d'un grand nombre de mots pour désigner la « cause » de nos conduites : tendance, penchant, poussée, impulsion, besoin, envie, intérêt, passion, inhibition, décision, intention, volonté, etc. Tous ces termes désignent les différents aspects qui caractérisent l'expérience que nous pouvons faire de ce mouvement et processus que nous visons lorsque nous parlons de mobile et de motif, et dont la phénoménologie nous a décrit la structure fondamentale dans des analyses de l'expérience et de l'impulsion et de la poussée (*Antriebserlebnis, Dranghandlung*).

Pour mieux faire saisir l'originalité de la notion de motif et la conception correspondante de la conduite comme processus, illustrons-les à partir de l'exemple de l'action urgente. Les exemples, que nous empruntons à Strasser (1956), font apparaître le caractère de processus et nous permettront d'en dégager les moments importants.

1. Je suis assis à côté du poële du salon et je lis. Il est tard, minuit presque. Plus je lis, plus je ressens un besoin de quelque chose - sans savoir de quoi. Croyant qu'il s'agit d'une faim, je me rends à la cuisine et me coupe un morceau de pain. Au fur et à mesure que je mange, mon malaise ne diminue pas, mais augmente. Je laisse mon pain et déguste une pomme. Le fruit a meilleur goût. Subitement, je me rends compte que j'ai simplement soif. Je bois un verre d'eau et le malaise est passé.

2. J'écris à la machine. Pendant que j'écris, un sentiment désagréable s'empare subitement de moi. Le sentiment devient progressivement l'impression que «quelque chose ne va pas». Je survole le texte écrit et me convaincs que j'ai fait une faute de frappe.

3. Je me rends à la bibliothèque de mon institut pour y chercher un livre. A la bibliothèque se trouve un ami qui me communique quelque chose d'important. Nous parlons un moment de cette affaire, puis je rentre dans ma chambre. En prenant le chemin du retour, j'ai un sentiment singulier d'insatisfaction. Mon inquiétude augmente au fur et à mesure que je m'éloigne de la bibliothèque. Finalement, je découvre que j'ai oublié de chercher le livre.

Les moments constitutifs communs à ces trois expériences sont ainsi décrits par Strasser:

1. L'expérience d'une urgence *(Drangerlebnis)* commence, du point de vue de sa genèse actuelle, comme dérangement progressif ou subit de l'équilibre de la tonalité affective *(Stimmung)*, c'est-à-dire comme changement de tonalité affective.

2. Le changement de tonalité affective a pour suite une sensibilisation. Au début, elle ne doit encore contenir aucune indication consciente de pôles intentionnels. Au début, elle n'est souvent rien qu'une anticipation vide ou tout au moins pauvre en contenu d'un enrichissement d'être possible.

3. La sensibilisation déclenche un tâtonnement pulsionnel. Celui-ci est dirigé par un ensemble unitaire d'expériences vécues d'impulsions et d'impressions affectives.

4. Au cours de ces tâtonnements, recherches et essais, l'expérience s'enrichit de données concernant la connaissance et les tendances. Elle finit par se différencier en actes spécifiques de perception d'évaluation, de tendance, de réalisation, etc.».

Un cinquième point doit encore être ajouté: l'apparition d'une pacification, d'une satisfaction, d'une détente qui suit l'action comblant le manque qui s'est progressivement précisé. Il faut remarquer aussi que, dans un grand nombre de domaines, chez l'adulte, ce manque et les moyens de le combler sont plus ou moins immédiatement identifiés grâce à l'expérience antérieure. On notera aussi que la conduite mise en branle par le sentiment de malaise ne présente pas seulement un aspect de poussée, mais aussi et en même temps un aspect dirigé.

La psychologie empirique, de son côté, a étudié l'aspect dynamique de la conduite en schématisant en fonction de son approche particulière les divers aspects de ce processus, élaborant ainsi divers problèmes que nous aurons à situer avant d'aborder la façon dont on envisage l'étude de la personnalité centrée sur la notion de motif. Ces problèmes sont ceux de la mobilisation et de la direction du processus, et celui qui concerne la valeur explicative de la notion de mobile.

La mobilisation de la conduite

Si tout changement, tout mouvement et tout processus implique une certaine dépense d'énergie, il se pose la question: quelle est l'énergie qui conditionne les processus psychiques, qui est responsable de l'activité générale et de l'activation de conduites plus spécifiques? La réponse, c'est évidemment que c'est l'énergie fournie par métabolisme, une énergie biophysique. Mais, et c'est là le problème, si cette énergie métabolique conditionne l'activité générale et le fait même d'être en vie, on voit mal encore, malgré un grand nombre de travaux ayant donné des résultats intéressants, notamment sur la façon dont certains facteurs physiologiques influencent la conduite, comment cette énergie métabolique affecte les processus psychiques particuliers, comment elle intervient, par exemple, dans le besoin de s'affirmer, dans le besoin de connaissance, dans le besoin sexuel.

On s'est alors posé la question autrement : au lieu de se demander quelle est l'influence de l'énergie métabolique sur les processus psychiques, on s'interroge sur les conditions plus spécifiques qui affectent les processus psychiques et leurs concommitants énergétiques supposés. C'est ainsi qu'on a entrepris l'étude des besoins organiques ou primaires, et montré que certains manques au niveau physiologique (faim, soif, fatigue, etc.) incitent ou poussent l'organisme à une activité par laquelle il peut rétablir l'équilibre troublé. Cependant, déjà à ce niveau des besoins primaires, les travaux montrent que le besoin ne peut pas seulement être défini par un manque physiologique plus ou moins spécifique et se situant à l'intérieur de l'organisme, mais qu'il dépend en plus de l'état général de l'organisme et des incitations de la situation dans laquelle se trouve ce dernier, comme cela a été montré pour le besoin sexuel et le besoin d'exploration entre autres. C'est dire que l'étude des mobiles doit porter non seulement sur l'aspect activation des processus, mais tout aussi fondamentalement sur l'aspect directionnel.

Le motif et la direction du processus

Si le problème de la mobilisation de la conduite était de savoir pourquoi un individu passe de l'état de repos à l'action ou, plus exactement peut-être, pourquoi il passe d'une activité à une autre, celui de la direction consiste à se demander pourquoi cette action est telle ou telle et non pas telle autre, pourquoi elle est dirigée vers tel objet plutôt que tel autre. Ou encore, pour le dire dans les termes de l'auteur qui nous fournira une première réponse : « Pourquoi est-ce que je désire; pourquoi après tout désire-t-on ceci ou cela?».

Une première réponse nous est donnée par Mc Dougall: «Nous souhaitons et désirons tel ou tel but parce que nous avons des dispositions à cet effet... L'homme est ainsi fait qu'à l'instar des animaux d'autres espèces, il désire certains buts naturels principaux et y aspire dans certaines circonstances: la nourriture, l'abri, les compagnons, le partenaire sexuel, le savoir... Puisque ces besoins et ces tendances à leur satisfaction... sont innés... on les appelle «instinctifs» (Mc Dougall, 1947).Dans cette conception, la direction est donc inhérente au motif lui-même qui est conçu comme force dirigée innée. Mc Dougall précise cependant que ces besoins et tendances instinctifs ne sont pas à concevoir de la même manière que les instincts des espèces inférieures, mais s'en distinguent par leur complexité et leur richesse. Et, surtout, il n'y a pas de lien rigide unissant une pulsion à une aptitude, mais «toute aptitude peut être mise au service de toutes les forces pulsionnelles selon l'exigence de la situation du moment» (ibid.).

Les autres réponses à la question «pourquoi fait-on ceci plutôt que cela?» se caractérisent alors précisément par les différentes façons de concevoir l'articulation d'une énergie motivationnelle relativement indéterminée avec le facteur déterminant. En dehors de l'éthologie, ce problème a été traité surtout dans trois perspectives: celle de la psychanalyse, celle de Lewin et celle des théoriciens de l'apprentissage. Nous illustrons ici en nous bornant à la conception de Hull (1943) qui envisage les motifs comme des variables intermédiaires, et à celle de Lewin qui les conçoit comme des vecteurs dans un champ de forces.

Le problème qui se posait pour Hull, en élaborant une théorie de l'apprentissage basée sur les notions de stimulus et de réaction, était d'expliquer que des stimuli semblables pouvaient provoquer des réactions différentes. Pour résoudre ce problème, Hull devait supposer des variables qui interviennent entre les stimuli et les réponses, des «variables intermédiaires», qui déterminent les réponses en même temps que les stimuli. Ce sont des facteurs motivationnels. Hull exprime cette relation dans sa célèbre formule $sE_R = D \times sH_R$ que l'on peut lire en disant que la disposition à accomplir une action (le potentiel de réaction) est égale au produit de la force du motif (ou du «drive») et de la force du habit liant une réaction à un stimulus.

Pour Lewin (1935), le comportement est fonction de «l'espace de vie» ou «champ psychologique» qui comprend l'ensemble des faits qui existent pour un individu à un moment donné, ce que l'on peut exprimer par la formule $Bt = f (Lsp) t$. Si l'on considère que l'espace de vie comprend l'individu (P) et ses caractéristiques, et l'environnement tel qu'il est perçu par l'individu (E), cette formule devient $Bt = f (P, E) t$. Elle exprime que le comportement est conçu comme résultante de l'interaction entre l'individu (P) et son environnement (E). En concevant alors l'espace de vie comme champ de force, les forces déterminant le comportement qui correspondent aux tensions psychiques existant entre les besoins de l'individu et les valences qu'ont pour lui les objets de son champ peuvent être décrites en termes de vecteur. Le comportement de l'individu est alors l'aboutissement de la résultante des forces agissant au moment t. Cette résultante est un motif et peut à son tour être décrite en termes de vecteur. Comme on peut le voir de ce qui précède, pour Lewin, le motif est une «représentation phénoménale d'une dépendance dynamique des parties du champ (incluant la personne propre) dans une situation concrète» (Helm, 1960); il n'est plus seulement quelque chose que possède l'individu, mais une caractéristique qui procède de l'ensemble de la situation. Une conception semblable se rencontre chez Tolman (1932) et dans la théorie des jeux (v. Neumann et Morgenstern, 1947) où l'on trouve également une conception de la motivation basée sur l'interaction entre les attentes ou expectations concernant le but de l'action et la valence de l'objet. C'est d'ailleurs la raison pour laquelle Atkinson (1964) appelle ces conceptions de la motivation des conceptions « valeur x expectation » et les distingue des conceptions « drive x habit » comme celle de Hull. Remarquons encore qu'à la différence des conceptions « drive x habit », les conceptions « valeur x expectation » accordent une grande importance aux facteurs « cognitifs » qu'elles traitent d'ailleurs de façon explicite et beaucoup plus différenciée. L'importance de ces facteurs cognitifs pour le problème de la motivation et de la personnalité s'impose de plus en plus depuis les années soixante, et se reflète, ici en Europe, dans les travaux de Nuttin aboutissant à une théorie « relationnelle » des besoins (1959) et de la personnalité (1965). L'évolution des idées sur la motivation depuis les premiers écrits de Mc Dougall pourrait ainsi être caractérisée en disant que l'étude des motifs comme source d'énergie est devenue l'étude des motifs comme structures cognitives. [5]

La notion de motif dans les conceptions de la personnalité

C'est à dessein que nous ne parlons pas ici de conception de la personnalité basée sur la notion de motif, car une pareille conception n'existe pas, contrairement à ce que peut laisser entendre le langage opposant les notions de trait et de motif, et des conceptions de la personnalité « statiques » et « dynamiques ». Il existe bien des conceptions accentuant surtout l'aspect structural ou statique de la personnalité, et d'autres qui soulignent son aspect dynamique, mais cette différence n'est pas fondée seulement dans la notion de motif. D'une part celle-ci se retrouve en effet dans des conceptions structurales de la personnalité, chez Cattell sous le nom de « erg » et « métanerg », chez Guilford comme traits motivationnels (besoins, intérêts, attitudes). D'autre part, dans les conceptions dynamiques, on complète l'analyse de la personnalité en termes de motifs par des descriptions structurales. Ainsi Freud qui conçoit les pulsions comme déterminants fondamentaux de la conduite décrit leur fonction en référence aux déterminants structuraux, les systèmes du Moi, du Surmoi et du Ça. On peut donc dire que la notion de motif est présente dans diverses conceptions générales de la personnalité où elle se trouve articulée sur des éléments structuraux différents et qu'elle y intervient pour rendre compte de l'aspect processuel de la conduite.

Après avoir situé la notion de motif comme unité d'analyse dans les conceptions de la personnalité, nous aurons à nous interroger sur la nature et le nombre des motifs considérés comme fondamentaux dans les différentes conceptions de la personnalité. C'est là un autre point par rapport auquel peuvent se distinguer non seulement diverses conceptions générales de la personnalité, mais aussi celles qui accordent à cette notion une place centrale. Comme Cattell posait la question : quels sont les traits fondamentaux, quel est l'univers des traits, on peut se poser la question au sujet des motifs. C'est, comme on le devine, une question difficile qui a reçu un grand nombre de réponses. Celles-ci pourraient être classées avec Lersch (1954) en trois groupes en fonction du thème et du nombre des motifs proposés.

1. Les théories monothématiques sont représentées dans «tous les essais de réduire la dynamique finalisée de la vie psychique humaine à un seul mobile fondamental qui l'expliquerait, et de proposer ainsi un dénominateur commun, une formule générale des tendances humaines». Parmi les exemples donnés par Lersch, citons les Sophistes grecs, Epicure, La Rochefoucauld, Bentham, et parmi les psychologues modernes, A. Adler qui voit dans la volonté de puissance la racine dynamique de la vie psychique.

2. Les théories polythématiques supposent une «pluralité de tendances distinctes». Chez Kant, ce sont la sexualité, l'égoïsme, le besoin de liberté, la recherche de l'honneur, de la domination et de la possession; chez Schopenhauer, l'égoïsme, la méchanceté, la pitié. Parmi les psycho-

logues, Lersch mentionne Klages, Pfänder, et Mc Dougall qui propose une liste de dix-huit tendances innées.

3. La conception athématique «reconnaît une multiplicité de tendances, mais elle déclare qu'il est impossible de spécifier et d'ordonner systématiquement cette multiplicité». La question se pose en effet de savoir si, en dehors d'une théorie des instincts et dans les conceptions actuelles de la motivation qui insistent toutes sur la plasticité et la référence situationnelle des motifs, on a quelque intérêt à développer une systématique des motifs. Certains auteurs doutent même de la possibilité de pareille entreprise. J. Rudert par exemple affirme «qu'il ne peut pas y avoir de système des mobiles humains» (cité par Lersch) parce que les objets concrets des tendances sont en relation les uns avec les autres, sont intriqués, renvoient les uns aux autres. Gehlen rejette les conceptions pulsionnelles parce que, comme dit Lersch: «dans de pareilles distinctions, la thématique motivationnelle est posée comme propriété durable alors qu'en réalité dans nos actions actuelles elle est déterminée par la situation donnée et les contenus concrets du monde et développe des propriétés différentes dans les différentes situations de la vie» (ibid.).

Lorsqu'on se tourne vers les auteurs qui ont développé une conception de la personnalité sur base empirique et qui y font une place prépondérante à la motivation, on les découvre moins préoccupés de systématique que d'investigation empirique des motifs. Ainsi Murray, le pionnier dans ce domaine, qui ne néglige cependant pas le problème de la classification, constitue sa liste des besoins en fonctions des critères d'identification empirique du besoin en général après les avoir étudiés de façon intensive chez un petit nombre de sujets.

L'intérêt de la notion de motif pour une psychologie de la personnalité consiste dans l'introduction de la perspective dynamique qui met l'accent sur le changement, les processus psychiques et les forces susceptibles de les expliquer. Pour que cette notion ait une réelle valeur explicative, il faut cependant dépasser la simple affirmation disant qu'un individu se comporte de telle ou telle façon parcequ'il a un motif pour le faire, parce qu'une énergie psychique l'y pousse, et indiquer de façon scientifiquement valable les conditions plus spécifiques dans lesquelles ce motif peut agir. Cela implique, d'après ce que nous avons pu voir, une description de l'aspect cognitif de la motivation et la prise en considération de la situation dans laquelle se conduit l'individu, l'aspect cognitif comportant les deux faces de la détermination par l'histoire individuelle et de l'anticipation de l'avenir.

Le Soi ou le Self

L'analyse de la notion de motif vient de nous montrer l'importance de l'aspect directionnel et sélectif de la conduite, ce que, dans un autre langage, on appelle aussi le sens de la conduite et qui s'inscrit dans une problématique caractérisée par les notions de sujet, objet et situation.

C'est là un problème fondamental de la tradition philosophique dont nous nous limiterons ici à indiquer les incidences sur notre problème psychologique, marqué surtout par Leibniz, Kant et Hegel. En effet, Leibniz distingue déjà un Moi empirique, qui nous est donné dans l'expérience des phénomènes et processus psychiques, d'un Moi rationnel, fondement de notre identité empirique, et Kant postulera le Moi transcendental (pur) comme fondement a priori de l'unité de la conscience du Moi empirique. Hegel est à mentionner dans notre contexte à cause de son influence sur la sociologie et la psychologie sociale contemporaines par l'intermédiaire de leurs précurseurs: W. James, C.H. Cooley et G.H. Mead qui défendent une théorie sociale du Moi, à cause de son influence sur la psychanalyse contemporaine aussi, sensible dans l'oeuvre de J. Lacan.

En psychologie, ce problème du sens de la conduite s'est posé surtout en référence à des notions comme Moi, Self,

Rôle, Situation, la notion de Self permettant peut-être le mieux de le présenter.

● *La notion de Self*

Pour situer la notion de Self, remontons à W. James qui se trouve à l'origine de cette notion qui, sous des noms et dans des contextes divers, a joué un rôle important dans la psychologie de la personnalité des deux côtés de l'Atlantique.

Dans son analyse du Self, James (1892) nous dit que, lorsque je pense, j'ai toujours plus ou moins conscience de moi-même, que c'est mon Moi qui est conscient de lui-même «de façon à ce que mon self total, étant en quelque sorte double, partiellement connu et partiellement connaissant, partiellement objet et partiellement sujet, doit contenir deux aspects distincts dont, pour être bref, nous pouvons appeler l'un le Moi et l'autre le Je. Je les appelle des ''aspects distincts'' et non des choses séparées, parce que l'identité du Je et du Moi dans l'acte même de leur discrimination est peut-être l'affirmation la plus indéracinable du sens commun...». Le Self présente donc deux aspects, un aspect sujet, le Je, et un aspect objet, le Moi.

Le Moi d'un individu est décrit par James comme «la somme totale de tout ce qu'il peut appeler mien, pas seulement son corps et ses pouvoirs psychiques, mais aussi ses vêtements et sa maison, sa femme et ses enfants, ses ancêtres et ses amis, sa réputation et son travail, ses terres et ses chevaux, son yacht et son compte en banque» (ibid.). Le Moi est donc tout ce que, à des degrés divers, un individu ressent comme une partie de lui-même. Il se trouve sous-divisé par James en Moi matériel (mon corps, ma famille, etc.), Moi social (la reconnaissance par autrui et l'image qu'autrui se fait de moi) et le Moi spirituel qui correspond au noyau central de notre être et comprend nos aspirations intellectuelles, éthiques et religieuses. On trouve ainsi dans la conception de James une problématique et des notions en rapport avec le Self qui vont se préciser lors de l'évolution ultérieure de ce concept et acquérir beaucoup d'importance pour la psychologie de la personnalité.

Cette évolution de la notion de Self s'est faite en partie sous l'influence directe de la pensée de James, surtout aux Etats-Unis, en partie dans la ligne de réflexion inaugurée par la psychanalyse et par la phénoménologie, cela d'abord en Europe, puis aux Etats-Unis. En Amérique, un premier courant passe par les oeuvres de G.H. Mead et C.H. Cooley principalement, pour aboutir aux conceptions surtout sociologiques de T. Parsons et les travaux de psychologie sociale de Sarbin, de Newcomb, et de Krech, Crutchfield, et Ballachey, et les travaux des auteurs pouvant être rangés sous l'étiquette d'une psychologie «cognitive-perceptive»: Witkin (1954), Miller, Galanter et Pribram (1960), Tolman, (1952), Rokeach (1956,1960), Festinger (1957). Le second courant ayant contribué au developpement de la notion de Self passe par la clinique et se trouve représenté par des auteurs d'inspiration diverse, mais surtout «phénoménologique» (Allport, Rogers et Maslow) et psychanalytique (Schilder, et en partie Sullivan).

L'aboutissement de cette évolution est une multiplicité de significations données au Self, faisant dire à Guilford (1959): «Quelques auteurs le ramènent au Moi, d'autres par contre utilisent les deux termes dans des sens différents. On ne trouve même pas deux auteurs qui soient tout à fait d'accord sur ce que signifie véritablement chacune des notions et sur la façon de l'utiliser». Et Guilford pense que cela est dû au fait que «pour ces notions il n'y a pas de correspondant dans l'expérience qui soit acceptable en général». Il est dès lors important de situer cette notion dans ses acceptions actuelles les plus importantes.

Comme il ressort déjà de la description du Self donnée par James, le Self comporte un «aspect sujet» et un «aspect objet» et ouvre par là tout le problème de la conscience et de la réflexivité en psychologie, que l'on retrouve aussi dans l'évolution ultérieure de la notion du Self.

Dans son acception la plus générale, la notion de Self (Moi, Proprium) renvoie à l'expérience que l'individu peut faire de 1. son identité (à travers le développement, le changement de lieu et de situation), 2. son unité (c'est lui le support de ses pensées, sentiments et actions) et 3. sa réflexivité (les expériences vécues et les conduites sont non seulement plus ou moins conscientes, mais il peut y réfléchir et prendre position à son propre sujet).

La complexité de cette notion générale et son caractère phénoménal posent évidemment des problèmes pour la psychologie empirique, ce qui a conduit certains auteurs à proposer son élimination de la psychologie et à penser avec Guilford (1959) que « dans une théorie du comportement ou de la personnalité construite avec exactitude, il y a peu de place pour la notion de Self ou pour celle de Moi ». Guilford continue : « Là où ces concepts apparaissent encore actuellement dans la littérature, ils sont souvent superflus. Au lieu du mot « self » nous pourrions aussi bien dire « personne » ou « individu ». Le pire que nous puissions dire de ces deux concepts, c'est qu'ils se rapprochent de façon dangereuse de l'animisme - de la représentation intuitive ou de l'idée abstraite d'un homunculus dans l'homme ».

D'autres, par contre, essayent de résoudre ce problème en décrivant et en précisant les différents aspects de cet ensemble complexe dans le but de le rendre plus saisissable pour l'étude empirique. Ainsi Sarbin (1954), se plaçant dans une perspective génétique et sociale, distingue :

S_1 le « somatic self » qui émerge des expériences que fait l'enfant pendant les premières semaines et qui est à la base de la différenciation moi—non-moi, du modèle postural et de l'image du corps au sens de Schilder;

S_2 le « receptor-effector self » qui se développe à partir de l'expérience que fait l'enfant de l'effet qu'ont ses propres actions sur ses états et les choses;

S_3 le « primitive construed self », qui se développe à partir de l'âge de six mois et qui permet à l'enfant de connaître et d'exprimer, dans une certaine mesure, ses propres états, et de distinguer, au niveau de la réduction qu'elles apportent à ses tensions, des personnes et des choses;

S₄   le «introjecting-extrojecting self», qui commence à se constituer vers la fin de la première année, lorsque, grâce aux symboles linguistiques, les actes d'autrui peuvent être conçus comme «semblables aux miens» (extrojection-projection), les miens propres comme «semblables aux autres» (introjection, identification);

S₅   le «social self», constitué grâce au développement du langage et de la notion du Moi permettant de concevoir des rôles, des actions caractéristiques d'autres personnes.

Et Sarbin propose de distinguer le Self qui «renvoie à une expérience phénoménale de l'identité dont tout ne peut pas être communiqué par le langage», de l'Ego qui «renvoie à des inférences faites par les psychologues (ou d'autres personnes) sur les caractéristiques plus centrales ou durables d'une personne».

Dans une perspective qu'il veut plus individualisante, Allport (1963) différencie le Self de la façon suivante:

«Supposons que nous soyons sur le point de passer un examen difficile et important. Il est hors de doute que nous sentons notre pouls battre plus vite et que nous avons des crispations d'estomac (conscience corporelle de soi); également que nous savons la signification de l'examen pour ce qui concerne notre passé et notre avenir (identité de soi); la mise en question de notre orgueil (estime de soi, amour propre); ou ce que signifieront pour notre famille, notre succès ou notre échec (extension de soi); nos espoirs et nos aspirations (image de soi); le rôle que nous avons à remplir pour trouver la solution des problèmes de l'examen (agent rationnel); et l'importance de cette situation toute entière pour nos buts à long terme (effort central). Dans la vie réelle pourtant, il se produit, en règle générale, une fusion de tous ces aspects personnels. Et derrière ces états éprouvés d'individualité, nous saisissons la présence en nous d'un sujet épistémologique.»

Le self a donc plusieurs aspects ou fonctions qui se constituent successivement au cours du développement de l'individu (comme chez Sarbin) et, chez l'adulte, se trouvent coordonnés dans les différentes conduites exprimant l'intentionalité. Cette coordination, cependant, pour le psychologue, Allport y insiste, ne doit pas être conçue comme l'oeuvre d'un agent coordinateur suprême à l'intérieur de la personnalité, mais «il semble plus sage… de regarder les fonctions centrales de désir, d'effort et de volonté comme articulées dans l'ensemble structural de la personnalité» (ibid.).

Cette conception d'Allport rejoint d'ailleurs la conception de la psychanalyse, du moins de celle qui se comprend comme discipline empirique, pour laquelle le Moi a toujours été un problème central, depuis les premiers travaux de Freud, et qui l'a toujours défendu contre les interprétations trop rationalistes et les tentatives d'élimination d'origine behaviouriste. Elle se trouve d'ailleurs dans une position privilégiée, due moins au fait que les premières patientes de sa pratique souffraient de troubles de ce Moi, qu'au fait que sa méthode lui permet, mieux qu'aucune autre, de voir le sujet à l'oeuvre et d'en explorer les origines. Pour cette psychanalyse donc, il y a aussi lieu de distinguer la conscience comme sujet, comme Je, et le Moi comme instance, et ce Moi qui se constitue au cours d'un développement et d'une histoire présente également plusieurs aspects ou fonctions qui, bien que n'étant pas les mêmes que ceux décrits par Allport, n'en sont cependant pas fondamentalement différents en tant que fonctions partielles d'un ensemble complexe. Pour elle aussi, il faut regarder ce que l'on considère habituellement comme l'oeuvre d'un agent coordinateur suprême et unifié, le désir, la volonté et l'effort «comme articulés dans l'ensemble structural de la personnalité». [6]

Vernon (1964) propose de différencier le Self en plusieurs niveaux conceptuels (à ne pas confondre avec les niveaux de développement) qui s'appliquent aussi aux conceptions que peut avoir un individu des autres personnes et de son entourage, et aux attitudes qu'il manifeste à leur égard. Ces niveaux sont:

1. Le niveau public auquel correspondent les «Social Selves» qui sont des représentations que nous avons de nous-même dans différentes situations sociales et les attitudes correspondantes. Ce sont des idées et des attitudes que nous révélons à nos connaissances et à des étrangers, dans des questionnaires de personnalité et des échelles d'attitudes;
2. Le niveau préconscient (insightful) auquel correspond le Moi préconscient, nos caractéristiques et conduites dont habituellement nous

ne sommes pas conscients, mais qu'une réflexion approfondie du genre de l'autoanalyse ou une thérapie de conseil genre Rogers peuvent nous rendre accessibles;

3. Le niveau profond où se situe le Moi profond ou refoulé dont on pense généralement qu'il se manifeste dans les tests projectifs, et qui n'est accessible qu'à l'investigation psychanalytique.

Rogers (1951, 1965) qui a fourni une contribution importante à l'étude du Self, en parlant de «l'idée ou image du Moi (ou de Soi)», de «structure du Moi», caractérise le Self comme suit: «Ces termes servent à désigner la configuration expérientielle composée de perceptions se rapportant au moi, aux relations du moi avec autrui, avec le milieu et avec la vie en général, ainsi que des valeurs que le sujet attache à ces diverses perceptions...Une autre caractéristique importante de cette configuration expérientielle, c'est qu'elle est disponible à la conscience - encore qu'elle ne soit pas nécessairement consciente ou pleinement consciente» (1965).

Cette différenciation du Self en aspects ou composantes plus particulières a finalement conduit à une conception où le Self se définit comme «l'individu tel qu'il se voit lui-même» (Krech, Crutchfield, et Ballachey, 1962) et qui permet ainsi d'en faire une étude plus empirique; elle permet effectivement de faire des descriptions plus précises du Self et d'en mesurer certains aspects par des échelles d'estimation et d'attitudes.

Il faut remarquer toutefois, que ce progrès ne va pas sans inconvénient ni problème. L'inconvénient réside dans le fait que par cette différenciation on a bien pu parvenir a des concepts plus précis voire quantifiés, mais au prix de l'unité contenue dans la notion générale et spéculative dont la valeur heuristique est d'autant moins négligeable que, et c'est là le problème, la relation de ces concepts particuliers à la notion générale est encore peu précisée.[7] Bien que ce problème soit encore loin d'une solution, cette différenciation de la notion générale du Self et les travaux empiriques qu'elle a suscités ont cependant déjà donné lieu à un apport essentiel à la psychologie de la personnalité et à la psychothérapie en rendant accessible à une étude scientifique un domaine où trop souvent la spéculation sauvage sévit sous prétexte que l'homme est inobjectivable.

● Les conceptions de la personnalité et le Self

Le trait commun caractérisant les différentes conceptions de la personnalité centrées sur la notion du Self réside dans l'importance accordée dans ces conceptions à l'expérience subjective, à la façon dont l'individu se perçoit lui-même et le monde objectif, la façon dont il vit, structure et élabore son expérience interne et sa conduite. L'importance de ce monde subjectif et de l'image de soi dans la détermination de la conduite ne fait d'ailleurs plus aucun doute pour le psychologue et a été mise en évidence par de nombreux travaux. Il est dès lors tout à fait naturel que la psychologie de la personnalité se soit tournée vers une notion qui plus que d'autres tient compte de cette subjectivité. Et il est non seulement naturel d'introduire cette notion dans la psychologie de la personnalité, c'est nécessaire, comme le dit Allport (1963) qui donne pour cela trois arguments dont les deux premiers, au moins, ne devraient faire de doute pour aucun psychologue :

1. Le premier et le seul critère de notre existence et identité personnelles réside dans l'expérience du soi.
2. Les théories de l'apprentissage, de la motivation et du développement ne peuvent être complètes ou correctes sans tenir compte de ce qui est important aux yeux de l'individu.
3. Bien que la psychologie ne puisse espérer résoudre les derniers problèmes de la philosophie, elle doit fournir un tableau soigneux des faits accompagnant l'évolution du sens du soi.

Mais si les différents auteurs s'intéressant à la notion du Self s'accordent tous sur l'importance de la subjectivité pour la détermination de la conduite, leur façon de l'intégrer à leur conception de la personnalité présente des différences parfois considérables. Allport et Cattell, par exemple, intègrent le Self dans leur théorie des traits, Hilgard le conçoit comme concept unifiant nécessaire à la compréhension de la richesse de la motivation humaine, pour Krech, Crutchfield, et Ballachey, le Self est le noyau autour duquel s'organisent les besoins et les buts de l'individu. En psychanalyse, Jung distingue le Moi comme sujet de la conscience, du Self (Selbst) comme sujet du psychisme conscient et inconscient, alors que pour Freud le Moi n'est pas sujet du conscient, mais médiateur entre le Surmoi largement inconscient, le Ça et la réalité: «... pauvre chose qui est soumise à trois sortes de dangers, celui qui émane du monde extérieur, celui de la libido du Ça et celui de la sévérité du Surmoi... Comme être-frontière, le Moi veut faire la médiation entre le monde et le Ça, rendre le Ça docile au monde et le monde conforme au désir du Ça par ses actions musculaires» (G.W. XIII, 286). Le Moi de la psychanalyse freudienne n'est donc ni maître ni esclave, ni conscient ni inconscient, mais instance médiatrice.

Pour terminer cet aperçu sur la notion du Self et l'intérêt qu'elle présente pour la psychologie de la personnalité, on pourrait donc dire qu'elle a permis à celle-ci de tenir compte d'une façon plus explicite et précise du sens de la conduite, de l'expérience vécue de l'individu et de sa capacité de se situer vis-à-vis de soi-même, de sa capacité de faire des projets et de déterminer lui-même, au moins dans une certaine mesure, sa conduite. Les problèmes que soulève cette notion dans notre contexte sont liés au fait que la description du Self résulte surtout de l'auto-observation et en partage donc les inconvénients, que son investigation empirique ne porte encore que sur des aspects plus ou moins partiels et manque ainsi la richesse et l'unité du phénomène que désigne la notion générale et spéculative.

La notion de rôle

L'idée que, dans la vie, chacun de nous ait un rôle à choisir et à jouer se trouve déjà chez Platon (République,

X) et, au Moyen Age, elle a donné lieu au «grand théâtre du monde». Dans la vie courante aussi, il est parfois question de choses à faire et à ne pas faire si on veut bien faire et ne pas décevoir ou étonner ceux qui nous entourent. Ce sont là les origines préscientifiques de la notion de rôle qui, plus qu'aucune de celles que nous avons déjà examinées, met l'individu en rapport avec la société. On pourrait même dire, en nous rappelant ce que nous avons dit sur le sens de la conduite, que celui-ci prend son origine dans la société pour la théorie du rôle, alors que, dans les conceptions cognitives et du Self, il émerge plutôt de l'individu.

L'étude scientifique de la notion de rôle est assez récente et remonte à C.H. Cooley et à G.H. Mead (*Mind, self and society*), T.M. Newcomb (1950) et T.R. Sarbin (1950, 1954) développant plus avant cette notion et Moreno concevant le jeu des rôles comme thérapie.

● *La définition du rôle*

Définir la notion de rôle n'est pas chose aisée car, comme l'écrit Rocheblave-Spenlé (1969) qui a récemment consacré une importante étude à cette notion, «si le concept est devenu, au cours des dernières années, un concept clé dans la psychologie sociale américaine ... il n'existe pas encore actuellement de vrai «consensus» entre les différents auteurs quant à la définition à donner à ce terme». Il est cependant nécessaire de situer cette notion, ce qui, pour notre propos, nous semble pouvoir se faire le mieux à partir des conceptions de Linton (1936). En effet, Linton n'a pas seulement repris et élargi les idées de G.H. Mead et influencé grandement la psychosociologie contemporaine, mais il tient compte du facteur psychologique dans son effort de saisir les liens qui unissent la culture, la société et l'individu. Le point de départ de son analyse n'est cependant pas l'individu, mais la culture, définie comme «la somme totale des idées, réponses conditionnées émotionnelles et modèles de comportement habituels que les membres de cette société ont acquis par instruction ou par imitation et qu'ils partagent à un degré plus ou moins grand» (1936, cité d'après Rocheblave-Spenlé).

A l'intérieur de la culture il y a lieu de distinguer les valeurs, les normes et les modèles de comportement qui en sont fonction et que doivent suivre les membres de la société. Le statut (ou position) est l'ensemble des droits et devoirs que comporte la place qu'occupe un individu dans la société, le rôle, notion corrélative, étant la conduite permettant de réaliser les droits et les devoirs en question. Le rôle renvoie donc à l'ensemble des conduites auxquelles on s'attend de la part d'un individu occupant une certaine position.

● *La conception de la personnalité basée*
sur la notion de rôle

L'idée de base de ces conceptions réside dans la conviction que la personnalité ne peut être décrite et expliquée qu'en situant l'individu dans le contexte social dans lequel il s'est développé et dans lequel il se conduit actuellement. Enoncée d'abord par la philosophie sociale et la sociologie, cette idée se précise et s'impose en psychologie sous l'influence de l'anthropologie culturelle, de la psychologie de la Gestalt et de la Néopsychanalyse.

Si pour Rousseau le Contrat Social est le fondement de toute vie sociale, si l'homme ne peut pas vivre en dehors de la société et que celle-ci suppose que ses membres acceptent des règles, cela implique que la conduite individuelle soit fonction des valeurs et besoins du groupe, que chaque membre du groupe ait des droits et des devoirs à l'égard des autres, qu'il y ait interaction entre les différents membres du groupe. Cette idée générale se précisera dès le début de notre siècle et donnera progressivement lieu à des investigations empiriques. G.H. Mead étudiera cette interaction dans la constitution du Self et élabore la notion de rôle; R. Linton distinguera le rôle et le statut conçu comme droits et devoirs liés à une structure sociale particulière; l'anthropologie culturelle (M. Mead, R. Benedict, A. Kardiner) mettra en évidence l'influence de la culture sur la personnalité et Hollingshead et Redlich (1958) étudieront les relations entre classe sociale et psychopathologie. La psychologie de la Gestalt de son côté insistera sur l'importance du contexte dans lequel se déroule la conduite (Lewin: A dynamic theory of personnality, 1935) et la Néopsychanalyse (Adler, Horney, Fromm et Sullivan) mettra l'accent sur les dimensions socioculturelles de la psychanalyse. La psychologie sociale enfin entreprendra l'étude empirique systématique et rigoureuse de ces interactions en psychologie.

Dans une conception de la personnalité en termes de rôle, l'individu se trouve placé, au cours de son développement, dans des positions de plus en plus nombreuses et différenciées qui lui proposent les rôles correspondants, qu'il apprend et assume lors du processus de socialisation grâce aux sanctions positives et négatives du groupe. L'individu apprend ainsi non seulement certaines conduites, mais aussi les attentes des autres à son égard et ce que lui-même peut attendre des autres. Sa conduite est ainsi déterminée par les groupes multiples dont il fait partie, et la personnalité devient l'ensemble des rôles assumés par l'individu qui peut être considéré comme «la résultante de ses appartenances groupales multiples» (Anastasi) et qui disparaît ainsi dans l'anonymat puisque elle devient interchangeable et n'a pas de consistance propre.

Une telle conception de la personnalité a sur les précédentes le grand avantage non seulement de reconnaître pleinement l'importance du facteur social, de développer la notion d'interaction (ou d'interdépendance, au lieu de la simple dépendance), mais encore de conduire à des concepts qui permettent une étude empirique de cette dimension sociale de la personnalité. Pour le psychologue, elle présente cependant aussi certaines lacunes.

D'abord, cette conception le laisse insatisfait quant à la

façon dont elle explique l'acquisition par l'individu des rôles correspondant à ses positions sociales. Les notions de socialisation, acculturation et introjection sont en effet plus descriptives qu'explicatives puisqu'elles ne précisent pas les conditions déterminant les processus d'acquisition et de changement de conduites spécifiques; elles manquent d'articulation avec la psychologie de l'apprentissage, lacune qui commence à se combler grâce aux travaux consacrés au problème de l'imitation et de l'identification par les auteurs du «Social Learning» (Miller et Dollard, Sears, Rotter et surtout Bandura et Walters).

Ensuite cette conception situe les déterminants de la conduite trop exclusivement hors de l'individu, dans les groupes auxquels il appartient, l'individu perdant ainsi toute consistance propre, ce qui est en contradiction avec ce que l'on sait grâce à de nombreux travaux empiriques, de génétique par exemple (v. infra). Ce n'est pas que dans pareille conception il n'y ait place pour l'unicité de l'individu — elle la conçoit en termes d'expérience tout à fait singulière et de combinaison spécifique (unique) des différents rôles assumés par l'individu — mais cette unicité est en quelque sorte impersonnelle, résultat d'une combinatoire extérieure ne tenant pas suffisamment compte des caractéristiques biologiques de l'individu, ni de sa capacité de se déterminer lui-même. Dans un contexte américain, pareille conception peut alors conduire à une sorte d'hypersocialisation de la personnalité et à une psychologie de l'adaptation qui ne sont pas nécessairement un enrichissement. Fromm (1950) énonce clairement ce problème lorsqu'il écrit:

«La vaste majorité des gens dans notre culture sont bien adaptés parce qu'ils ont abandonné la bataille pour l'indépendance plus vite et plus radicalement que la personne névrotique. Ils ont accepté le jugement de la majorité si complètement que la peine aiguë du conflit que doit traverser la personne névrotique leur a été épargnée. Alors qu'ils sont sains du point de vue de l'' ''adaptation'', ils sont plus malades que la personne névrotique du point de vue de la réalisation de leurs buts en tant qu'êtres humains.»

C'est pourquoi il peut être important de distinguer des processus de socialisation, d'enculturation et de personnalisation comme le fait Wurzbacher (1963) pour qui la socialisation est « l'insertion de l'homme dans le groupe social », alors que « l'enculturation signifie une assimilation et intériorisation spécifique du groupe et à la personne, d'expériences, de ''biens'', de normes et de symboles d'une culture, en vue de la conservation, de l'épanouissement et de l'interprétation de l'existence propre ainsi que de celle du groupe... » Ces présupposés rendent alors possible « la personnalisation (la formation et l'épanouissement individuels) en tant que formation de soi par soi, et direction de ses propres structures pulsionnelles, et en tant qu'action en retour de l'individu sur les facteurs de la société et de la culture ». Cette distinction ainsi conçue ne laisse pas seulement de la place à ce qui est individuel et psychologique comme le faisait d'ailleurs déjà Linton, mais elle donne une fonction positive à ces facteurs et permet ainsi une meilleure articulation avec la psychologie de la personnalité.

L'attitude

Le mot « attitude » dérive du mot latin « aptitudo » et prend sa signification actuelle de l'italien « attitudine » utilisé pour la première fois au Moyen Age par des critiques d'art pour décrire la position ou l'attitude que donnaient les artistes à leurs figures afin d'exprimer des phénomènes psychiques. Dans la psychologie scientifique, c'est dès son début que le phénomène de l'attitude est décrit et nommé (Müller et Schuhmann, 1889) et qu'on voit se développer des recherches dans le domaine de la psychologie générale d'abord, dans celui de la psychologie sociale ensuite, la psychologie clinique et la psychologie de la personnalité ne s'intéressant que relativement peu à cette notion jusque vers 1960. Ceci est d'autant plus étrange que le phénomène d'attitude est constitutif des deux « piliers de la psychanalyse » sous le nom de représentation-but (*Zielvorstellung*), et que Jung conçoit l'introversion, l'extraversion et le type comme *attitude* (*Einstellung*) en se référant explicitement à la psychologie scientifique de son temps.

● *La notion d'attitude*

En psychologie générale, la notion d'attitude se développe assez rapidement surtout chez les auteurs allemands qui étudient le phénomène sous des termes variés (*Aufgabe, Bewusstseinslage, determinierende Tendenz*) et montrent comment cette attitude influence par le biais d'attentes, d'intérêts et de dispositions, les différentes fonctions psychiques (*attention, perception, représentation, pensée, mémoire*).

En psychologie sociale, la notion d'attitude, après son introduction par Thomas et Zaniecki (1918-20), s'est développée surtout aux Etats-Unis où un grand nombre de travaux montrent comment des opinions, des stéréotypes, des préjugés et des valeurs affectent notre conduite sociale. La recherche américaine sur les attitudes ne se caractérisera cependant pas seulement par son articulation sur la dimension sociale de la conduite, sa perspective behaviouriste déplacera l'intérêt de l'aspect subjectif (l'attitude comme fait de conscience) à l'aspect objectif (l'attitude comme phénomène objectivement observable), orientera vers une définition opérationnelle et le développement de méthodes de mesure des attitudes, et favorisera l'étude de la formation et modification des attitudes dans le cadre de la psychologie de l'apprentissage.

L'évolution de tous ces travaux ayant donné lieu à un certain nombre de conceptions de l'attitude, nous aurons à préciser dans quel sens il faut entendre cette notion si on veut en faire un déterminant de la conduite et la considérer comme unité d'analyse de la personnalité. Nous suivrons en cela E. Roth (1967) qui présente une analyse approfondie de cette notion et en montre la signification pour la psychologie de la personnalité.

Roth définit l'attitude par les caractéristiques suivantes:

1. L'attitude n'est pas directement observable, mais elle est une construction hypothétique que l'on infère à partir de conduites individuelles consistantes et covariantes.

2. L'attitude, comme toute conduite, vise un objet, est attitude de quelqu'un envers quelque chose, cet objet ne pouvant être réduit ni à la configuration de stimuli étudiée par l'ancienne psychologie de la perception, ni à des groupes ou des institutions sociaux comme le fait la psychologie sociale contemporaine; l'objet de l'attitude est bien plutôt tout ce qui peut devenir objet de mon expérience: une chose, un problème, une idée, une ou plusieurs personnes et moi-même (v. Self).

3. L'attitude est acquise au cours d'un apprentissage et à l'occasion d'expériences individuelles, elle est donc individuelle et plus ou moins modifiable et non pas le résultat d'un processus de maturation de caractéristiques données à l'avance.

4. L'attitude a des propriétés de système, mises en évidence entre autres par les travaux de Festinger, Heider et Rosenberg, le système étant une unité complexe dont les parties dépendent les unes des autres. Ces propriétés de système se retrouvent à un triple niveau: celui des composantes qui sont constituées de différents éléments, celui de l'attitude qui comporte différentes composantes (cognitive, affective et active) et celui de l'ensemble des attitudes qui constituent la personnalité. Ainsi conçue, une attitude n'est pas un facteur à part qui influence l'attention, la perception, la pensée, notre façon de sentir et d'agir, mais elle est «cet état du système dans lequel toutes les fonctions psychiques sont réunies par rapport à un objet déterminé» (Roth, 1967). La conduite observable n'est donc pas déterminée par les éléments et leurs fonctions pris isolément, mais par l'état du système (d'éléments interdépendants).

Ainsi définie, l'attitude reste un phénomène complexe qui n'exclut cependant pas la mesure; au contraire, elle permet la description de dimensions selon lesquelles les attitudes peuvent être quantifiées. Parmi ces dimensions on peut mentionner:

a) en ce qui concerne l'objet: spécificité - généralité; singularité - universalité; caractère périphérique - centralité (de l'importance accordée à son objet);

b) en ce qui concerne les conditions d'acquisition: la durée momentanée - habituelle, la direction (positive-négative), l'intensité (grande ou petite), la variabilité (grande ou petite);

c) quant aux propriétés de système des attitudes: la complexité (nombre d'éléments constituant l'unité), la différenciation (des parties de l'ensemble), la consistance (la compatibilité des parties) et la structuration (degré d'organisation des parties).

Il faut toutefois reconnaître que si la description de ces différentes dimensions de l'attitude la rend plus accessible à la mesure en principe, de fait toutes ces possibilités ne sont pas encore réalisées.

Grâce aux caractéristiques indiquées ci-dessus, la notion d'attitude présente une richesse, une souplesse et une potentialité d'approche rigoureuse qui lui permettent d'éviter les difficultés rencontrées par les autres unités d'analyse et qui la font entrevoir comme l'unité d'analyse la plus adéquate pour une étude de la personnalité.

● *La notion d'attitude*
   et les théories de la personnalité

Si l'on fait abstraction des auteurs qui utilisent la notion d'attitude parmi d'autres notions (Cattell, Guilford) pour n'envisager qu'une conception qui se base sur la seule notion d'attitude que nous venons d'esquisser, on verra que la personnalité est conçue comme un système d'attitudes. Les caractéristiques d'une pareille conception de la personnalité s'indiquent alors le mieux en rappelant celles de la notion d'attitude décrites par Roth. Ces attitudes qui constituent le système qu'est la personnalité:

«Se forment à partir de l'interaction des facteurs d'hérédité et de milieu, dans une histoire de développement individuelle, et sont les caractéristiques dans lesquelles s'organisent les événements de toute biographie individuelle; elles sont en outre caractérisées par le fait qu'elles se divisent en composantes qui se trouvent dans une interrelation systématique les unes avec les autres, par le fait que des caractéristiques structurales et dynamiques se joignent en elles pour former des unités fonctionnelles et qu'elles constituent ensemble une forme d'organisation particulière toujours reconnaissable, à partir de laquelle l'unité et l'individualité de l'expérience vécue et de l'action de l'individu deviennent compréhensibles; elles ne garantissent pas seulement l'adaptation nécessaire à l'environnement en rendant possible la constance et la variabilité de la conduite, mais permettent aussi d'inclure des valeurs dans les conditions déterminantes de la conduite humaine — comme objet d'étude bien entendu et non comme condition préalable; finalement leur connaissance permet aussi — dans les limites indiquées — de faire des prévisions sur ce qu'un individu fera dans une situation définie» (Roth, 1967).

LES PERSPECTIVES D'ANALYSE DE LA PERSONNALITE

Après avoir décrit les unités d'analyse les plus fréquemment utilisées dans l'étude de la personnalité, nous avons à décrire les deux perspectives ou points de vue que l'on adopte en étudiant la personnalité : la perspective structurale et la perspective dynamique ou processuelle.

1. La perspective structurale

En latin « structura » signifie « manière de construire », « ordre », et fut déjà utilisé du temps de Cicéron au sens figuré. Par la suite, le mot se rencontre dans les sciences les plus diverses : en biologie, en physique, en mathématique et en philosophie, pour désigner l'ordre qui régit les rapports existant entre les parties d'un ensemble qui forme un tout. Après avoir été introduite en psychologie par Dilthey, la notion de structure a joué un rôle important dans les domaines aussi différents que ceux de la psychologie compréhensive (structure de sens), de la psychologie de la Gestalt (structures perceptives), et de l'analyse factorielle (structure de l'intelligence, des aptitudes, de la personnalité); elle y renvoie à l'idée d'un ensemble ordonné de constantes fonctionnelles et, de ce fait, saisit dans la personnalité surtout ce qui est relativement constant et stable.

En psychologie de la personnalité, la question de la structure est donc de savoir quelles sont les parties importantes de la personnalité et comment elles se situent les unes par rapport aux autres. Elle se pose pour l'organisation de la personnalité en général, et à propos de l'organisation de telle personnalité individuelle. Nous illustrerons les différentes façons de concevoir cette structure dans la partie consacrée à quelques systèmes de la personnalité.

2. La perspective dynamique ou processuelle

La seconde façon d'essayer de saisir l'ensemble et la complexité de l'individu consistera alors à l'envisager non dans son aspect relativement permanent, mais dans son aspect changeant, à l'envisager sous l'angle dynamique ou processuel, comme flux et changement perpétuel se faisant selon certaines lois, dans un certain sens et en rapport avec des jeux de forces et d'énergie. On décrira ainsi les changements du comportement en essayant d'en repérer les formes, les lois et les forces sous-jacentes.

L'importance de ce point de vue pour la psychologie de la personnalité se mesure lorsqu'on considère la place qu'il prend dans l'œuvre de Freud et dans les conceptions behavioristes de la personnalité, et lorsqu'on constate que certains auteurs conçoivent la personnalité comme coextensive au cours de vie de l'individu. C'est ainsi que pour Allport (1955) « la personnalité est moins un produit fini qu'un processus progressif. Il est vrai qu'elle possède quelques traits stables, mais elle est sujette à des transformations continues ». La psychologie de la personnalité devra s'occuper « du déroulement de certaines formations, du devenir, de l'individuation ». Thomae (1955) définit la personnalité comme « totalité de tous les événements qui se joignent dans une biographie individuelle » et base sa théorie de la personnalité (*Das Individuum und seine Welt,*

1968) sur une analyse systématique de ce devenir qu'il entreprend en développant une « biographie psychologique ».

La façon de concevoir cette dynamique de la personnalité a pris des formes différentes depuis que Freud a promu cet aspect en psychologie et nous en verrons quelques exemples dans les paragraphes sur la dynamique et sur le développement de la personnalité, dans la partie consacrée à l'esquisse de quelques systèmes.

IV. LES DETERMINANTS
DE LA PERSONNALITE

Comme nous l'avons vu en parlant du but de la psychologie de la personnalité, celle-ci ne vise pas seulement à décrire le comportement des individus, mais aussi à l'expliquer et à le prédire. Elle doit donc également étudier les facteurs qui déterminent ces comportements en général et dans les cas particuliers. Nous aborderons ici ce problème, le classique problème de l'hérédité et du milieu, en envisageant d'abord la mise en évidence de l'action des différents facteurs biologiques et sociaux pour souligner ensuite leur interaction dans la détermination du comportement et de la personnalité.

LES DETERMINANTS BIOLOGIQUES

L'importance que présentent pour le comportement les facteurs biologiques saute aux yeux lorsque l'on considère avec l'éthologie comparée que, dans le règne animal, des différences biologiques (anatomiques et physiologiques) entre espèces entraînent des différences dans le comportement, et que dans l'espèce humaine des lésions tissulaires et des dysfonctions physiologiques peuvent altérer gravement la conduite. C'est là une constatation qui n'est niée par personne. Les difficultés commencent cependant lorsqu'il est question d'admettre non plus une dépendance assez générale ou se manifestant au niveau pathologique, mais des dépendances spécifiques et se situant au niveau normal, et de préciser leur portée.

Ces difficultés sont de deux ordres. La première est de l'ordre de ce que Freud appelait la blessure narcissique, l'homme n'aimant pas qu'on lui rappelle qu'il n'est pas maître de lui, d'où la réticence à reconnaître nos dépendances organiques et la réticence aussi chez beaucoup de psychologues et dans les sciences sociales en général, à leur faire la place qui leur revient. La seconde difficulté est d'ordre technique et méthodologique : d'abord, il faut remarquer que si les différences biologiques entre certaines espèces sont très frappantes, les différences entre individus d'une même espèce le sont beaucoup moins (ce qui n'empêche cependant pas de les établir comme le montre Wechsler, 1952); ensuite la complexité de la personnalité humaine et la difficulté de son contrôle imposent souvent le recours à des expériences animales ce qui pose alors la question de la légitimité de transposer les résultats ainsi obtenus à l'espèce humaine.

Malgré ces difficultés, un grand nombre de travaux ont établi le rôle capital que jouent les facteurs biologiques comme déterminants de la conduite et de la personnalité. A cet effet, on a suivi deux voies d'approche : celle de l'éthologie comparée et de la psychologie différentielle qui consiste à voir si des différences naturelles et stables au niveau biologique (anatomiques, neurologiques, hormonales) ont des correspondants au niveau de la conduite et de la personnalité; celle de l'expérimentation où l'on modifie artificiellement certaines variables physiologiques et en observe les conséquences psychologiques. Nous les illustrerons ici en rappelant le problème des typologies constitutionnelles et en mentionnant quelques travaux sur l'action des facteurs physiologiques, plus particulièrement des hormones.

La constitution et le tempérament

L'idée que certaines caractéristiques corporelles influencent notre vie psychique se trouve déjà dans la médecine de la Grèce classique où la théorie hippocratique nous en propose en même temps une explication, qui est une explication physiologique. Cette conception exerce jusqu'à nos jours une grande influence sur la pensée médicale, philosophique et psychologique, et elle se retrouve même dans le langage de tous les jours. Selon cette théorie, certaines complexions physiologiques ou tempéraments, constituées par les proportions relatives des quatre humeurs de l'organisme (le sang, la bile jaune, la bile noire et le phlegme) seraient le fondement de réactions et de types psychiques (le sanguin, le colérique, le mélancolique et le phlegmatique) et de maladies correspondantes dont elles seraient le terrain prédisposant [8]. L'intérêt de cette théorie est d'avoir conduit à la description de types physiques (morphologiques et physiologiques) et de types psychiques et à l'étude de leur relation, d'avoir donné le point de départ d'une immense série de spéculations et de travaux empiriques dont la médecine psychosomatique et les recherches psychophysiologiques sur la personnalité contemporaine sont l'aboutissement.

L'étude des typologies constitutionnelles qui sont donc des typologies fondées sur l'idée de constitution conçue comme complexion psycho-somatique relativement durable et individuelle est restée pendant longtemps au niveau d'une physiologie surtout spéculative. A la fin du siècle dernier, elle commençait à s'appuyer sur des données scientifiques plus valables, surtout morphologiques, que l'on mettait en relation avec certains tempéraments et maladies. Mais, comme le remarque Fahrenberg (1967), ce n'est que grâce au développement d'une pathologie des régulations physiologiques par Eppinger et Hess (1910) et leurs successeurs, qu'il fût possible de développer une typologie psychophysiologique rigoureuse basée sur l'étude de la co-variation des traits psychologiques et de caractéristiques de fonctions physiologiques.

Parmi les typologies constitutionnelles qui présentent une base empirique solide en même temps qu'une certaine envergure, c'est certainement celles de Kretschmer (1921) et de Sheldon (1940) qu'il convient de citer ici.

Partant des relations existant entre les psychoses endogènes et les caractéristiques morphologiques, Kretschmer décrit quatre types morphologiques — le leptosome, le pycnique, l'athlétique et le dysplasique — auxquels correspondent les psychoses schizophréniques, maniaco — dépressive et l'épilepsie — et, affirmant l'existence de corrélations entre la régulation du tonus des systèmes végétatif et musculaire et les processus affectifs — (Stimmung, sensibilité, tempo personnel, etc.), finit par considérer les régulations endocrines et végétatives comme fondement commun de la morphologie et du tempérament d'un individu, se trouvant à la base non seulement de son type pathologique, mais aussi de son type normal. Nous retrouvons donc ici l'idée hippocratique d'une affinité entre le physique et le psychique, mais elle se présente sous une forme moderne, moins spéculative, plus ancrée et articulée dans des données empiriques objectives et précises. Mais, bien que se référant à des données et réflexions physiologiques, et bien que définissant la recherche sur les constitutions comme recherche des corrélations, Kretschmer s'intéresse plus aux données morphologiques et psychologiques, et n'exploite pas toutes les possibilités que la méthodologie moderne met à sa disposition. Ce sont là deux points qui vont préoccuper la recherche ultérieure: Sheldon[9] pour l'élaboration méthodologiquement plus rigoureuse et la théorisation des relations entre type morphologique et tempérament, Cattell, Eysenck, Wenger et leurs collaborateurs pour les recherches psychophysiologiques sur la personnalité qui aboutissent à un abandon des conceptions globales au profit d'approches et objectifs plus restreints, précis et solides.

Les facteurs physiologiques et l'action des hormones

Comme nous venons de le voir, les typologies constitutionnelles sont basées sur l'idée que les facteurs physiologiques déterminent à la fois la morphologie et le tempérament. Ce facteur physiologique n'a cependant été étudié directement; il était une entité plutôt spéculative chez les Anciens et resta quelque peu négligé par les constitutionnalistes modernes qui ne l'ont abordé qu'à partir de données morphologiques et psychologiques et non pas directement par des études expérimentales. Ce sont les diverses branches de la physiologie moderne qui ont permis d'étudier directement et de façon non spéculative l'effet des facteurs physiologiques sur la conduite et la personnalité. Nous mentionnons ici plus particulièrement l'apport de l'endocrinologie et de la psychophysiologie parce que ce sont là les deux domaines sans doute les plus proches de l'ancienne idée de physiologie comprenant les notions d'humeur, de système et de régulation.

L'endocrinologie a en effet montré que les glandes endocrines fabriquent des substances bio-chimiques et les déversent directement dans le sang qui les transporte vers d'autres organes internes, substances qui peuvent agir, dans certaines conditions, sur la conduite. On sait ainsi qu'une hypersécrétion de la glande thyroïde entraîne au niveau psychique des phénomènes d'insomnie et d'agitation alors qu'une insuffisance thyroïdienne peut produire de la somnolence, de la fatigue et de l'insuffisance intellectuelle. Des insuffisances ou des excès d'insuline, produite par le pancréas, donnent également lieu à des troubles psychiques, l'excès pouvant conduire à la confusion mentale et au coma.

Parmi les autres glandes ayant une influence directe sur la conduite, il faut alors mentionner les surrénales qui jouent un rôle important dans les phénomènes émotionnels, d'activation et de stress. On sait ainsi que la moelle des surrénales sécrète deux substances hormonales : l'adrénaline et la noradrénaline, la première intervenant surtout dans les réactions de peur et d'anxiété, la seconde dans les réactions de colère et d'irritation. Lors d'une émotion de peur, la sécrétion d'adrénaline augmente la fréquence du pouls, la pression sanguine systolique, le débit cardiaque, et diminue l'apport sanguin à la musculature squelettique ; lors de la colère, il s'y ajoute une sécrétion de noradrénaline qui augmente la pression sanguine diastolique et l'apport sanguin à la musculature squelettique, et diminue le débit cardiaque et la fréquence du pouls. De ces observations, on a conclu, à titre d'hypothèse, que l'adrénaline qui intervient surtout dans les phénomènes de peur et d'anxiété met l'organisme en état de vigilance (réaction d'urgence de Cannon), alors que la noradrénaline y ajoute la disposition à l'attaque. Un argument en faveur de cette hypothèse pourrait être vu entre autres, dans les observations de von Euler et d'Elmadjian (cités d'après Klopper, 1964). Von Euler rapporte que les animaux présentant une tendance à la fuite relativement élevée comme les antilopes et les rongeurs ont un taux d'adrénaline relativement élevé, alors que les rapaces comme le lion, présentent un taux élevé d'adrénaline et de noradrénaline.

L'agressivité aussi semble être en relation avec les sécrétions des surrénales comme le suggèrent, entre autres, l'exemple précédant et deux expériences de Elmadjian sur des boxeurs et des joueurs de hockey sur glace. Cet auteur comparait les taux d'adrénaline et de noradrénaline de joueurs qui « luttaient » agressivement pour le puck sur le terrain et de gardiens qui attendaient « anxieusement » à l'arrière, et trouvait que le jeu actif et agressif entraînait une augmentation de la sécrétion de noradrénaline alors que les gardiens présentaient une augmentation de la sécrétion d'adrénaline. Pour les boxeurs, l'attente avant le combat était accompagnée d'une plus grande sécrétion d'adrénaline et la sécrétion de noradrénaline était plus grande après le combat. Il faut noter, cependant, que cette différence pourrait être due non pas à une différence en «agressivité», mais simplement d'activité [10].

Les hormones sexuelles aussi sont mises en rapport avec l'agressivité. Longtemps avant la constitution d'une physiologie scientifique, on a châtré les taureaux afin de les rendre moins sauvages, et l'observation d'une plus grande agressivité chez les individus mâles est également traditionnelle, ce qui aboutit tout naturellement à l'hypothèse que cette agressivité plus grande chez le mâle est en rapport avec les hormones sexuelles qui le caractérisent : les testostérones.

Cette hypothèse semble en effet confirmée par une série d'expériences rapportées par Lorenz (1963) et Tinbergen (1953) qui montrent que le taux de testostérone détermine les luttes chez beaucoup d'animaux. Une réflexion critique cependant fait douter de la simplicité de cette relation et soulève la question de savoir si cette relation entre testostérone et agressivité s'observe aussi lorsqu'on examine les conduites agressives qui ne sont pas liées aux conduites sexuelles instinctives. Dans ce cas, les résultats sont en effet contradictoires. Ainsi Karli (1958) qui faisait une série d'expériences sur des rats tuant des souris, observe que la castration n'en diminuait point la tendance à tuer et que des rats spontanément non agressifs ne tuaient ni leurs semblables ni des souris si on leur donnait des doses élevées de testostérone. Edwards (1969), par contre, en faisant une série d'expériences sur des souris observait que la castration de souris mâles et femelles diminuait leur agressivité alors que l'administration de testostérone les rendait à nouveau combatives. Dans une autre série d'expériences, Edwards administrait alors de la testostérone à de jeunes souris à partir du jour de leur naissance, les castrant après un certain temps, et constatait que même après la suppression des administrations régulières de testostérone, ces souris étaient plus agressives que les autres. La conclusion que tire Edwards de ses expériences est que l'administration précoce de testostérone a favorisé le développement de structures nerveuses qui sont importantes pour le déclenchement de comportements agressifs. Les relations entre les hormones et le comportement animal ne sont donc pas aussi simples qu'il ne semblait d'abord et une revue de la littérature impose la conclusion tirée par Van Rillaer (1975) : « De façon générale, on constate que les réactions varient selon les espèces, le type d'hormone, le moment de l'injection, l'apprentissage antérieur à l'intervention, le contexte physique et social. »

Dans l'espèce humaine, le problème de l'influence de la testostérone sur l'agressivité a été étudié au niveau de l'observation clinique et a conduit également à des résultats contradictoires. Langelüdeke (1959) par exemple, affirme que la castration des criminels diminue leurs agressions alors que d'autres observations n'ont pas donné de corrélation entre le taux de testostérone et l'agressivité chez les criminels (Kermani, 1969).

Mais si les expériences que nous venons de citer montrent clairement que des facteurs physiologiques sont en jeu dans le comportement, elles laissent tout de même ouvertes un certain nombre de questions qui intéressent la psychologie de la personnalité.

Une première question est de savoir ce que signifient, pour une psychologie de la personnalité normale, les observations faites sur l'influence des facteurs physiologiques sur le comportement dans des cas pathologiques. Ces facteurs peuvent-ils expliquer les différences individuelles au niveau du comportement de sujets normaux ? Est-ce que ce que nous a appris l'étude des troubles thyroïdiens et de leur traitement nous permet d'expliquer des différences d'activité et de vigilance, d'intelligence, chez les sujets normaux et de les influencer éventuellement ? L'expérience a bien montré que non, que l'on peut bien corriger une déficience thyroïdienne en donnant des extraits thyroïdiens, mais non pas augmenter l'activité ou l'intelligence d'un sujet normal.

Une seconde question importante pour la psychologie de la personnalité est alors de savoir si les facteurs physiologiques mentionnés, les hormones, ont un effet non seulement passager (au moment où elles sont administrées), mais durable, s'ils influencent les dispositions relativement stables, les traits, qui sont précisément l'objet de la psychologie de la personnalité, et par quel mécanisme s'exerce cette détermination. Dans le cas de l'agressivité, par exemple, peut-on expliquer des différences individuelles par des différences dans la quantité de sécrétion de noradrénaline comme pourrait le suggérer la constatation faite sur le rat sauvage de Norvège qui est très agressif et dont les glandes surrénales sont beaucoup plus grandes que celles de ses congénères domestiqués peu agressifs ?

Pour éclairer ce problème, commençons par nous rappeler le point de départ : l'observation a montré que des états de peur s'accompagnent d'une augmentation du taux d'adrénaline d'où on concluait qu'une augmentation du taux d'adrénaline s'accompagne d'une émotion de peur ou que l'adrénaline « produit » la peur, ce qui se vérifie effectivement lors d'injections d'adrénaline. La question qui se posait alors pour la psychologie de la personnalité était de savoir si cette relation entre les facteurs physiologiques et le comportement est toujours aussi simple et directe que dans les expériences citées, et de voir comment elle se manifeste dans l'acquisition des traits de personnalité. Or cette relation entre les facteurs physiologiques et le comportement est loin d'être toujours aussi simple que le laissent croire les premières expériences à ce sujet. C'est d'ailleurs ce que laisse supposer une réflexion phénoménologique sur le corps [11], réflexion dont les conclusions trouvent une confirmation expérimentale dans les travaux de Schachter et collaborateurs (1962) sur l'influence des variables cognitives sur les comportements émotionnels.

Les auteurs démontrent, en effet, que l'influence des facteurs physiologiques sur le comportement dépend du contexte cognitif dans lequel ils opèrent, qu'une seule et même activation physiologique peut conduire à des comportements différents selon le contexte cognitif, que la manifestation d'un comportement agressif par exemple, ne dépend pas du seul effet de l'adrénaline, mais de l'interprétation qu'en donne le sujet comme déclencheur de la colère. On doit donc admettre qu'un trait de personnalité, l'agressivité par exemple, ne dépend pas seulement de facteurs physiologiques et que l'effet psychologique de ces derniers est codéterminé par les phénomènes cognitifs laissant ainsi une place importante à l'influence de l'expérience vécue du sujet.

Et il faut même aller plus loin et se demander si, dans certaines circonstances, l'influence de l'expérience vécue ne dépasse pas le simple effet momentané produit par l'interprétation des phénomènes physiologiques, pour provoquer des modifications durables au niveau même des phénomènes physiologiques, par exemple par le biais de modifications au niveau du système nerveux central, qui entraîneraient une sympathicotonie durable. C'est là une hypothèse bien connue de certains psychosomaticiens sur l'étiologie de l'hypertonie essentielle. Dans le domaine de la psychologie sociale Fine et Sweeney (1967) ont fait une première expérience intéressante pour éclairer ce problème. Partant des travaux de Ax (1953), ces auteurs se demandaient si les frustrations permanentes auxquelles se trouvaient exposés les membres des couches sociologiques inférieures ne conduisaient pas à des différences dans le taux de catécholamines. Pour vérifier cette hypothèse, les auteurs ont analysé les urines de 27 recrues de l'armée pendant trois jours consécutifs et comparé les taux d'adrénaline et de noradrénaline. Ils ont pu constater que les membres des couches sociologiques inférieures présentaient des rapports noradrénaline-adrénaline plus élevés que les membres des couches moyennes. Cette différence est interprétée dans le sens de l'hypothèse de Ax (1953) selon laquelle des états agressifs et particulièrement la colère consécutive à une frustration entraînent un état physiologique caractérisé par des phénomènes semblables à ceux provoqués par un mélange d'adrénaline et de noradrénaline, alors que d'autres situations de stress donnent lieu à une augmentation du taux d'adrénaline. Quant à l'explication de la différence constatée, les auteurs pensent qu'elle se trouve dans une différence de classe sociale en matière de processus de socialisation. Cette différence dans les processus de socialisation consisterait dans des différences de techniques de maîtrise du stress : alors que les classes moyennes tendent à exiger un comportement réfléchi et à inhiber les comportements agressifs, les classes « inférieures » tendent à renforcer les comportements de colère et d'agression. Ce seraient donc ces deux styles éducatifs qui favoriseraient des réactions d'adaptation physiologiques différentes, qui entraîneraient à leur tour une différence dans la sécrétion des catécholamines.

En ce qui concerne le caractère direct et indirect de l'influence des hormones sur la conduite et la personnalité, il faut attirer l'attention sur le fait que l'action de certaines hormones s'exerce non pas directement sur le comportement, mais bien sur le développement des structures physiologiques qui déterminent le comportement. En physiologie humaine, cette hypothèse pourrait trouver confirmation par l'observation des fonctions de l'hypophyse. L'hypophyse agit en effet sur le comportement par l'intermédiaire de son action sur les phénomènes de croissance (la maturation sexuelle, par exemple) et de son action régulatrice dans le système glandulaire. En physiologie animale, cette action indirecte des hormones a été particulièrement bien mise en évidence par les études de S. Levine (1966) sur les effets des hormones sexuelles chez le rat. Suite à ces travaux, Levine affirme que le cerveau des mammifères est femelle à la naissance et que si la testostérone n'est pas sécrétée à un certain moment critique du développement, le cerveau restera femelle. Si, par contre, on injecte de la testostérone à ce moment à des femelles, elles ne développeront pas les fonctions physiologiques femelles normales à l'âge adulte, les ovaires étant sous-développés et le cycle ovulatoire absent, ni le comportement sexuel femelle normal. La castration du mâle à ce moment critique supprime la testostérone et laisse développer une physiologie et un comportement sexuel femelle à l'âge adulte. Levine constate aussi que l'administration de l'hormone thyroïdienne au rat nouveau-né supprime définitivement sa fonction thyroïdienne, et pense pouvoir interpréter ce fait par l'hypothèse d'une régulation thyroïdienne fixée trop bas suite à cette administration précoce de l'hormone. Ces expériences de Levine permettent donc de penser que des influences hormonales précoces peuvent avoir des effets entraînant une modification définitive de la régulation hormonale de l'adulte ayant pour conséquence des différences de comportement.

Si l'on considère alors le fait déjà mentionné que l'expérience vécue peut elle aussi influencer la régulation hormonale, on pourrait conclure par l'hypothèse que les différences individuelles constatées dans certains traits peuvent être co-déterminées par: 1. l'influence des gènes conduisant à la production de quantités différentes d'une hormone; 2. les événements et les expériences vécues déterminant la sécrétion hormonale soit par modification définitive de la régulation, lors d'une période critique et précoce du développement, soit par l'acquisition d'un style de comportement entraînant des différences dans la sécrétion hormonale.

C'est là une hypothèse, car nous savons trop peu sur les corrélats psychiques des processus et états physiologiques dans le développement de la personnalité normale, et les résultats des travaux faits dans ce domaine sur des animaux nous sont de peu de secours aussi longtemps que nous ne savons pas si, pour le problème qui nous intéresse, leur organisme est vraiment comparable au nôtre. Il est vrai qu'au fur et à mesure que l'on passe des macrostructures aux microstructures, les différences entre nos organismes s'amenuisent: les hormones d'un rat sont les mêmes que les nôtres, ses gènes ont également la même action biochimique que les nôtres et Karl Bühler (1960) mentionne une expérience dans laquelle des araignées absorbant du sang de malades catatoniques présentent une réaction tout à fait différente de celle qui suit l'absorption de sang d'individus non-catatoniques et perdent leur capacité de tisser leur toile! Cependant même au cas où les structures physiologiques sont comparables, il reste que le comportement humain est plus complexe, plus plastique que le comportement animal et donc moins directement dépendant des processus physiologiques. C'est là une dépendance moindre et non une indépendance, et on peut ainsi maintenir l'hypothèse que certaines différences individuelles sont, non pas le seul résultat de l'apprentissage, mais fortement co-déterminées par les différences individuelles au niveau physiologique.

Il appartient aux recherches psychophysiologiques sur la personnalité et à l'observation clinique systématique et contrôlée de préciser toujours davantage l'influence précise des facteurs physiologiques, non seulement sur la conduite en général, mais sur la détermination des différences individuelles plus ou moins stables qui intéressent la psychologie de la personnalité.

Les facteurs génétiques

L'idée d'une transmission héréditaire des caractéristiques physiques et mentales n'est pas une idée moderne puisqu'on la trouve déjà implicitement dans les très vieilles pratiques d'élevage des animaux et des plantes, dans les généalogies des Dieux et des Héros de la Grèce antique. Mais il a fallu attendre les travaux de Darwin, Mendel et Galton pour la voir prendre une forme scientifique et connaître alors un développement rapide.

Bien que n'ayant pas directement étudié le problème de l'hérédité, Darwin a grandement préparé le terrain pour la génétique moderne en élaborant, en biologie comparée, une théorie générale qui sensibilisait au problème et demandait des vérifications rendant nécessaires des études sur l'hérédité. Darwin pense en effet que les différences individuelles sont héréditaires et que ce sont les différences entre individus d'une même espèce qui sont responsables de l'évolution des espèces qui se fait grâce au mécanisme de la sélection naturelle des individus possédant des caractéristiques qui favorisent leur adaptation au milieu.

Mais alors que Darwin élaborait une théorie de l'évolution basée sur l'observation des différences et ressemblances entre les espèces, Galton s'intéressait à la variation des différences individuelles physiques et mentales chez l'homme. Convaincu, tout comme Darwin, de l'hérédité des caractéristiques individuelles, Galton, qui fut un des pionniers de la psychologie différentielle, essaie de vérifier sa conviction en élaborant des méthodes de mesure de ces différences individuelles (les tests), des méthodes de traitement des données (les statistiques) et des méthodes d'approche du problème de l'hérédité (biographie, méthode des jumeaux), et présente ses arguments dans quatre livres: *Le génie héréditaire* (1869), *Les hommes de science anglais* (1874), *Enquêtes sur la faculté humaine et son développement* (1883) et *L'hérédité naturelle* (1889). Dans Le génie héréditaire, par exemple, Galton entreprend de montrer que le nombre de personnes éminentes dans une famille est plus grand que ne le laisserait espérer le hasard, et il essaie de réfuter l'objection selon laquelle cette constatation serait l'effet des conditions sociales et économiques, en montrant que la corrélation est plus forte lorsque la relation familiale est génétiquement plus proche. Galton étudiait ainsi de façon statistique la variation et l'hérédité de traits humains physiques et mentaux comme la taille, la couleur des yeux, l'intelligence, le caractère, etc, et fournissait ainsi une description plus précise des phénomènes héréditaires en général et de ceux de l'hérédité humaine en particulier. La découverte des lois et mécanismes régissant ces phénomènes cependant était réservée à d'autres disciplines et à un autre chercheur. Elle avait d'ailleurs déjà commencé un peu avant la publication du premier livre de Galton, mais à l'insu du monde scientifique officiel.

Ce fut en effet Gregor Mendel qui, après de longues expériences sur le croisement des pois, découvre les deux premières lois qui portent son nom: la loi de la ségrégation selon laquelle « les caractères unis dans l'organisme se disjoignent dans les éléments reproducteurs et les types d'avant le croisement réapparaissent dans la descendance »; la loi de dominance, selon laquelle « si deux caractères opposés se trouvent en présence, l'un des deux éclipse totalement l'autre et son influence est seule à s'extérioriser ». Une troisième loi concerne la transmission indépendante des caractères différentiels. De Vries, Correns et Tschermak, dans des expériences indépendantes, pouvaient confirmer les découvertes de Mendel que des travaux ultérieurs reconnaissaient valables aussi dans le règne animal. On avait ainsi trouvé les premières lois régissant la transmission héréditaire sans cependant connaître encore le mécanisme biologique dont la découverte n'allait toutefois pas tarder non plus.

En 1879 déjà, Flemming découvrait, dans le noyau cellulaire des fils appelés « chromosomes » que W.S. Sutton (1902), qui faisait des expériences sur les hypothèses de A. Weismann (1877) sur la méiose, mettait en rapport avec les mécanismes de l'hérédité. En 1909, W.L. Johannsen donne le nom de « gènes » aux porteurs d'une caractéristique héréditaire, appellera « génotype » l'ensemble des caractéristiques héréditaires passant d'une génération à l'autre et « phénotype » l'ensemble des caractéristiques qui ne se transmettent pas. Grâce à ces progrès et de concepts comme dominance, récessivité, hybridation, gène, génotype et phénotype, on possédait ainsi au début de ce siècle un modèle biologique déjà très valable pour l'étude des phénomènes de l'hérédité.

Des découvertes importantes pour la génétique devaient pourtant se faire encore vers la deuxième moitié du siècle lorsque, grâce aux travaux surtout de M. Perutz, J. Kendrew, F. Crick et D. Watson, on découvrit la structure interne, biochimique des gènes et la façon dont elle influence le cytoplasme et son métabolisme. L'étude des acides nucléïques montrait que l'acide désoxyribonucléïque (ADN) contient l'information génétique qui dirige le développement de l'embryon et véhicule les caractéristiques héréditaires.

Parallèlement à ces études de génétique, les études sur l'hérédité de caractéristiques psychologiques humaines inaugurées par Galton se poursuivaient malgré le terrain peu favorable de la tradition psychologique et du behaviourisme naissant, trouvant beaucoup de difficultés techniques et méthodologiques à résoudre sur le chemin qui les conduisait de la mise en évidence de l'hérédité de caractéristiques humaines à l'étude de l'interaction hérédité-milieu et l'estimation de leur participation relative dans le développement de caractéristiques complexes.

Ces recherches, leurs problèmes, méthodes et résultats peuvent être présentés, pour notre propos, en les groupant selon les méthodes utilisées qui sont, dans l'ordre historique de leur application, la méthode de l'enquête familiale, la méthode des jumeaux, l'observation de caractéristiques précoces et durables et la méthode de l'élevage sélectif.

● *L'enquête familiale*

La méthode de l'enquête familiale fut d'abord utilisée par Galton (1869) pour vérifier son hypothèse de l'hérédité de certaines caractéristiques psychologiques, en occurrence le génie, en montrant que le nombre de personnes éminentes d'une famille dépasse l'espérance du hasard et ne peut pas s'expliquer par les conditions de milieu. Cette même méthode fut par la suite appliquée à l'étude d'autres caractéristiques psychologiques frappantes, Dugdale (1877) étudiant la déviance sociale, dans le cas de Jukes, Goddard (1912) la faiblesse mentale dans celui des Kallikaks. Les résultats obtenus par ces deux auteurs furent semblables à ceux de Galton : une fréquence significativement élevée de ces caractéristiques psychologiques dans ces familles, et leur interprétation allait aussi dans le même sens, affirmant leur hérédité. Plus récemment Szondi (1944) a suivi cette méthode en essayant d'établir le caractère héréditaire, des radicaux pulsionnels qui déterminent les choix de l'individu en amour et amitié, le choix professionnel, le choix de la maladie et de la forme de mort.

Les travaux basés sur l'enquête familiale ne sont cependant pas à l'abri de toute critique, ni concernant l'établissement des données, ni surtout leur interprétation, comme le montre, pour l'étude de Goddard par exemple, la critique de Scheinfeld (1944).

La faiblesse principale de la méthode de l'enquête familiale est de ne pas permettre de décider si ces ressemblances sont le produit de l'hérédité ou celui du milieu, puisqu'elle ne permet pas de séparer l'action de l'hérédité de celle du milieu, les parents porteurs des caractéristiques en question (supposées héréditaires) créant aussi un milieu favorisant leur développement par apprentissage.

Dans certains cas, cependant, ces lacunes de l'enquête familiale ont pu être compensées par une analyse approfondie de l'arbre généalogique et de l'apparition du trait supposé héréditaire. L'apparition du trait en question ayant été établie dans différentes familles pour au moins deux générations, on émet des hypothèses concernant le mécanisme de transmission de ce trait et essaie de les vérifier par la comparaison des fréquences des phénotypes attendues en fonction de l'hypothèse à celles présentées par la population générale. Un des exemples bien connus de cette démarche est l'étude de la cécité au Phenyl-thio-carbarmide (P.T.C.), une substance dont certaines personnes ne perçoivent pas l'amertume alors qu'elle est présente dans une concentration à laquelle d'autres la perçoivent très facilement. Un autre exemple de cette façon d'éviter les faiblesses de l'enquête familiale est celui des recherches de Jervis (1937) sur la phénylkétonurie (PKU). Après que Folling (1934) eût montré que certains cas de retard mental sont liés à une excrétion de quantités anormalement élevées d'acide phénylpyruvique dans l'urine, Jervis a montré que cette déficience est héréditaire, et, en étudiant les biographies familiales des malades, est arrivé à la conclusion que cette déficience suit le schéma Mendelien classique des gènes récessifs et se trouve probablement déterminé par une seule paire de gènes.

On peut rappeler ici que ce cas de phénylkétonurie a parfois été considéré comme fournissant un modèle pour la détermination génétique de troubles ou déficiences mentaux. Kallmann (1950), par exemple, pensait que la schizophrénie est déterminée par un seul gène récessif, mais qu'un système défensif dépendant de plusieurs gènes intervient pour modifier l'effet pathologique.

● *La méthode des jumeaux*

Lorsque, comme c'est le cas de la plupart des caractéristiques qui intéressent la psychologie de la personnalité, la faiblesse de la méthode de l'enquête familiale (son incapacité de séparer le facteur milieu et le facteur hérédité) ne peut pas être compensée par le type d'analyse illustré par ces deux exemples, le chercheur peut élaborer les données que lui fournit une expérience de la nature et recourir à l'étude des jumeaux comme le fît déjà Galton. Les jumeaux vrais (identiques ou monozygotes) ont en effet un génotype identique, ce qui permet de dire que toute différence constatée entre eux doit être l'effet du milieu, et d'étudier l'influence exercée par des milieux différents sur un même génotype: les faux jumeaux (fraternels ou dizygotes) par contre, ont un génotype différent et vivent dans un milieu plus ou moins semblable, permettant ainsi l'étude de l'effet qu'a un même milieu sur deux génotypes différents.

Ce principe de base de l'étude des jumeaux peut être appliqué dans plusieurs méthodes que l'on peut classifier en fonction de la façon dont elles permettent de contrôler la variable hérédité et la variable milieu. Schepank (1974) propose ainsi de distinguer six méthodes ayant des indications et permettant des conclusions différentes.

Les deux premières méthodes, qui sont des méthodes classiques, supposent que le milieu soit constant. Dans ce cas, toute différence (de similitude) entre jumeaux MZ et jumeaux DZ est due à l'hérédité puisque les jumeaux MZ ont un génotype identique alors que les jumeaux DZ n'ont en commun qu'environ la moitié de leurs gènes. Ces deux premières méthodes dans l'application desquelles on compare des jumeaux MZ et des jumeaux DZ se distinguent en fonction de la structure et de la distribution des traits étudiés.

La première méthode s'applique à des traits qualitatifs nettement repérables : le sexe, la présence ou l'absence d'une maladie. On établit le taux de concordance ou de discordance constaté chez les deux groupes de jumeaux et l'on examine cette différence par des tests statistiques (carré latin, chi carré) pour voir si elle est significative.

La deuxième méthode s'indique lorsque le trait sous investigation n'est pas simplement présent ou absent, mais se manifeste à des degrés faibles ou forts, lorsqu'il est quantifiable et se répartit de façon continue comme c'est le cas de la taille, de l'intelligence, etc. Dans ce cas, on mesure le trait en question et recherche ensuite des différences intra-paires; on compare la moyenne des différences entre jumeaux MZ à la moyenne des différences entre jumeaux DZ et l'on éprouve la signification de cette différence. Ces deux méthodes permettent l'établissement du caractère héréditaire d'un trait et, dans certaines circonstances, le calcul de la probabilité de manifestation de ce trait.

Les méthodes suivantes supposent la constance du facteur hérédité et ne peuvent donc s'appliquer qu'à des jumeaux MZ. Elles permettent l'étude de leur développement dans des milieux différents.

C'est ainsi que dans la troisième méthode, la *co-twin-control-methode* (Galton, Gesell et Thompson), on modifie le milieu par des manipulations expérimentalement contrôlées en faisant faire des apprentissages à l'un des deux jumeaux. En comparant les performances des deux jumeaux à la fin de la période d'apprentissage allouée à l'un d'eux, on peut alors voir s'il y a une différence due à l'apprentissage ou une ressemblance qui s'expliquerait par une acquisition faite spontanément grâce à la maturation. Cette même méthode permet de contrôler l'effet d'interventions thérapeutiques. Son intérêt réside dans l'investigation des limites génétiques que rencontrent les facteurs de milieu.

La quatrième méthode permet d'étudier le développement de jumeaux MZ élevés séparément, mais sans manipulation systématique du facteur milieu comme c'était le cas dans la méthode précédente. On mesure des discordances intra-paire et on peut éventuellement les comparer à celles de jumeaux MZ élevés ensemble. Cette méthode permet une estimation de la labilité de caractéristiques et fournit des indications sur les conditions de manifestation dans les variances de milieu données.

La cinquième méthode s'applique à l'investigation après-coup de jumeaux MZ dont un membre a subi l'effet d'un facteur de milieu déterminé comme, par exemple, un traumatisme crânien, un séjour d'hôpital, etc. Il s'agit donc de l'étude du retentissement qu'ont des variables de milieu connues sur des caractéristiques ultérieures.

La sixième méthode, l'analyse des discordances de jumeaux MZ, part de la constatation d'une discordance actuelle (une maladie, par exemple) et recherche, par une anamnèse approfondie et systématique, des influences de milieu qu'ils ont subies. Elle permet ainsi d'investiguer les conditions de manifestation de la caractéristique discordante et de découvrir éventuellement des facteurs de milieu encore inconnus.

A la suite de Galton qui a conçu le principe de cette méthode et étudié lui-même des jumeaux, un certain nombre d'auteurs l'ont utilisée en la perfectionnant dans le sens que nous venons d'indiquer. L'exemple classique en est le travail déjà relativement ancien de Newman, Freeman et Holzinger (1937) qui visait à évaluer la part de l'hérédité dans la détermination de la taille, du poids, de l'intelligence et de la personnalité. Ces auteurs ont étudié 50 paires de jumeaux vrais élevés ensemble, 19 paires de jumeaux vrais élevés séparément dans des foyers différents, et 50 paires de jumeaux fraternels élevés ensemble. Leurs résultats montraient que pour la taille, le poids et l'intelligence, les vrais jumeaux élevés séparément se ressemblaient fort, beaucoup plus que les jumeaux fraternels élevés ensemble et presque autant que les jumeaux vrais élevés ensemble; pour les traits de personnalité, cependant, les résultats étaient moins nets. Des résultats très semblables ont été retrouvés dans des travaux plus récents. Leur interprétation cependant est moins univoque que ne le pensait Galton en concevant le principe de la méthode qui, depuis lors, a suscité quelques critiques.

Une première critique se réfère au diagnostic de zygosité, la distinction entre jumeaux monozygotes et dizygotes présentant parfois des difficultés pouvant donner lieu à des erreurs de diagnostic qui fausseraient alors les conclusions. C'est là une difficulté réelle, mais sans grande portée puisque le pourcentage d'erreurs de diagnostic commises dans les travaux classiques est très petit et insignifiant dans les travaux contemporains qui se basent sur l'analyse des facteurs sanguins.

Un second problème, plus important celui-ci, est alors de savoir si les résultats trouvés dans les études sur les jumeaux peuvent être généralisés à l'ensemble de la population ou si la condition gémellaire présente des caractéristiques spécifiques interdisant la comparaison. Ce doute a été émis sur base de constatation de différences dans le domaine des caractéristiques physiques aussi bien que psychologiques.

Dans le domaine physique, on a observé une prématurité de la naissance plus fréquente, un poids inférieur à la naissance à celui des non-jumeaux, et une grande fragilité de la santé qui s'accompagne d'une mortalité périnatale huit fois plus grande chez les monozygotes, deux fois plus grande chez les dizygotes.

Au point de vue psychique, il faut d'abord mentionner l'apparition un peu plus tardive de la parole et un développement intellectuel légèrement plus lent, tout en ajoutant qu'il s'agit ici de différences minimes. Ces différences de la population générale paraissent alors plus importantes lorsqu'on considère la personnalité et les conditions dans lesquelles elle se développe.

Le milieu où grandissent les jumeaux vrais n'est effectivement pas le même que pour les frères et sœurs non-jumeaux. Les jumeaux ont une tendance à établir moins de contacts sociaux avec d'autres personnes et à vivre plus à l'intérieur du couple. A cela s'ajoute que le milieu familial et extra-familial ne se comporte pas à leur égard de la même façon qu'envers les autres enfants. Il les considère comme plus semblables et les invite ainsi à l'être, il les surprotège à cause de leur fragilité et, comme le remarque Zazzo (1960), « si les parents développent surtout chez leurs jumeaux le sens de la gémellité, de l'identité, ils ont aussi assez souvent et simultanément une tendance à les différencier en projetant plus ou moins consciemment sur la structure du couple gémellaire la structure du couple conjugal ».

Ces critiques montrent sans doute que les jumeaux vrais ne sont pas tout à fait comparables aux enfants de la population générale, que les résultats obtenus par les travaux sur les jumeaux ne peuvent pas sans plus être généralisés à celle-ci. Mais il serait abusif de croire que ces critiques diminuent de façon significative la valeur des résultats obtenus par l'étude des jumeaux. En tout cas dans le domaine de l'intelligence, une autorité comme Zazzo (1960) arrive à la conclusion que « l'intelligence des jumeaux n'est pas foncièrement atteinte par la situation gémellaire. Il faut mettre en œuvre des populations nombreuses et des instruments de mesure très discriminatifs pour établir une infériorité intellectuelle à laquelle échappent, en fin de compte, bon nombre de jumeaux ». La vie affective et la personnalité des jumeaux par contre « paraît très fortement marquée par leur situation exceptionnelle ». Cette constatation-ci n'est pas non plus de nature à invalider la méthode des jumeaux, elle exige simplement un meilleur contrôle de ces variables qui font problème.

On peut donc conclure que, malgré les critiques générales qui lui ont été adressées, la méthode des jumeaux reste une approche valable du problème de l'hérédité et du milieu si l'on prend les précautions nécessaires pour contrôler adéquatement la variable « milieu ». Ceci a été réalisé principalement en comparant des jumeaux MZ élevés ensemble et des jumeaux DZ élevés ensemble, et en comparant des jumeaux MZ élevés séparément et des jumeaux DZ élevés ensemble ou non, et des frères et sœurs non-jumeaux. Les résultats étant plus nets dans le domaine de l'intelligence que dans celui de la personnalité, nous commencerons par illustrer ces deux approches par des travaux faits sur l'intelligence et aborderons séparément le problème de la personnalité.

La comparaison des jumeaux monozygotes et dizygotes élevés ensemble part de l'hypothèse selon laquelle les jumeaux monozygotes ayant le même génotype et vivant dans le même milieu, les différences entre individus d'un même couple sont dues au milieu et sont petites étant donné que ce milieu est le même, alors que la différence entre deux jumeaux dizygotes est plus grande puisqu'ils n'ont en commun que la moitié de leurs gènes, l'autre moitié étant différente et se manifestant par conséquent dans des différences.

Cette hypothèse a été confirmée par les travaux faits sur ce sujet. C'est ainsi que dans les travaux de Newman et al., Burt, Shields, Zazzo, Erlenmeyer-Kimling, le coefficient de corrélation entre les QI des jumeaux, qui mesure le degré de ressemblance intrapaire, varie entre 0,76 et 0,94 pour les jumeaux MZ élevés ensemble, entre 0,51 et 0,62 pour les jumeaux DZ élevés ensemble, alors qu'il se situe seulement entre 0,49 et 0,54 pour frères et sœurs élevés ensemble, et entre 0,23 et 0,28 pour des enfants non-apparentés élevés ensemble. Les couples de jumeaux monozygotes sont donc beaucoup plus semblables que les jumeaux dizygotes et cette différence semble s'expliquer par la différence du génotype.

A cette conclusion, on peut évidemment objecter qu'en attribuant la différence entre MZ et DZ à une différence du génotype, on suppose que les conditions de développement physiologiques et psychologiques des deux types de jumeaux soient identiques, et rappeler les critiques générales adressées à la méthode des jumeaux montrant que ce n'est pas le cas. Si l'on admet ces objections, la question est alors de savoir si ces différences que l'on rencontre dans les conditions de développement des deux types de jumeaux suffisent à rendre compte de la différence que l'on constate entre les coefficients de corrélation de leurs QI. Cela semble peu probable et l'on peut dire que ces différences dans les conditions de développement ne laissent pas de doute sur le rôle prépondérant joué par le génotype dans la détermination des QI si semblables de jumeaux MZ, mais qu'elles rendent difficile une estimation plus précise.

Les comparaisons faites à partir de l'étude de jumeaux MZ élevés séparément visent à évaluer l'influence exercée par des milieux familiaux différents sur des génotypes identiques, des génotypes à moitié communs et des génotypes tout à fait différents. En pratique, on commence par mesurer la différence des QI obtenus par deux jumeaux MZ élevés séparément pour la comparer ensuite à celle de jumeaux DZ, de frères et sœurs non-jumeaux et d'individus sans liens de parenté, tous élevés séparément.

Ici aussi les résultats des travaux déjà cités montrent une influence prépondérante de l'hérédité. On constate en effet que le coefficient de corrélation intrapaire varie entre 0,73 et 0,77 pour les jumeaux MZ séparés alors que pour des frères et sœurs non jumeaux, il est de l'ordre de 0,42 et que l'effet du milieu familial partagé est relativement faible, le coefficient de corrélation intrapaire des jumeaux MZ augmentant moins fort lorsqu'on passe des jumeaux élevés séparément à ceux qui ont été élevés ensemble, soit de 0,77 à 0,88 ou de 0,77 à 0,94. A cela s'ajoute encore que la différence entre les QI de cojumeaux DZ élevés ensemble est plus grande que celle de jumeaux MZ élevés séparément, les coefficients de corrélation allant respectivement de 0,51 à 0,63 et de 0,73 à 0,86. Cette dernière constatation ne vaut cependant pas dans les cas où la différence entre les milieux où grandissent les jumeaux MZ séparés est extrême. A ce propos Newman (cité par Larmat, 1973) dit avoir «constaté que chaque fois que l'éducation d'un couple de jumeaux différait d'une façon marquée, le jumeau ayant reçu une éducation supérieure obtenait des résultats nettement meilleurs dans les tests d'aptitude... tandis que, dans le cas où il n'y avait pas de différences d'éducation, ou seulement une petite différence, les résultats obtenus par un de ces couples avaient tendance à être à peu près aussi semblables que ceux de jumeaux identiques élevés ensemble ».

Cette dernière constatation montre l'importance qu'il y a à ne pas se limiter à des comparaisons de valeurs moyennes, mais à étudier des cas particuliers et aussi à faire des études comparatives longitudinales.

Il se peut alors qu'en rassemblant un grand nombre de cas de jumeaux séparés ayant grandi dans des milieux extrêmement différents quant à la valeur stimulatrice pour le développement intellectuel, les coefficients de corrélation entre leur QI auraient été plus bas que ceux trouvés par les études faites jusqu'à présent, et inférieurs à ceux de jumeaux DZ élevés ensemble. Les coefficients de corrélation entre le QI de jumeaux DZ placés dans les mêmes milieux de différence extrême auraient probablement été inférieurs, à celui des monozygotes.

Mais quelle est alors l'influence de l'hérédité et comment l'évaluer ?

Pour évaluer le rôle joué par l'hérédité dans la détermination d'un trait, on doit d'abord établir le degré de variation inter-individuelle que présente ce trait dans une population et un milieu donnés. La variation entre individus étant le résultat de l'interaction de facteurs génétiques et de milieu, estimer l'héritabilité consiste alors à évaluer quantitativement la part de la variation que l'on peut attribuer à des facteurs génétiques. Cette évaluation de la part de la variation attribuable aux facteurs génétiques s'est faite habituellement en comparant les corrélations existant entre jumeaux MZ aux corrélations existant entre jumeaux DZ. Le raisonnement à la base de ces comparaisons est le suivant : le génotype étant le même pour les individus d'un couple MZ, la différence moyenne des résultats obtenus D_{MZ} mesure la seule variation attribuable au milieu ; la différence plus grande entre les résultats pour les jumeaux dizygotes, D_{DZ}, exprime la somme de cette variation attribuable au milieu et des effets de l'inégalité des génotypes; la «différence entre les différences» intrapaires, $D_{DZ} - D_{MZ}$, mesure donc les effets de l'hérédité.

A partir de ce raisonnement, plusieurs auteurs ont calculé l'héritabilité du QI. Newman, Freeman et Holzinger (1937) par exemple, l'estiment entre: 65 et 80 %; Burt et Howard (1957), avec deux tests différents, le situent entre 77 et 88 %.

Plus récemment, l'héritabilité a aussi été évaluée à partir de la comparaison des performances d'individus diversement apparentés, c'est-à-dire, à partir de corrélations intrafamiliales et de méthodes statistiques plus poussées (analyse de la variance multiple de Cattell) permettant de résoudre certains problèmes liés à l'interaction entre l'hérédité et le milieu au sein d'une même famille, et à la tendance des individus à épouser quelqu'un de niveau intellectuel semblable.

Les diverses façons d'évaluer l'héritabilité ne sont pas encore parfaites et ont suscité diverses critiques. On peut cependant remarquer qu'en réalisant certaines conditions, «plusieurs études récentes ont montré un accord substantiel entre les estimations de l'héritabilité» (Mittler, 1971).

Pour éviter des malentendus concernant l'héritabilité, il faut remarquer que la valeur trouvée dans une recherche ne vaut que pour la population particulière étudiée et le milieu particulier dans lequel les mesures ont été prises. De plus cette valeur ne caractérise que la population et non l'individu. Il faut savoir aussi qu'il peut y avoir interaction entre le génotype et le milieu, qu'une variation du milieu modifie l'expression d'un génotype. Une valeur d'héritabilité ne peut donc jamais être considérée comme «valable en général», mais elle ne vaut que pour la population et le milieu étudiés dans la recherche.

La conclusion finale qui s'impose au sujet du problème de l'héritabilité de l'intelligence a été formulée excellement par Larmat à la fin de son travail «*La génétique de l'intel-*

ligence » (1973). On y lit : « La principale leçon qui se dégage de tous ces travaux est précisément que l'héritabilité plus ou moins forte de l'intelligence est une question de fait et non de spéculation. Si imparfaitement résolu que soit le problème, une première réponse n'est pas douteuse. Il y a une part non négligeable d'inné dans nos aptitudes. On ne peut encore l'évaluer avec précision, mais on peut affirmer d'ores et déjà qu'elle est assez grande pour condamner tout dogmatisme environnementaliste et qu'elle ne l'est pas assez pour gêner le moins du monde les défenseurs des conceptions politiques, sociales ou pédagogiques les plus avancées. »

Dans le domaine de la personnalité, envisagée au niveau de traits pris isolément aussi bien qu'au niveau global, on retrouve la plus grande similarité des jumeaux MZ constatée pour les aptitudes intellectuelles, mais cette similarité est moins grande, varie selon les traits de personnalité étudiés et les résultats sont moins clairs et moins convergents.

La ressemblance moindre des jumeaux MZ dans le domaine de la personnalité avait déjà été constatée par Newman, Freeman et Holzinger (1937) et se retrouve dans les travaux ultérieurs. La variabilité du degré de ressemblance en fonction des traits étudiés apparaît, elle aussi, déjà dans les premiers travaux (Carter, 1935) et ne disparaît pas dans les plus récents (Vandenberg, 1967). Plus étonnante est la divergence que l'on trouve entre certains résultats de travaux récents utilisant des questionnaires bien élaborés. C'est ainsi que Vandenberg (1967), en comparant les résultats obtenus par des études sur les traits de personnalité faite avec le M.M.P.I. (Gottesman, 1963 et 1965; Reznikoff et Honeyman, 1966) constate quelques divergences. Ces divergences sont légères dans les deux études de Gottesman sur les adolescents (puisque dans les deux recherches on obtient un rapport F des variances intrapaires significatif pour les échelles *Dépression, Troubles psychopathiques* et *Introversion sociale*, que l'on obtient aussi, mais seulement dans la deuxième recherche, pour les échelles *Paranoïa* et *Schizophrénie*). Ces divergences sont plus fortes lorsqu'on compare les résultats de Gottesman avec ceux obtenus par Reznikoff et Honeyman qui ont étudié des jumeaux adultes et obtiennent des rapports F significatifs pour des échelles différentes, à savoir les échelles *Hypochondrie, Hystérie* et *Masculinité-Féminité*. L'explication de ces divergences, Vandenberg la suppose dans un manque de précision ou de fidélité du questionnaire, dans l'échantillonnage, dans une proportion différente selon les enquêtes, de jumeaux de chaque sexe. D'autres recherches utilisant d'autres instruments (le *High School Personality Questionary* de Cattell; le *Temperament Schedule* de Thurstone; le *California Personality Inventory*) aboutissent à la conclusion que Larcebeau (1973) résume ainsi: «trois traits ou facteurs de personnalité, désignés parfois sous les noms différents suivant les questionnaires utilisés, révèlent dans la plupart des recherches une composante héréditaire. Ces trois traits sont les suivants:

- Energie vitale (activité, dynamique, entrain):
- Force du moi ↔ tendance névrotique (assurance, équilibre, maîtrise de soi ↔ émotivité, instabilité);
- Extraversion ↔ Introversion (fonction primaire ou secondaire). »

La conclusion générale tirée par Vandenberg est que la personnalité présente des composantes héréditaires, mais que les études faites à ce propos ne permettent pas encore d'en dresser la liste exhaustive ni de préciser leur importance relative.

Dans le domaine des troubles de la personnalité, les études sur les jumeaux ont également jeté quelque lumière sur l'influence des facteurs héréditaires dans les personnalités anormales, les névroses et les psychopathies et les troubles de la personnalité associés aux affections psychiatriques. Vu qu'en génétique humaine les résultats obtenus en matière de psychopathologie par les études généalogiques suscitent actuellement beaucoup de réserves, on peut même dire que la méthode des jumeaux a joué un rôle particulièrement important, notamment dans les recherches sur la schizophrénie, et remarquer que Kringelen (1967) considère que «la recherche sur les jumeaux est l'un des secteurs les plus exacts de la psychiatrie».

Dans le domaine des névroses, l'influence de facteurs héréditaires avait déjà été pris en considération par Freud qui pensait que ces facteurs déterminaient non seulement l'existence, mais encore la forme particulière de névrose. Il dit à ce sujet, entre autres:

«Il n'y a pas de raison de contester l'existence et l'importance de différences du Moi originelles et congénitales... Cela indique que le Moi particulier est doté dès le début de dispositions et tendances dont nous ne pouvons évidemment pas dire la nature et les conditions... Mais nous ne voulons pas perdre de vue que le Ça et le Moi sont originairement un, et cela ne revient pas à une surestimation mystique de l'hérédité si nous tenons pour digne de foi que pour le Moi non encore existant, il est déjà fixé quelle direction de développement, de tendances et de réactions il manifestera plus tard» (G.W. XVI, 85-86).

Cette idée de Freud, dont l'investigation empirique a été négligée par ses successeurs, à quelques rares exceptions près, semble trouver confirmation dans les travaux récents sur les jumeaux. Ainsi la récente monographie de H. Schepank (1974) fait non seulement le point de la question, mais apporte pour la première fois des résultats obtenus sur un échantillon représentatif de névrosés étudiés par des experts en matière de psychodiagnostic psychanalytique, et suivis dans des recherches longitudinales.

Les résultats de ce travail permettent de conclure, entre autres, que:

1. des facteurs génétiques interviennent: a) dans le développement des troubles névrotiques, b) comme déterminants partiels de certains symptômes névrotiques particuliers (dépressifs, troubles du contact et du comportement) et de certains groupes de symptômes (troubles dépressifs au sens large, troubles de type oral, troubles du comportement de type agressif), c) dans la détermination de la structure de caractère névrotique;

2. l'absence de détermination génétique a été constatée pour le groupe de symptômes suivants: a) symptômes fonctionnels oraux, b) manifestations dermatologiques, asthme, allergies, c) symptômes névrotiques du système cardio-vasculaire, d) maux de tête, c) troubles moteurs et f) troubles fonctionnels sexuels;

3. la méthode des jumeaux ne permet pas d'isoler des facteurs généti-

ques; les résultats donnent cependant à penser qu'il n'y a pas un facteur spécifique, mais un processus multifactoriel et polygénique.

Les résultats de ce travail ne permettent donc aucun doute sur l'intervention de déterminants génétiques dans l'apparition de troubles névrotiques et dans la détermination de certaines de leurs formes et manifestations particulières. Il faut cependant nous souvenir de ce que les résultats obtenus dans une recherche gémellaire ne valent que pour la population dont on a extrait l'échantillon, ne valent pas « en général et une fois pour toutes », et ne valent pas non plus pour l'individu isolé. Il faut attirer l'attention aussi sur le fait que la mise en évidence d'une détermination héréditaire ne signifie point l'inefficacité de mesures thérapeutiques, ne révèle rien sur le mécanisme d'action et le mode de transmission ni sur la grandeur de son influence relative. Ce sont là des problèmes qui restent à résoudre.

Quant au dernier de ces problèmes, celui de l'importance relative de la détermination héréditaire des troubles névrotiques, Freud essayait déjà de le résoudre en proposant le schéma de la « série complémentaire » dont une extrémité correspondrait aux troubles conditionnés surtout par le milieu et l'autre à ceux dont la détermination serait surtout héréditaire. Ce modèle additif indiquant le pourcentage de la variance attribuable au milieu et à l'hérédité a rencontré des objections et on a proposé d'autres façons de concevoir et de calculer l'héritabilité. L'application de ces formules au matériel de Schepank l'a conduit à des pourcentages qui correspondent aux estimations faites par les psychanalystes cliniciens qui ont étudié la question, et se situe entre 40 % et 60 %, pourcentages un peu inférieur à celui qu'on avait déjà trouvé pour l'héritabilité de l'intelligence et qui, comme tous les résultats qui précèdent, ne signifie point l'inefficacité de mesures psychothérapeutiques, au contraire ! Mais, pour que l'efficacité thérapeutique puisse être maximale, il est indispensable de connaître, outre le mécanisme d'action, les modes de transmission et la part relative de l'influence génétique, les modalités d'interaction hérédité-milieu dans le domaine des névroses. L'analyse des discordances de jumeaux MZ, des études longitudinales psychanalytiques et, plus généralement, l'étude de l'apprentissage et de la constitution de la personnalité lors des années de l'enfance et de l'adolescence pourront contribuer grandement à la résolution de ces problèmes. Nous y reviendrons en examinant les objections faites à l'application de la méthode des jumeaux au problème de la détermination héréditaire de la schizophrénie.

Dans le domaine des troubles de la personnalité associés aux affections psychiatriques, la méthode des jumeaux a été utilisée dans l'étude de la débilité mentale, des maladies involutives et psychoses de la vieillesse (Kallmann), de l'épilepsie (Conrad, Rosanoff, Lennox, etc.), des psychoses maniaco-dépressives et schizophréniques (Kallmann).

Mais c'est dans les études sur les origines de la schizophrénie que les recherches ont été poussées le plus loin, raison pour laquelle nous nous y attardons un peu pour illustrer la recherche sur l'hérédité des maladies mentales (troubles psychiatriques).

Après les travaux de Luxenburger (1928), Rosanoff et al. (1934) et Essen-Möller (1941), ce sont les études de Kallmann qu'il faut mentionner dans ce domaine parce que leurs résultats ont fortement influencé la recherche ultérieure en fournissant des données et des interprétations suscitant de nombreuses critiques.

La méthode utilisée par Kallmann est celle dite de «concordance» parce qu'elle vise à rechercher si, parmi les frères et sœurs jumeaux et non-jumeaux d'un sujet, il s'en trouve qui présentent les mêmes caractéristiques, en l'occurrence la schizophrénie. A cet effet, Kallmann cherchait parmi les dossiers établis entre 1936 et 1946 dans les hôpitaux de New-York tous les cas de jumeaux souffrant de schizophrénie (cas index) et faisait des investigations pour établir si leur co-jumeau ou d'autres membres de la famille souffraient également de schizophrénie.

Sur la base des données ainsi obtenues, Kallmann calculait alors l'index de concordance, c'est-à-dire le pourcentage de cas dans lesquels l'autre jumeau ou personne de la famille présentait les mêmes troubles que le jumeau-index hospitalisé. Les résultats obtenus montrent une concordance très élevée des jumeaux MZ, une concordance moindre des jumeaux DZ qui présentent la même que les frères et sœurs ordinaires, et des concordances progressivement moindres des demi-frères (sœurs), neveux et cousins. Ces résultats montrent nettement que le risque de schizophrénie décroît en même temps que la proximité génétique, qu'il y a donc une détermination génétique indiscutable.

Mais on remarquera aussi la différence entre jumeaux MZ élevés ensemble et jumeaux MZ élevés séparément, ce qui montre l'influence du milieu et rend surprenante la similarité des concordances de jumeaux DZ et de frères et sœurs ordinaires dont la différence d'âge semblerait pourtant augmenter la différence de milieu.

La conclusion que tire Kallmann de ces travaux n'est pas que la schizophrénie est héréditaire et que le milieu n'a pas d'influence, mais que des facteurs génétiques jouent un rôle dans l'étiologie de la schizophrénie comme terrain prédisposant. A l'instar, dit Kallmann, de ce qui se passe pour la tuberculose qui ne se manifeste que si l'individu prédisposé rencontre le bacille, l'individu qui a hérité une disposition à réagir de façon schizophrénique aux difficultés de la vie ne deviendra schizophrène que lorsqu'il rencontre certaines conditions plus ou moins spécifiques susceptibles de provoquer les réactions schizophréniques.

Ces résultats présentés par Kallmann et leur interprétation ont souvent été critiqués tant en ce qui concerne des faiblesses méthodologiques dans les recherches de Kallmann, qu'en ce qui concerne un point plus général, la validité de la méthode des jumeaux pour la recherche sur l'étiologie de la schizophrénie.

La principale critique adressée aux recherches de Kallmann concerne une probabilité de contamination des diagnostics, ayant comme conséquence une exagération du pourcentage de concordance des jumeaux MZ. Puisque la personne qui rassemblait les dossiers des schizophrènes jumeaux MZ était la même que celle qui décidait aussi de la présence ou absence de schizophrénie du jumeau non hospitalisé, à savoir Kallmann lui-même, il est fort possible que, sachant qu'il s'agit de jumeaux MZ et étant favorable à l'hypothèse génétique, Kallmann classait aussi comme concordant des paires qu'un autre juge n'aurait pas considérés telles. C'est là une possibilité que la façon de procéder de Kallmann ne permet pas d'exclure. Mais Shields, Gottesman et Slater (1967) qui ont réexaminé les données de Kallmann en tenant compte de cette critique arrivent à la conclusion: « Sur la base de son information et malgré l'absence d'histoires de cas représentatives, nous ne pensons pas que Kallmann a été trop large en désignant les co-jumeaux schizophréniques. »

Il est vrai, cependant, que les pourcentages de concordance des jumeaux MZ trouvés dans les études ultérieures (par ex. Gottesman et Shields, 1966; Kringelen, 1964; Tienari, 1968) sont plus petits; ils restent toutefois toujours supérieurs à ceux trouvés pour les jumeaux DZ et n'infirment donc pas les résultats de Kallmann. L'explication de ces différences peut se trouver dans des différences en matière de critère diagnostique de la schizophrénie, de constitution de l'échantillon, et de type de calcul du taux de concordance. Si l'on tient compte de ces facteurs, on peut alors, selon Kringelen (1967), évaluer entre 20 et 40 % le taux de concordance chez les MZ, et entre 5 et 15 % le taux de concordance chez les DZ, et considérer qu'ils confirment la présence d'un facteur génétique dans la transmission de la schizophrénie. Ce facteur génétique jouerait donc un rôle moins important que ne le pensaient Kallmann et les premiers chercheurs en ce domaine.

Concernant l'interprétation de ces faits établis par Kallmann et les recherches ultérieures — le taux de concordance plus grand chez les MZ que chez les DZ — il faut mentionner ici une hypothèse de Jackson (1960) qui est en même temps une hypothèse en matière de psychogenèse de la schizophrénie. Selon Jackson, ce plus grand taux de concordance des MZ s'expliquerait par la situation gémellaire particulière des MZ qui favoriserait l'éclosion des problèmes d'identification et d'identité qui à leur tour constitueraient une prédisposition à la schizophrénie. A ce sujet Rosenthal (1960) remarque que cette hypothèse implique comme conséquence que la fréquence de la schizophrénie parmi les jumeaux en général, et plus particulièrement parmi les MZ, soit supérieure à ce qu'elle est dans la population générale. Or les travaux de Rosenthal (1960) et de Kringelen (1967) montrent que ce n'est pas le cas, que la situation gémellaire ne comporte pas de risque accru de schizophrénie, et infirment ainsi l'hypothèse de Jackson.

Parmi les autres facteurs de milieu susceptibles d'intervenir dans l'étiologie de la schizophrénie, des travaux récents ont fourni quelques données intéressantes.

Dans le domaine des facteurs biologiques, certains indices font apparaître des relations entre les différences des MZ et des différences biologiques. Pollin et Stabenau (1968) ont trouvé non seulement que le jumeau bien portant d'une paire MZ est souvent le plus lourd à la naissance, mais aussi que l'autre qui est schizophrène manifeste pendant son enfance plus de nervosité et plus de troubles du sommeil, présente plus de signes neurologiques « discrets » et montre certains troubles bio-chimiques. Ils ont constaté aussi que le jumeau plus faible se montre dépendant de sa mère et de son co-jumeau, qu'il tendait à être surprotégé. Willerman et Churchill (1967) constatent chez des jumeaux MZ âgés de cinq à quinze ans que le moins lourd à la naissance avait aussi un QI moindre, surtout pour les tests de performance. Brown, Stafford et Vandenberg (1967) rapportent que d'après la mère, le jumeau au poids à la naissance moindre lui souriait plus, lui ressemblait plus et présentait aussi plus de problèmes en rapport avec le sommeil et avec la nourriture. Pour beaucoup d'autres comportements, cependant, on ne trouvait pas de différence liée au poids ou à l'ordre de naissance. On assiste donc ici à une interaction entre les facteurs biologiques et sociaux en ce sens que le jumeau plus faible a tendance à susciter un comportement protecteur chez sa mère qui lui répond et crée ainsi un «micro-environnement» légèrement différent de celui de son co-jumeau.

Dans le domaine des facteurs étiologiques sociaux, les recherches se sont concentrées sur le rôle de la mère, des relations et des communications familiales. Les deux difficultés principales consistent ici à spécifier et à préciser les variables supposées responsables et à pouvoir montrer que les caractéristiques décrites (par ex. un certain style de communication) jouent un rôle causal dans la schizophrénie de l'enfant. L'enfant d'une mère schizophrène est-il schizophrène parce que sa mère lui a transmis la schizophrénie par voie génétique ou parce que la schizophrénie maternelle a influencé défavorablement le premier développement de l'enfant? Et après avoir décrit un style de communication particulier dans des familles de schizophrènes, comment peut-on savoir si le patient est devenu malade parce qu'il a été élevé dans une pareille famille ou si les caractéristiques de cette famille ne sont que les réactions à la présence d'un membre «anormal»?

Une solution à ce problème a été cherchée dans l'étude de cas d'adoption d'enfants de mères schizophrènes. Si ces enfants se développent normalement ou présentent une fréquence moindre de schizophrénie, on peut en effet attribuer cela au milieu familial adoptif plus favorable. Une telle étude a été réalisée par Heston (1966, 1968) qui a comparé 47 enfants adoptés, séparés à la naissance de leur mère schizophrène, à un groupe de contrôle de 50 enfants de mères non schizophrènes, les individus des deux groupes étant évalués par rapport à un certain nombre de caractéristiques et suivis jusqu'à l'âge de 35 ans. Les résultats de cette recherche sont extrêmement intéressants. D'abord ils apportent en effet des éléments très favorables à l'hypothèse génétique : le groupe expérimental (les enfants de mères schizophrènes) avait des résultats significativement inférieurs dans l'estimation générale de la santé mentale; il présentait une fréquence significativement plus élevée pour tous les troubles psychiatriques y compris la schizophrénie, et le pourcentage d'enfants schizophrènes (lorsqu'un des parents l'était) montait à 16,6, ce qui correspond au pourcentage rapporté par Kallmann (1946). Mais, en plus de cette confirmation, cette étude montre que, malgré sa moins bonne santé mentale, le groupe expérimental comportait une plus grande proportion d'individus doués sur le plan artistique et religieux, ce qui signifie que « quels que soient les mécanismes génétiques impliqués, ils ne sont pas nécessairement spécifiques de la schizophrénie; des gènes qui conduisent à la schizophrénie dans une série de circonstances peuvent être associés à des réalisations artistiques dans une autre » (Mittler, 1971). Le problème est donc de préciser davantage ces caractéristiques spécifiques afin de pouvoir les utiliser dans la recherche sur la vérification des hypothèses.

Pour conclure cet aperçu sur les études gémellaires dans le domaine de la schizophrénie, on peut donc dire que la méthode des jumeaux et ses résultats n'ont pas été invalidés et que « nous pouvons être à peu près certains d'après les évidences fournies que les deux facteurs, génétique et de milieu, jouent un rôle substantiel dans le développement d'une schizophrénie, mais que notre connaissance actuelle ne nous donne aucune vue particulièrement pénétrante de la nature des mécanismes génétiques réellement impliqués ou du genre de processus de milieu qui semblent rendre les gens particulièrement vulnérables aux maladies psychotiques » (Mittler, 1971). La description de ces mécanismes génétiques et psychologiques constitue l'objectif principal des recherches actuelles faites par les généticiens et les psychologues.

● L'étude des différences individuelles précoces et persistantes

L'observation des différences individuelles précoces et persistantes est une autre façon d'aborder le problème de l'hérédité. Elle repose sur l'hypothèse que des différences précoces et persistantes reflètent l'action de facteurs constitutionnels et génétiques plutôt que celle de facteurs de milieu. En ce qui concerne les différences précoces, plusieurs recherches les ont mises en évidence dans divers domaines: la fréquence du sourire pendant la première année (Washburn, 1929), la qualité du comportement moteur (Shirley, 1931), la quantité de pleurs chez les nouveau-nés (Aldrich et al., 1945), le rythme de succion (Balint, 1948), la réaction perceptive (Meili, 1972).

L'observation longitudinale des enfants aussi fait apparaître des différences dans le niveau d'activité, la sensibilité à la stimulation, la vigueur des réponses, l'humeur, la susceptibilité d'être distrait, à propos desquelles Chess et al. (1960) parlent de structures de réactions primaires. Thomas et al. (1963) ont montré que des «caractéristiques de réactivité primaire initialement identifiables sont des particularités persistantes du comportement de l'enfant pendant les deux premières années de la vie». C'est en interaction avec le milieu que ces caractéristiques jouent un rôle important dans la structuration de la personnalité.

La question se pose évidemment de savoir si ces différences ne peuvent pas s'expliquer par des facteurs autres que génétiques, comme le suggère Sontag (1944) en montrant l'influence qu'exerce la condition émotionnelle de la mère sur le développement fœtal, ou Blanchard (1944) qui met en relation la prédisposition à l'anxiété et la difficulté de la naissance. L'influence du milieu prénatal, des processus de naissance, et des toutes premières expériences ne peut évidemment pas être exclue, mais il faut remarquer que certaines différences précoces et persistantes ressemblent à des caractéristiques pour lesquelles les recherches sur les jumeaux ont établi l'influence du facteur génétique.

On notera aussi que Rutter, Korn et Birch (1966, cités par Eysenck, 1967) montrent directement, dans une étude faite par la méthode des jumeaux, que certaines de ces différences précoces ont une base génétique. Ajoutons encore qu'un trait peut être déterminé génétiquement sans nécessairement déjà être présent à ce premier stade du développement.

● *L'élevage sélectif*

L'action des facteurs génétiques a également été étudiée dans des recherches expérimentales faites sur des animaux, parmi lesquelles les travaux de Tryon (1940) sont probablement les plus connus. Le principe de cette méthode consiste à sélectionner des animaux qui possèdent aux degrés extrêmes le trait qu'on veut étudier, et à les faire se multiplier de façon à obtenir deux lignées qui diffèrent significativement par rapport au trait en question. Dans ses expériences, Tryon a pris 142 rats blancs non sélectionnés, les a évalués pour leur capacité d'apprendre un labyrinthe, et les a fait se multiplier, les rats «brillants» avec des rats «brillants», les rats «ternes» avec des rats «ternes», et cela pour 21 générations. Après la huitième génération déjà, il constate que les rats les moins intelligents de la lignée «brillante» réussissent mieux que les plus intelligents de la lignée «terne».

Les résultats de cette expérience confirment donc l'hypothèse d'une détermination génétique de la capacité d'apprentissage chez le rat. Mais il convient d'y mettre des nuances. On a en effet pu constater que la différence entre les rats «brillants» et les rats «ternes» n'est pas une différence de capacité générale d'apprentissage, mais simplement une différence de capacité d'apprentissage du labyrinthe, car les rats «brillants» réussissent moins bien dans certaines expériences d'entraînement que les rats «ternes». Il est intéressant aussi de noter que Cooper et Zubek (1958) ont pu constater que la différence du génotype se manifeste seulement lorsque les jeunes rats sont élevés dans un milieu «normal»; des rats «brillants» élevés dans un milieu appauvri deviennent «ternes», et les rats «ternes» élevés dans un milieu enrichi et stimulant deviennent «brillants».

LES DETERMINANTS SOCIAUX

Les déterminants familiaux

La famille étant le premier milieu social de l'homme, il n'est pas étonnant que, du XVIIIe siècle à nos jours, les hommes de science lui reconnaissent une importance capitale pour le développement de la personnalité, et cela tant comme médiateur entre l'enfant, la culture et la société que comme facteur original. C'est en effet la famille qui représente le premier cadre de référence par rapport auquel l'enfant se conçoit et se structure lui-même, constitue les personnes et les choses, les relations et les valeurs. C'est elle qui est ainsi le lieu où se font les quelques premières expériences typiques à partir desquelles l'enfant continue à apprendre la vie dans un processus jamais achevé, au cours duquel des facteurs non-familiaux interviennent et agissent parfois de façon tout aussi prépondérante. C'est dans l'interaction avec les parents et les figures importantes de la famille que l'enfant commence à constituer son self, à apprendre des motifs, des attitudes et des rôles, à développer des traits. Le résultat de ce processus d'interaction, la conduite et la personnalité, est fonction à la fois des personnalités des parents et des caractéristiques de l'enfant, la part des parents étant sans doute plus grande au début puisque, dans ce processus d'apprentissage, c'est eux qui stimulent et récompensent les conduites de l'enfant et qui sont le premier modèle d'identification. Ces apprentissages sont particulièrement marquants et durables parce qu'ils sont les premiers (constituant ainsi en quelque sorte des prototypes) et parce qu'ils comportent un grand nombre de répétitions.

La famille n'est cependant pas une variable simple, mais un tissu de variables que l'on peut étudier en envisageant les quatre dimensions les plus importantes que sont la personnalité des parents, le style éducatif, la structure et le caractère de la famille. L'influence de variables appartenant à ces dimensions a depuis longtemps été remarquée par des éducateurs et des moralistes, mais la psychanalyse a cristallisé et systématisé quelque peu les hypothèses dans le domaine de la personnalité, donnant ainsi le départ à des travaux empiriques importants de plus en plus rigoureux et spécifiques, les hypothèses conçues à partir de la théorie et de l'étude de cas cliniques pouvant ainsi être soumises au processus de vérification.

Avant de considérer ces quatre dimensions, il semble utile de nous arrêter un instant à une série de travaux portant précisément sur la vérification des hypothèses concernant l'importance du milieu pour le nouveau-né et ses premiers apprentissages.

Après les cas rapportés dans la première littérature de l'isolement [12] et l'apparition des conceptions psychanalytiques du développement de la personnalité, c'est des expériences faites sur les animaux qu'on attendait d'abord une réponse à ces questions. A la suite de Heinroth (1910), K. Lorenz (1935) constate que les jeunes oies suivaient leurs parents peu de temps après leur éclosion et qu'en cas d'absence de ceux-ci, elles adoptaient comme «parent» le premier objet mouvant de grande taille animal ou humain, qu'elles rencontraient, en s'y attachant définitivement et en le prenant même pour partenaire sexuel. Lorenz souligna l'importance de ce phénomène pour le développement des conduites instinctives et leur aspect social, et l'appela «imprégnation», voulant signifier par là qu'il s'agit d'un processus d'apprentissage particulier qui se réalise en très peu de temps pendant une période appelée critique, et qui aurait des effets irréversibles. Selon cette conception, il existerait donc des périodes critiques pendant lesquelles la présence de certaines conditions donnerait lieu à des apprentissages irréversibles, alors que leur absence conduirait à l'impossibilité d'acquérier ces conduites ultérieurement.

C'est dans ce cadre de référence théorique que s'inscrivent les premiers travaux empiriques sur l'enfance considérée comme période critique pour le développement de la personnalité. Ce sont les travaux sur l'hospitalisme et la carence de soins maternels de Ribble (1943), Goldfarb (1945), Spitz (1945) et Bowlby (1952), et les travaux sur les effets des pratiques éducatives dans leurs relations avec les problèmes posés par les différents stades de développement. M. Ribble (1943, 1944) attire l'attention sur le rôle important que joue le contact corporel entre la mère et le nouveau-né pour le développement physique et psychique de celui-ci, elle affirme qu'une carence de ce contact durant les premières semaines conduit à des troubles et que les enfants qui en sont victimes présentent des états de tension, des attitudes négativistes, des troubles digestifs et du sommeil, et un taux de mortalité élevé. R. Spitz (1945, 1946) dans ses travaux sur l'hospitalisalisme devenus classiques, fait des observations semblables et parle d'une «dépression anaclitique»: pleurs, rigidité, retrait, expression faciale inaffective, diminution du quotient de développement, etc. D'autres travaux ont été faits sur ce sujet, certains confirment les effets négatifs décrits par Ribble et Spitz, certains ne les confirment pas (Rheingold et Bayley, 1959). En fait, la question est plus complexe qu'il ne paraît à première vue, et si bon nombre d'observations rapportées sur ce sujet ne paraissent pas discutables, il convient d'être prudent dans l'interprétation de ces faits. Des études plus récentes et plus approfondies (Ainsworth, 1962) montrent en effet que les conséquences de la carence de soins maternels dépendent de plusieurs facteurs: l'âge, le moment et la durée de la séparation, la qualité des relations maternelles avant, pendant et après la séparation, des facteurs constitutionnels, et elles font surgir une série de questions qui n'ont pas encore reçu de réponses satisfaisantes.

D'après ce que nous venons de voir sur les différents facteurs intervenant dans les phénomènes accompagnant la carence de soins maternels, il est évident que la personnalité des parents est un facteur important pour le développement de la personnalité de l'enfant. Les parents interviennent en effet non seulement en tant qu'ils jouent le rôle maternel paternel, mais aussi par la façon individuelle dont ils assument ces fonctions, façon qui est précisément déterminée par leur personnalité façonnée depuis le début de leur vie.

Concernant l'influence de la personnalité de la mère, elle a été affirmée dans les premiers écrits psychanalytiques, et depuis lors, bon nombre d'études de cas et d'enquêtes systématiques ont tenté de déterminer les relations existant entre telle caractéristique de la mère et telle caractéristique de l'enfant, aboutissant à la description de personnalités de mères schizophrènes, de mères révoltées, de mères immatures etc. Ainsi, selon Symonds (1949), les enfants de mères manquant d'autonomie et de maturité affective rencontrent souvent de leur part des refus ou des contacts déficients, ils ont une tendance à être agressifs, à attirer l'attention de leur mère par des vols, des mensonges et d'autres comportements déviants, et chercheraient plus particulièrement l'affection et la chaleur dans leur vie ultérieure. Harris (1959) rapporte que les enfants de mères révoltées deviennent eux-mêmes des révoltés contre toutes les règles qui entravent leurs désirs. Dans un travail sur la surprotection maternelle dans lequel il réunit la sensibilité du clinicien et le souci de contrôle et de systématisation de l'expérimentateur, D. Levy (1943) a essayé de décrire la genèse d'une relation enfant-parent particulière, et de comprendre les conséquences qu'elle a pour le développement de la personnalité. A cet effet, Levy choisissait un certain nombre de « cas purs » permettant d'approcher la rigueur de l'étude bien contrôlée, et les étudiait ensuite en profondeur à la façon du clinicien. En étudiant des mères surprotectrices, Levy trouvait que leur relation à leur enfant présentait trois caractéristiques : un contact excessif, des soins maternels prolongés et un comportement qui empêche l'accession à l'indépendance, et que cette surprotection se trouvait chez des mères qui souffraient d'un manque d'affection parentale dans leur enfance. Leur attitude surprotectrice semble donc en rapport avec leurs propres expériences d'enfant et représenter une satisfaction substitutive de leur propre besoin d'affection. Il faut cependant remarquer que le comportement surprotecteur semblait avoir des motivations diverses et que l'on en décrit différents types dont l'exemple donné ici est celui dans lequel la surprotection portait sur un enfant désiré et se manifestait dans un comportement affectueux. Dans d'autres cas de surprotection, des mères luttaient avec des sentiments de rejet de l'enfant, dans d'autres encore la surprotection se trouvait associée à la domination ou à la faiblesse de la mère. Concernant l'effet de ces types de surprotection, Levy constate que les enfants de mères surprotectrices-dominatrices tendent à être dociles, soumis, polis, appliqués en classe et à avoir peu d'amis. Les enfants de mères surprotectrices-faibles, par contre, montrent une tendance à être tyranniques, désobéissants, exigeants, à manquer de contrôle et à faire l'enfant gâté.

Bien que dans les écrits de Freud le père occupe une place au moins égale à celle de la mère, les travaux sur les relations existant entre la personnalité du père et le développement de la personnalité de l'enfant ont été bien plus tardifs, moins nombreux et plus indirects que ceux consacrés à l'influence de la mère. Ces travaux dont les premiers se sont faits dans le domaine de la délinquance (Glueck, 1950 ; Andry, 1960) et celui de l'interaction familiale dans ses rapports avec la motivation à la performance (Strodtbeck, 1958) montrent clairement l'influence non négligeable de la personnalité du père. Ainsi Andry (1962) souligne que, dans le domaine de la délinquance, « il y a souvent défaillance du père et pas seulement de la mère si souvent incriminée » et Strodtbeck (1958) remarque que les enfants de pères très puissants et sévères doutent souvent de pouvoir maîtriser eux-mêmes les choses et ne montrent que peu de motivation à la performance.

L'influence de la personnalité du père et de la mère a aussi été étudiée au niveau de l'identification masculine et féminine, c'est-à-dire du point de vue des différents rôles et caractéristiques qui sont habituellement associés au sexe. En ce qui concerne les facteurs intervenant dans cet apprentissage, Kagan (1964) dit: «En vue de prédire avec un maximum d'exactitude l'occurence d'un comportement de rôle lié au sexe, on doit évaluer a) le degré d'identification avec le parent du même sexe, b) le degré du comportement lié au sexe manifesté par chaque parent et c) la configuration des récompenses émises par chaque parent». Cet apprentissage est donc fonction de facteurs multiples [13].

Comme nous venons de l'indiquer, l'influence exercée par la personnalité du père et de la mère n'est pas seulement fonction de leurs caractéristiques particulières prises isolément, mais dépend en même temps d'autres facteurs qui modulent cette influence. Parmi les facteurs familiaux ou dimensions de la famille, nous aurons à mentionner le style éducatif, le caractère et la structure de la famille, dimensions dont l'influence ne se réduit évidemment pas au simple rôle de modulateur des influences parentales.

Le problème posé par le style éducatif est de savoir comment on peut le décrire, le mesurer et le mettre en rapport avec la personnalité des enfants qui en sont les bénéficiaires. Baldwin (Baldwin, Kalhorn et Breese, 1945; Baldwin, 1949) a essayé de répondre à cette question en décrivant le comportement des parents par rapport à un certain nombre de dimensions et en comparant les différences observées dans le comportement parental aux différences constatées dans le comportement des enfants. On a ainsi pu constater que les parents se différencient, entre autres, selon une dimension dont un pôle est constitué par des attitudes «démocratiques» comportant une ambiance de liberté, de respect de l'individu, une valorisation de l'objectivité et de décisions rationnelles, l'autre pôle par les attitudes « autoritaires » allant de pair avec une éducation arbitraire et dictatoriale. Les enfants dont les parents se caractérisaient par une attitude « démocratique » se révélaient plus actifs, socialement plus directs, plus curieux, originaux et constructifs que les enfants de parents « autoritaires ».

Depuis les travaux de Baldwin, de nombreuses recherches ont tenté de préciser et de systématiser les connaissances en ce domaine. Sears, Maccoby et Levin (1957), par exemple, ont fait de vastes études sur les attitudes et pratiques éducatives aux Etats-Unis, les examinant par rapport à l'usage des récompenses et des punitions, par rapport à la façon de nourrir et d'éduquer à la propreté, en relation avec le rang qu'occupe l'enfant dans la fratrie, etc. Becker (1964) a proposé un modèle hypothétique du style éducatif basé sur les trois dimensions suivantes:
1. restrictivité - permissivité;
2. chaleur affective - hostilité;
3. détachement paisible - implication émotionnelle anxieuse.

Eyfert (1966) pense que les résultats fournis par les différentes analyses factorielles faites sur ce sujet pourraient tous être interprétés à partir de ce modèle. Il s'agirait donc là de trois dimensions fondamentales.

Des analyses factorielles ont été entreprises non seulement sur les attitudes éducatives des parents, mais aussi sur la façon dont elles sont perçues par les enfants. Siegelman (1965, 1966) trouve ainsi trois facteurs:
1. attitude affectueuse (*loving*);
2. sévérité (*punishment*);
3. exigences parentales (*demanding*).

Herrmann et al. (1968) ont trouvé un facteur « sévérité » et un facteur « soutien parental » qui contenait des items concernant aussi bien l'attitude affectueuse des parents que des exigences parentales. Herrmann (1969) attire aussi

l'attention sur l'importance qu'a le type de données choisies pour l'analyse factorielle, et remarque que l'on arri-
vera à des structures factorielles différentes selon que l'on
analyse les représentations éducatives des parents rapportées par eux-mêmes ou par les enfants, les pratiques éducatives parentales décrites par des observateurs extérieurs ou
par les enfants.

L'effet de ces attitudes et pratiques éducatives a également été examiné dans plusieurs études sur l'identification
sexuelle, l'agressivité, le besoin d'accomplissement, etc.
Ces études montrent que ces relations ne sont pas simples
et que «l'atmosphère émotionnelle de la famille et la personnalité des parents, surtout de la mère, ont vraisembla-
blement une influence bien plus grande sur le développement de la personnalité du jeune individu que les pratiques
éducatives et les techniques de soins spécifiques que l'on
utilise» (Herrmann, 1969).

L'atmosphère émotionnelle dont il vient d'être question
est un aspect du caractère de la famille ou syntalité, qui est
une autre dimension de l'influence exercée par la famille.
Cattell (1948) la conçoit comme un ensemble de traits dynamiques de groupe et de traits concernant le «tempérament» et la capacité de groupes. Rosen et d'Andrade
(1959) et Mc Clelland (1961) décrivent ainsi, dans leurs
études sur la motivation à l'accomplissement et à la performance, un caractère familial qui est fréquent dans les
familles protestantes des classes moyennes et qui semble
favoriser le développement d'une forte motivation à la performance. L'atmosphère familiale correspondante se caractérise par la présence des traits suivants: une forte exigence concernant le niveau de la performance et une
grande satisfaction après des performances réussies; valorisation de l'activité, de l'ambition et de l'optimisme; une
valorisation de l'indépendance et de l'autonomie qui s'accompagne d'un sentiment d'être de la même famille; une
forte exigence envers les enfants allant de pair avec une
attitude chaleureuse surtout de la part du père. D'autres

auteurs (par exemple Bronfenbrenner, 1961; Strodtbeck, 1958) ont étudié l'atmosphère familiale «démocratique» et ses effets.

Une dernière dimension importante pour l'étude de l'influence qu'exerce la famille sur la personnalité des enfants est la structure familiale. Dans ce domaine, on a étudié l'effet de la dimension, de la structure de rang, de rôle et d'interaction de la famille. On a ainsi décrit l'influence exercée sur certains traits par des familles nombreuses et peu nombreuses, par des familles patriarcales, matriarcales, et égalitaires, des familles dont la mère travaille et des familles dont les parents vivent en conflit ou ont divorcé. Toman (1962) par exemple a étudié l'influence qu'exerce la position dans la série des frères et soeurs sur les caractéristiques du rôle que joue un individu dans la famille. Il a montré que les aînés ont une tendance à jouer un rôle d'aîné ou de leader aussi en dehors de la famille, que les cadets tendent à jouer des rôles dépendants ou aussi d'opposition. Son étude a en outre montré que la composition de la famille et la position qu'y occupe un individu ont une influence sur les liens d'amitié et d'amour qu'il nouera à l'âge adulte. Toman trouve également qu'en ce qui concerne le mariage, la complémentarité des positions fraternelles est favorable (les partenaires conservent dans le mariage le rôle qu'ils tenaient dans leur famille) et qu'un conflit de rang ou de sexe est d'un pronostic plutôt défavorable.

Pour terminer cet aperçu sur les déterminants familiaux de la conduite et de la personnalité, remarquons encore une fois qu'il s'agit d'un ensemble complexe de variables et qu'à cette influence familiale sur le développement de la personnalité viennent s'ajouter les facteurs extrafamiliaux; l'école, les mass-media, les rencontres et amitiés, le partenaire conjugal, le monde professionnel, certains événements, dont l'influence renforce, compense ou différencie l'influence familiale. Remarquons aussi que les déterminants familiaux n'agissent pas de façon indépendante, mais se trouvent en interaction avec les déterminants génétiques, sociaux et culturels.

Les déterminants liés
à la classe sociale

Tout comme l'appartenance à une famille, l'appartenance à une couche ou classe sociale a des influences sur la conduite et le développement de la personnalité comme on l'imagine facilement lorsqu'on lit la définition que donnent de la classe sociale Weinberg et Shabat (1956): « Une classe sociale se rapporte à un groupe de personnes qui tendent à avoir un même statut social en comparaison avec d'autres classes que l'ensemble de la société range comme supérieures ou inférieures. Chaque classe sociale a sa propre façon de vivre, ses propres règles non écrites, ses idées et ses sentiments. Lorsque des groupes deviennent conscients de leurs différences, ils deviennent des classes sociales.» Les façons plus ou moins typiques de vivre, de penser et de sentir sont assimilées par l'enfant au cours de son éducation familiale et de la fréquentation des autres membres de la classe. Langner et Michael (1963) concluent de leur recherche que les résultats « ne laissent pas de doute que les niveaux de classe sociale présentent des caractéristiques psychologiques ou des types de personnalité de base spécifiques et propres, même s'il y a une bonne part de recouvrement entre classes».

Depuis que la psychologue allemande H. Hetzer (1929) a constaté que les enfants de familles pauvres et de familles aisées différaient très tôt déjà dans leurs jeux, leur développement du langage et leurs intérêts, l'influence des déterminants de classe sociale a été étudiée dans une série de travaux dont les plus connus portent sur les différences de style éducatif, les différences dans le comportement sexuel et les différences dans le domaine des maladies mentales.

Davis et Havighurst (1946) ont constaté que les différences en matière d'éducation dues à la couleur sont mineures lorsqu'on les compare à celles qui sont dues à la classe sociale, et ils décrivent un certain nombre de caractéristiques éducatives des classes moyennes et inférieures. Dans la classe moyenne, par exemple, les parents visaient à obtenir assez rapidement de leurs enfants la propreté, le contrôle de l'agressivité et de la sexualité, le sens de la propriété, de la responsabilité et de l'accomplissement; les enfants montraient une tendance à la crainte de l'échec et aux sentiments de culpabilité. Dans les classes inférieures les auteurs ont constaté une discipline moins sévère : les enfants étaient plus facilement nourris au sein, l'apprentissage à la propreté était tardif et les frustrations instinctuelles étaient moindres; les enfants étaient moins exposés à l'anxiété et à la culpabilité. D'autres études n'ont pas retrouvé les mêmes résultats, et Bronfenbrenner (1958) qui en a fait une revue critique pense que les différences décrites par Davis et Havighurst existaient très probablement jusqu'à la fin de la seconde guerre mondiale, mais que, depuis lors, les parents des classes moyennes sont plus permissifs, ce qui correspond aux résultats obtenus par Miller et Swanson (1958) lors d'une étude sur le «changement des parents américains», et aux vues de Riesman (1950) sur le changement social allant d'une façon de vivre dirigée de l'intérieur et compétitive vers une façon de vivre dirigée de l'extérieur et valorisant le contact social.

Les différences entre ces deux classes ont aussi été décrites en termes de contrôle de l'impulsion. Davis et Dollard (1940) caractérisent la classe moyenne comme «renonçant à l'impulsion», la classe inférieure comme «donnant suite à l'impulsion», et on en est venu à décrire différents styles de contrôle des besoins, impulsions, affects et conflits que l'on a aussi pu mettre en relation avec le comportement sexuel, le comportement délinquant et différents aspects de problèmes médicaux.

Dans le domaine de la sexualité, Kinsey et al. (1948, 1953) trouvent qu'«une large proportion de tous les individus dans chacun des groupes suivent les patterns de comportement sexuel qui sont typiques du groupe et qui sont suivis seulement par un plus petit nombre des individus dans les autres groupes» (1948). Ils décrivent les différences de groupe social dans le comportement sexuel concernant la fréquence de la masturbation, la fréquence des relations préconjugales, l'âge du premier rapport sexuel, etc. et constatent une forte influence de l'engagement religieux sur les différents aspects du comportement sexuel. L'influence du facteur religieux est confirmée par des travaux plus récents qui lui attribuent même plus de poids qu'à la classe sociale. Selon v. Friedeburg (1954, cité par Giese et Schmidt, 1968), «la pratique religieuse, en comparaison avec tous les autres facteurs comme le sexe, l'âge, la famille, la couche sociale, etc., joue le rôle le plus important» et Schofield (1965), dans son étude «Le comportement sexuel des jeunes gens» constate également que, comparée à la pratique religieuse, l'origine sociale a une importance relativement limitée.

L'influence de la classe sociale a également été étudiée dans le domaine de la santé mentale. Dans un travail de pionnier devenu classique, Hollingshead et Redlich (1958) ont étudié la position sociale des patients recevant un traitement psychiatrique dans la région de New Haven, en vue de déterminer s'il y a une relation entre la position sociale et 1. le fait d'être en traitement, 2. le type de trouble mental et 3. le type de traitement reçu. Les résultats de cette enquête montrent que ces relations existent effectivement: les personnes de classes sociales inférieures avaient plus de chances 1. de se trouver en traitement psychiatrique, 2. d'être diagnostiquées comme psychotiques plutôt que comme névrotiques et 3. de se trouver dans un hôpital public avec un traitement autre que psychothérapeutique, plutôt que de se trouver en traitement privé avec psychothérapie. Des résultats semblables ont été trouvés dans une étude dix ans plus tard (Myers, Bean et Pepper, 1965) et il semble que ces résultats généraux s'appliquent aussi aux enfants, quoiqu'avec une fréquence plus grande pour les garçons que pour les filles (Baker et Wagner, 1965). On constate également que des personnes de classe sociale différente manifestent des comportements différents à l'intérieur d'une même classe diagnostique et Opler (1967) a montré que le trouble aigu d'un italien ne ressemble pas à celui d'un malade irlandais.

A la lumière des données présentées par Hollingshead et Redlich et les nombreux auteurs qui après eux ont examiné le problème, il ne semble pas douteux qu'il y ait un lien entre la classe sociale et les troubles mentaux. Ce qui est moins évident, c'est l'interprétation qu'il convient de donner à la constatation de cette association : les troubles mentaux conduisent-ils à un déclin de la position sociale ou les conditions de vie des positions sociales inférieures conduisent-elles aux troubles mentaux ? En ce qui concerne la schizophrénie, Kohn (1968), dans une revue critique de la littérature sur les relations entre classes sociales et schizophrénie, penche pour la seconde éventualité tout en disant que c'est peut-être un acte de foi qui l'y incline. Concernant les implications pour l'étiologie de schizophrénie Kohn continue : « il y a quelque évidence que le plus grand stress supporté par les membres de classes inférieures est pertinent, et peut-être que les patterns de relations familiales que l'on trouve dans les classes inférieures conduisent à la schizophrénie — bien que cette dernière éventualité soit plus une supposition qu'une conclusion. Finalement, il est clair que nous devons inclure dans les mêmes investigations la prédisposition génétique et la classe avec toutes les expériences qui l'accompagnent ».

En parlant des différents facteurs biologiques et sociaux qui déterminent la conduite et la personnalité, nous avons essayé de montrer l'action de quelques-uns de ces facteurs et nous avons souligné que chacun de ces facteurs n'agit pas seul et de façon indépendante, mais dans un jeu complexe d'interactions de facteurs multiples. Pour terminer, nous voudrions insister encore une fois sur cet aspect d'interaction de l'hérédité et du milieu et rappeler, par un exemple, le fait que tout trait et ensemble de traits de la personnalité est le résultat d'une interaction complexe de déterminants multiples.

Le fait de l'interaction hérédité-milieu a déjà été mis en évidence, au niveau des caractéristiques non-psychologiques, par les classiques travaux sur la mouche Drosophile. Ces travaux montrent, en effet, que le nombre de facettes des yeux est déterminé à la fois par la constitution génétique et par certaines conditions du milieu dans lequel se développent les larves. En mettant un type génétique A et un type génétique B dans une série de températures différentes, on a pu constater que la différence, en nombre de facettes, entre les deux types génétiques était beaucoup plus importante à 16° qu'à 25° et que l'effet de la température était plus marqué sur un type génétique que sur l'autre. On peut donc dire que l'effet du milieu varie selon le génotype et que l'importance du génotype varie selon le milieu et, plus généralement, que l'hérédité fixe des limites à l'intérieur desquelles le développement des caractéristiques est alors déterminé par les facteurs du milieu.

Pour illustrer la détermination multiple des traits de personnalité, rappelons quelques résultats de travaux portant sur différents déterminants de la schizophrénie. Ces travaux attirent l'attention sur 1. les déterminants génétiques- plus grande est la proximité génétique de deux personnes, plus forte sera la probabilité d'être schizophrène pour la seconde si la première l'est déjà (Gottesman et Shields, 1966; Kallmann, 1946); 2. les déterminants familiaux- les schizophrènes semblent avoir grandi dans des familles caractérisées par des modes de communication conflictuels, et avoir des mères dominatrices et des pères effacés (Bateson, Jackson, Haley et Weakland, 1956; Frank, 1965); 3. les déterminants liés à la classe sociale- les conditions de vie des classes inférieures favorisent l'éclosion d'une schizophrénie (Hollingshead et Redlich, 1958; Kohn, 1968); 4. les déterminants culturels - il y a une relation entre l'appartenance culturelle et la symptomatologie (Opler et Singer, 1956; Parsons, 1961).

En guise de conclusion générale de ce problème des déterminants, notons que le comportement et la personnalité sont le résultat d'une interaction complexe de déterminants multiples dont les recherches actuelles s'efforcent de trouver les mécanismes. Et parmi ces déterminants se trouve aussi la liberté, car, comme le dit P. Fraisse (1963) dans son avant-propos au Manuel de psychologie expérimentale: «Il n'y a jamais de déterminisme et il n'y a jamais de choix absolu. Sans cesse le monde nous détermine et sans cesse il se présente à nous comme à constituer».

V. LA THEORIE PSYCHANALYTIQUE DE LA PERSONNALITE: S. FREUD

LA CONCEPTION DE L'HOMME ET DE LA SCIENCE

Nourri à l'humanisme goethéen, Freud, dans sa conception de l'homme qui sera sous-jacente à sa doctrine psychanalytique, a été progressivement influencé par la pensée énergétique et évolutionniste de son temps, [14] et sous l'influence de Brücke qui lui apprend à connaître les sciences exactes, le panthéiste goethéen est devenu le matérialiste Freud (Leibbrand) basant sa vue de l'homme sur l'idée de l'*homo natura* .C'est là une «idée authentiquement scientifique, biologico-psychologique, une construction comme l'idée biologico-physiologique de l'organisme...» et dont «le caractère strictement scientifique, empirico-constructif distingue l'*homo natura* freudien de celui de Nietzsche plus que l'opposition de l'éros et de la volonté de puissance...» (L. Binswanger, 1947). Cette évolution des idées est aussi de son temps, car «la " Naturphilosophie" et son succédané scientifique, le vitalisme, ont cédé la place, en biologie, à une théorie physicophysiologique, fondée sur les idées de force, d'attraction et de répulsion, régies par le principe de la conservation de l'énergie...» (Ricoeur, 1965).

Selon cette idée de l'*homo natura* dont la signification anthropologique a été analysée par L. Binswanger [15], l'homme est un système d'énergie, un «appareil psychique» se développant progressivement et dans lequel une quantité d'énergie constante circule, s'accumule, se bloque, se décharge, selon les modalités différentes, appareil et jeu de forces d'abord mécaniques qui expliquent finalement les différentes variétés de comportement dont le but est la réduction de tension qui s'accompagne de plaisir.

Dans cette recherche de réduction de tension et du plaisir, l'homme, dont l'appareil psychique est activé par les pulsions sexuelles et agressives, entre en conflit avec la société, d'abord représentée par la famille, et avec la réalité. Celles-ci imposent un renoncement à la satisfaction immédiate et directe des pulsions et l'obligent à les exprimer et les satisfaire en tenant compte de la réalité, et posent ainsi les conditions susceptibles de conduire à la créativité, au développement de la personnalité et aussi de ses troubles.

Bien que ce fut là le projet initial que Freud présentait dans l'Esquisse de 1895 et qu'il tenait à réaliser à tout prix, il s'est tôt rendu compte de son insuffisance : à propos du non-investissement de quantités d'énergie suite à la menace de déplaisir, par exemple, Freud dit en ignorer le mécanisme et déclare : «désormais je ne chercherai plus à trouver une explication mécanique de ces lois biologiques et me déclarerai satisfait si j'arrive à donner de ce développement une description claire et fidèle»; et le «point de vue topique» introduit ultérieurement déborde lui aussi ce projet puisqu'il est «corrélatif d'une interprétation du sens par le sens» (Ricoeur, 1965). Malgré cette ouverture, l'idée d'un appareil psychique et d'une explication énergétique du comportement n'ont jamais disparu dans l'évolution ultérieure de la pensée de Freud, mais on y assiste, comme

dit Ricoeur (ibid.) à la «progressive réduction de la notion
''d'appareil psychique'' — au sens d'une machine qui ne
tarderait pas à fonctionner d'elle-même — à une topique où
l'espace n'est plus un lieu mondain, mais une scène sur
laquelle entrent en débat des rôles et des masques; cet espace deviendra le lieu du chiffre et du déchiffrage». Et
c'est en ce lieu de déchiffrage que germeront les tentatives
de continuations authentiques, les réinterprétations plus ou
moins tronquées et les «dépassements» de la psychanalyse, le problème gisant dans le statut ambigu de la psychanalyse qui n'est certainement pas une psychologie telle
que la concevaient Watson, Skinner ou les culturalistes,
mais qui ne se réduit pas non plus à une phénoménologie
ou à une conception (interprétation) linguistique du psychisme. Cela n'empêche que, pour le moment, les recherches théoriques les plus avancées se font dans un contexte
linguistique et l'on peut dire que le modèle mécanique de
Freud a été remplacé par un modèle linguistique, l'énergie
par le langage.

La conception freudienne de la science et de ses méthodes est, elle aussi, comme la conception de l'homme, une
conception positiviste. Freud distingue nettement la philosophie, l'humanisme et la spéculation de la science, et se
montre bien au courant des problèmes concernant la formation et la définition des concepts, la formation et vérification des hypothèses, la description et l'explication, et serait probablement fort surpris des interprétations et «explications» sauvages commises si souvent au nom de sa théorie et sous le prétexte qu'il y est question de cas individuels. Cette conscience méthodologique et sa sensibilité
aux faits du comportement, aux faits cliniques, ressortent
bien dans l'étude de l'Homme aux loups (G.W., XII, 27-
157) entreprise, entre autres, pour montrer comment on
doit répondre, à partir de la clinique, à un certain nombre
d'objections faites à la psychanalyse qui est, elle aussi, le
fruit d'une théorisation entreprise à partir de l'observation
clinique. Freud y entend donc établir la validité de certai-

nes hypothèses de la théorie psychanalytique et montrer que c'est une argumentation objective et rigoureuse, appuyée sur les faits empiriques (cliniques) qui en décide et non la seule spéculation interprétative. Il dit notamment à ce sujet, en parlant de la validité de conclusions divergentes tirées d'un même matériel clinique :

> « La contradiction théorique cependant est le plus souvent stérile. Dès que l'on a commencé à s'éloigner du matériel où l'on doit puiser, on court le danger de se griser de ses affirmations et de finir par défendre des opinions que toute observation aurait contredites. Il me semble pour cela incomparablement plus adéquat de combattre des conceptions déviantes en les mettant à l'épreuve dans des cas et des problèmes particuliers » (G.W., XII, 76).

Et plus loin, à propos de l'explication et de la description :

> « Afin d'obtenir de nouvelles généralisations à partir des constatations faites à propos de ces deux derniers points, de nombreux cas semblables bien analysés et en profondeur, sont nécessaires. Ils ne sont pas faciles à obtenir, chaque cas particulier demande des années de travail. Le progrès dans ces domaines ne peut donc se faire que lentement. La tentation est évidemment très proche de se contenter de « gratter » la surface psychique d'un certain nombre de personnes et de remplacer alors ce que l'on a omis par la spéculation que l'on met sous le patronage d'une quelconque orientation philosophique. On peut aussi faire valoir des besoins pratiques en faveur de ce procédé, mais les besoins de la science ne se laissent satisfaire par aucun succédané » (G.W., XII, 140).

L'analyse de l'Homme aux loups et des écrits où Freud parle de science, montre clairement sa démarche empirique et critique : l'observation d'un cas conduit à des descriptions qui sont comparées et contrôlées par d'autres observations, à l'établissement de généralisations et à la formulation d'hypothèses explicatives des faits observés que l'on essaie de vérifier. Comme nous l'avons déjà indiqué, c'est cette démarche empirique qui distingue la démarche et les propositions freudiennes de celles que présentent l'humanisme et les philosophes qui, comme Schopenhauer, Kierkegaard ou Nietzsche, ont exprimé des vues profondes et pertinentes sur le comportement de l'homme dont certaines se retrouvent chez Freud.

LA THEORIE DE LA PERSONNALITE

Comme on sait, la psychanalyse présente à la fois une méthode d'investigation de la vie psychique, une théorie de la personnalité et une méthode de traitement de ses troubles. En tant que telle, elle « est un morceau de l'étude de l'âme de la psychologie » (G.W., XVII, 142) et Freud dit qu'elle « n'a jamais eu la prétention de donner une théorie complète de la vie psychologique de l'homme en général, mais exigeait seulement que ses découvertes soient utilisées pour compléter et corriger notre connaissance acquise par d'autres moyens » (G.W., X, 93). Elle en a cependant fourni une des plus ambitieuses, des plus complètes et des plus fécondes.

Selon la métapsychologie qui constitue la partie théorique de cette psychologie fondée par Freud, les phénomènes psychiques doivent être étudiés du point de vue structural (leur relation à l'appareil psychique), du point de vue dynamique (leur rapport à des jeux de forces), et du point de vue économique (l'aspect quantitatif de ces jeux de forces). Freud confondant le point de vue dynamique avec le point de vue génétique, Hartmann et Kris (1945) ont proposé de les distinguer, pour plus de clarté, le point de vue génétique mettant l'accent sur le développement des phénomènes et structures psychiques. D. Rapaport y ajoutera le point de vue adaptatif qui envisage l'étude de l'interaction de la réalité « interne » et de la réalité « externe ». Ainsi, une étude psychanalytique complète devra envisager les phénomènes psychiques de ces cinq points de vue. En tenant compte de ce que nous avons pu voir de la conception freudienne de l'homme, on pourrait alors caractériser la psychologie psychanalytique de la personnalité en disant qu'elle postule le déterminisme psychologique, accorde une grande importance aux phénomènes inconscients dont elle décrit le « fonctionnement », et considère le comportement comme manifestation et développement progressifs d'un jeu de forces dans un appareil psychique.

La structure de la personnalité

Comme nous venons de le voir à propos des points de vue métapsychologiques, une étude psychanalytique porte, entre autres, sur les phénomènes plus ou moins permanents que l'on peut observer dans le flux continuel des phénomènes psychiques. Ces structures, Freud les décrira en parlant d'appareil psychique qu'il conçoit comme des systèmes articulés ayant chacun des caractéristiques et des fonctions propres, et en en proposant deux conceptions : la topique et la structurale.

● *La conception topique.*

Dans cette première conception de l'appareil psychique, formulée dans L'Interprétation des Rêves (1900), Freud distingue trois systèmes : le conscient, le préconscient et l'inconscient. Le conscient renvoie aux phénomènes qui sont immédiatement présents à notre esprit et ne comprend qu'une petite partie des phénomènes psychiques : « Non, la consciencité ne peut pas être l'essence du psychique, elle n'est qu'une qualité qui manque bien plus souvent qu'elle n'est présente. Le psychique en soi, quelle que puisse être sa nature, est inconscient... » (G.W., XVII, 144). Le préconscient comprend les phénomènes psychiques actuellement absents de la conscience, mais pouvant facilement devenir conscients si l'on y dirige son attention. L'inconscient, par contre, ne peut devenir conscient si des conditions spéciales ne lèvent pas la censure et le refoulement qui protègent le système conscient contre une irruption des désirs primitifs et infantiles susceptibles de compromettre l'équilibre établi entre le système conscient et la réalité.

L'intérêt de cette première conception réside dans la façon dont Freud décrit le système inconscient. On sait qu'avant Freud, des philosophes, des psychologues et des médecins ont décrit des phénomènes inconscients et attiré l'attention sur l'importance qu'ils peuvent avoir dans la détermination de la conduite. L'originalité de Freud a été de concevoir l'inconscient comme se constituant au cours de l'histoire individuelle, de trouver une méthode empirique permettant de l'étudier, et de décrire systématiquement ses caractéristiques, son fonctionnement et son importance dans la détermination de la conduite. C'est l'analyse des rêves, «voie royale» de la découverte de l'inconscient, des actes manqués, des symptômes névrotiques etc., qui l'a conduit à en décrire les caractères spécifiques: absence de négation (une idée peut représenter son contraire); méconnaissance des relations temporelles et spatiales (coexistence d'événements appartenant à des époques différentes, rapprochement de lieux éloignés); fonctionnement selon le processus primaire (déplacement: l'énergie psychique se déplace d'une représentation à une autre; condensation: plusieurs représentations rassemblées en une seule; symbolisme: représentation figurée d'un objet, d'une idée, d'un désir); fonctionnement selon le principe de plaisir (recherche de la satisfaction immédiate et sans tenir compte des conditions de la réalité). Quant à son contenu, l'inconscient est principalement constitué par les représentants des pulsions sexuelles et agressives refoulées pendant l'enfance parce que leur satisfaction aurait compromis l'équilibre des rapports entre la vie consciente et la réalité sécurisante et satisfaisante qu'elle a constitué.

● *La conception structurale*

L'expérience clinique révélant à Freud que la censure, l'activité défensive du Moi dans le refoulement, était également inconsciente, il fallait en tenir compte dans la conception de l'appareil psychique et la modifier. C'est en 1923, dans *Le Moi et le Ça* que Freud présente cette modification ou la «seconde topique», en distinguant trois systèmes de la personnalité: le Ça, le Moi, et le Surmoi, le Ça correspondant à l'ancien système inconscient, le Moi et le Surmoi acquérant une partie inconsciente.

Le Ça (*Das Es*), déjà entrevu par Nietzsche et décrit sous ce nom par Groddek comme la force profonde et merveilleuse qui gouverne la vie humaine, est pour Freud le fond pulsionnel de la personnalité. C'est lui qui est le réservoir d'énergie du psychisme et c'est à partir de lui que se développeront le Moi et le Surmoi qui entreront en conflit avec lui. Son contenu est constitué par les pulsions, par les dispositions héréditaires et tout ce qui a été refoulé. Son fonctionnement est régi par le principe de plaisir et se situe au niveau des processus primaires. Le Ça n'est donc pas ce « chaos » absolument inorganisé dont Freud parle à l'occasion, mais « c'est cette absence du sujet cohérent qui caractérise le mieux l'organisation du Ça » (Lagache, 1961).

Le Moi (*Das Ich*) est un système qui se développe progressivement à partir du Ça grâce au contact avec la réalité extérieure, grâce au langage et à une série d'identifications à autrui. Il fonctionne selon le principe de réalité, au niveau des processus secondaires, c'est-à-dire de la pensée raisonnante et objective, et a pour rôle d'être le médiateur entre le Ça, le Surmoi et la réalité, de reconnaître et satisfaire les pulsions d'une façon qui soit conforme à la réalité et aux exigences du Surmoi. C'est donc lui qui doit arbitrer les conflits et « contrôler le fonctionnement » de la personnalité dans son ensemble par l'intermédiaire des mécanismes de défense et d'adaptation.

Le Surmoi (*Das Überich*) est une structure dérivée du Moi par intériorisation des interdictions et des exigences que l'enfant rencontre au cours de son développement. C'est donc le système des normes, interdictions et idéaux disant ce qui est « bien » et ce qui est « mal » et par rapport auxquels l'individu se juge lui-même et les autres, c'est une des sources de nos sentiments d'infériorité ou de culpabilité lorsque l'image que nous avons de nous-même ne correspond pas à ces normes. Constitué à partir de l'intériorisation des interdits et exigences parentales, le Surmoi n'est cependant pas une identification à des individus : « Le surmoi de l'enfant ne se forme pas à l'image des parents, mais bien à l'image du surmoi de ceux-ci... » (G.W., XV, 73); et il est, en partie, inconscient et, contrairement au

Moi, ne résulte que pour une petite part de l'expérience propre de l'enfant.

Il y a donc, pour la psychanalyse, trois grandes formations relativement stables qui constituent la personnalité adulte et en contrôlent les processus, trois systèmes dont l'interaction détermine la conduite. Bien que se prêtant à un usage métaphorique, ces systèmes, le Ça, le Moi, et le Surmoi ne doivent pas être pris pour des entités, mais ce sont des «constructions auxiliaires intellectuelles» comme dit Freud, qui renvoient non pas à des entités sensibles, mais permettent d'expliquer les lois qui gouvernent les phénomènes sensibles. Il n'y a donc pas, dans la personnalité, un bonhomme qui contrôle une source d'énergie selon les prescriptions du Surmoi. Nous n'avons pas un Moi, un Ça, un Surmoi comme nous avons un foie, des sentiments ou des idées, mais ce sont là des constructions qui expliquent, plus ou moins bien, une série de faits de comportement.

La dynamique de la personnalité

L'expérience clinique et les conceptions scientifiques de son temps ont conduit Freud à concevoir les processus psychiques en termes dynamiques et économiques, c'est-à-dire comme l'expression de forces et de conflits, comme liés à une énergie quantifiable, qui se développe, circule, peut être bloquée et transformée. Ces forces sont des forces psychiques se manifestant dans les pulsions, les affects, les conflits, et peuvent être étudiées sans référence à leur substrat organique tout comme l'énergie dont elles sont l'expression peut se concevoir sans référence à des phénomènes neurophysiologiques, comme «un substrat des transformations que de nombreux faits d'expérience... semblent attester» (Laplanche et Pontalis, 1967). Il est vrai que ces forces et énergies ne peuvent pas encore être mesurées de façon précise, mais il n'est pas impossible de développer une méthode de mesure valable comme cela a d'ailleurs été fait pour d'autres constructs psychologiques[5]. Les concepts clés pour l'étude psychanalytique des processus psychiques sont alors ceux de pulsion, désir, conflit, anxiété et mécanisme de défense.

Les pulsions (*die Triebe*), causes premières, mais non exclusives, de la conduite, sont des forces qui ont leur source dans une excitation corporelle, s'exprimant au niveau psychique dans des représentants (de représentations et d'affects) et un état de tension dont la suppression est le but de la pulsion, qui s'atteint par l'intermédiaire d'un objet. Cet objet et le but de la pulsion n'étant pas spécifiques et biologiquement prédéterminés, mais fonction de l'histoire personnelle de l'individu, la notion de pulsion est irréductible à celle d'instinct proposée par l'éthologie et qui renvoie à un comportement déterminé essentiellement par l'hérédité, c'est-à-dire semblable pour les membres d'une espèce, adapté d'emblée à son objet et préformé dans son déroulement. Plutôt que des instincts, ce sont des éléments instinctifs que l'on rencontre dans la conduite humaine et ces éléments sont constitués au cours d'une évolution et non pas donnés d'avance. On remarquera également que la notion de pulsion se réfère essentiellement à une réalité psychique qui est de l'ordre de la conduite, et non pas à une réalité biologique telle qu'un déséquilibre hormonal, homéostatique, ou des processus somatiques. Bien qu'ayant une source somatique, l'essentiel de la pulsion réside dans le représentant psychique.

C'est au cours des interactions avec la mère que les régions et les fonctions corporelles, les systèmes perceptifs et mnésiques sont investis par l'énergie psychique, et les expériences liées à des sensations de plaisir ou de déplaisir. Les expériences associées au plaisir feront naître chez l'individu le désir de les refaire, celles qui sont associées au déplaisir, la tendance à s'en défaire par la fuite ou la destruction de ce qui les a produit. Cette genèse du désir est décrite par Freud dans l'*Interprétation des rêves* (G.W. II-III, 57):

« L'excitation provoquée par le besoin interne cherche une issue dans la motilité que l'on peut appeler « modification interne » ou « expression d'un changement d'humeur ». L'enfant qui a faim criera désespérément ou bien s'agitera. Mais la situation demeure la même; car l'excitation provenant d'un besoin intérieur répond à une action continue et non à un heurt momentané. Il ne peut y avoir changement que quand, d'une façon ou d'une autre (dans le cas de l'enfant par suite d'une intervention étrangère), l'on acquiert *l'expérience de la satisfaction* qui met fin à l'excitation interne. Un élément essentiel de cette expérience, c'est l'apparition d'une certaine perception (l'aliment dans l'exemple choisi) dont l'image mnésique restera associée avec la trace mémorielle de l'excitation du besoin. Dès que le besoin se re-présentera, il y aura, grâce à la relation établie, déclenchement d'une impulsion (Regung) psychique qui investira à nouveau l'image mnésique de cette perception dans la mémoire, et provoquera à nouveau la perception elle-même, c'est-à-dire reconstituera la situation de la première satisfaction. C'est ce mouvement que nous appelons désir; la réapparition de la perception est l'accomplissement du désir, et l'investissement total de la perception depuis l'excitation du besoin est le chemin le plus court vers l'accomplissement du désir ».

Le désir est donc une structure ou un schéma individuel qui se constitue au cours des premières expériences de l'individu, qui comporte des éléments affectifs, cognitifs et moteurs, et qui met en mouvement et oriente la conduite tout comme le besoin. Mais alors que celui-ci trouve sa satisfaction dans un objet réel adéquat (la boisson, la nourriture), le désir renvoie à un objet imaginaire (les traces mnésiques) et ne trouve son accomplissement qu'à travers la reproduction (éventuellement hallucinatoire) des perceptions « devenues des signes de cette satisfaction » (Laplanche et Pontalis, 1967). Il s'agit, pour le désir, moins de retrouver l'objet réel qui a mené à la satisfaction que les signes qui y sont associés et dont l'agencement constitue « ce corrélatif du désir qu'est le fantasme » (ibid.).

La conception du nombre et des types de pulsions mobilisant la conduite a varié au fil des écrits de Freud et il faut remarquer que Freud n'était pas favorable à l'idée de supposer une pulsion à la base des grands types d'activité humaine, mais préférait rendre compte de la variété des phénomènes pulsionnels à partir d'une conception dualiste et de la notion de pulsion partielle.

Après avoir élaboré la notion de pulsion sexuelle qui ne couvre pas seulement le domaine sexuel génital au sens restreint, mais s'étend à toutes les envies sensuelles (contact, tendresse, sadisme), Freud propose une première théorie qui oppose les pulsions sexuelles aux pulsions du moi ou d'auto-conservation : « D'importance toute particulière pour notre essai d'explication est l'opposition indéniable entre les pulsions qui servent à la sexualité, à l'obtention de plaisirs sexuels et les autres qui ont pour but l'autoconservation de l'individu, les pulsions du moi. D'après les paroles du poète, toutes les pulsions organiques oeuvrant dans notre âme, peuvent être classées en « faim » et en « amour » (G.W., VIII, 97-98). Les pulsions du moi comprennent les tendances à se faire valoir et à la puissance, les activités destinées à maîtriser les conflits. Dans « Au delà du principe de plaisir » (1920), Freud présente alors sa dernière conception où ce ne sont plus les pulsions sexuelles qui s'opposent aux pulsions d'autoconservation, mais les pulsions de vie (qui les comprennent) aux pulsions de mort, les premières visant à conserver la vie et à constituer des unités toujours plus grandes, les secondes poussant à la dissolution et au retour à l'inorganique. Comme on voit, cette dernière conception est bien plus spéculative que les précédentes et a donné lieu à bien des difficultés à l'intérieur de la théorie freudienne elle-même, et aussi en ce qui concerne la validité et l'intérêt de la notion de pulsion de mort.

La notion de conflit qui apparaît déjà dans les Etudes sur l'Hystérie (G.W., I) et joue un rôle important dans les théories de la pulsion, prend une place majeure non seulement dans la conceptualisation des processus psychiques ; elle est une des notions fondamentales de la théorie psychanalytique qui conçoit toute conduite, normale ou anormale, comme aboutissement d'un conflit. La position de ce conflit a varié avec l'évolution de la psychanalyse et on peut distinguer quatre lieux de conflit. D'abord, le conflit se situait entre l'entourage et le moi, le souvenir de l'événement traumatique (qu'il s'agit de rendre conscient) et la conscience du moi avec ses normes. Mais lorsque Freud découvrait l'origine pulsionnelle des «souvenirs» traumatiques qui souvent étaient liés moins à des événements réels qu'à des fantasmes, et décrivait l'activité du moi en termes de censure, le conflit se situait entre la pulsion et la censure, se situant ainsi non plus entre le monde extérieur et le Moi, mais entre deux pôles intrapsychiques. Avec le développement de la conception structurale du psychisme, les pulsions constituant le Ça vont alors entrer en conflit avec le Moi et le Surmoi qui se sont constitués à partir de l'interaction avec la réalité et jouent le rôle de régulateur interne des pulsions, de sorte que le conflit se situe maintenant entre les pulsions et la structure psychique.

Etroitement liée à la notion de pulsion et de conflit se trouve l'angoisse, dont Freud propose deux théories. Dans la première conception, l'angoisse est la conséquence et la manifestation psychique d'une stimulation excessive que l'organisme ne parvient pas à maîtriser, ou d'une tension résultant de pulsions non déchargées, alors que, selon la seconde théorie, elle est une émotion pénible signalant un danger, un motif incitant l'individu à prendre des mesures de défense pour ne pas être débordé. Elle est donc le rappel d'une situation traumatique vécue antérieurement dont il s'agit d'éviter la répétition (reproduction). Ses sources se trouvent dans le Ça, le Surmoi ou la réalité, dans un conflit entre la poussée pulsionnelle et les normes du Surmoi, ou la perception d'un danger réel par le Moi.

Lorsqu'une pulsion est ressentie comme dangereuse et s'accompagne d'angoisse ou d'anxiété, le Moi déclenche ses mécanismes de défense pour se protéger contre cette angoisse et la pulsion. Le premier de ces mécanismes décrits par Freud est le refoulement, qui est en quelque sorte le prototype des autres tout en s'en distinguant. C'est la tentative partiellement inconsciente de rejeter et de maintenir dans l'inconscient les représentants de la pulsion lorsque la satisfaction de celle-ci devient un danger pour le

Moi, tentative qui comporte une dépense d'énergie permanente (contre-investissement) en vue d'éviter le retour de ce qui a été refoulé. A la différence des autres mécanismes de défense, le refoulement est aussi l'opération par laquelle se constitue l'inconscient. Les autres mécanismes utilisés par le Moi pour se défendre contre les pulsions et l'angoisse ont alors suscité un intérêt croissant après *Inhibition, Symptôme et Angoisse* (1926). Anna Freud (1936) leur a consacré une étude devenue classique dans laquelle elle en décrit une dizaine. Parmi les diverses façons de se défendre contre l'angoisse, on peut mentionner comme mécanisme très primitif celui de la projection par lequel l'individu attribue à autrui ou à un objet ce qu'il ne reconnaît ou ne peut admettre chez lui-même en attribuant, par exemple à autrui un sentiment de haine plutôt que de le reconnaître chez lui-même. Une autre façon de se défendre, par exemple contre cette hostilité que l'on ressent chez soi, consiste à le faire par le biais de la formation réactionnelle en adoptant l'attitude opposée, une grande amabilité et politesse, ces formations réactionnelles ayant quelque chose de forcé, de rigide et pouvant se manifester dans une conduite spécifique ou généralisée au point de devenir des traits de personnalité. Mais ce qui est désagréable peut aussi simplement faire l'objet d'un déni (*Verleugnung*) niant purement et simplement la réalité, par exemple le manque de pénis chez la fille, ou l'hostilité que l'on porte à quelqu'un. Dans l'isolation, la défense contre l'anxiété se réalise par la séparation d'une idée ou d'une conduite par rapport à son contexte (surtout affectif) alors que dans la rationalisation, les conduites et les situations sont interprétées sans tenir compte de leur motivation réelle, pour les rendre plus raisonnables, comme c'est le cas du parent qui punit son enfant « pour qu'il apprenne qu'il a fait mal », alors qu'en réalité cela lui permet d'exprimer sa propre agressivité à son égard. L'annulation rétroactive est une opération par laquelle on veut annuler quelque chose qui a été réellement ou imaginairement.

De ces mécanismes de défense, D. Lagache (1955, 1957, 1958) propose de distinguer «les mécanismes de dégagement du Moi, d'une toute autre valeur adaptative, dont l'efficacité a pour condition la levée de la défense.. Nous y rangeons la sublimation, qui diffère des mécanismes de défense en ce que la décharge n'est pas bloquée...» (1955). Alors que dans le cas des mécanismes de défense, il s'agissait d'empêcher la décharge de la pulsion, la sublimation transforme et oriente la pulsion vers un objet plus éloigné de la satisfaction sexuelle «mais qui lui est psychiquement apparenté» (G.W., VII, 150) et qui présente une valeur sociale ou culturelle. Les pulsions agressives peuvent ainsi se sublimer dans une activité chirurgicale et les pulsions sexuelles dans la science et l'art, la curiosité sexuelle devenant recherche du savoir et la nostalgie de la mère pouvant s'exprimer dans la création d'une Madone, comme l'écrit Freud à propos de Léonard de Vinci.

Le développement de la personnalité

Comme nous venons de l'indiquer, les structures de la personnalité, les processus pulsionnels et de pensée ne sont pas conçus comme émergeant «tout faits» dans le psychisme, mais comme résultat, aboutissement d'un développement. Très tôt dans son œuvre, Freud a eu l'idée de mettre ce développement en rapport avec des phases ou des époques, et d'en décrire la succession, tentatives qui devaient aboutir à sa théorie des stades libidinaux et dont le développement par ses successeurs constitue la théorie psychanalytique contemporaine du développement, portant sur les processus de pensée, les pulsions, les structures psychiques et le caractère. Selon cette théorie, tout individu doit parcourir une série de stades, parcours sur lequel il peut non seulement se fixer avant terme, mais aussi revenir à un stade antérieur. Ces stades sont des modes d'organisation psychique qui se caractérisent par leur enracinement biologique lié à une zone érogène, et un certain mode de relation à la réalité. Une caractéristique importante de cette conception est l'importance toute particulière qu'on y accorde aux stades et événements précoces de l'enfance comme déterminants de la vie ultérieure.

Le développement des processus mentaux ou de la pensée conduit de l'apparition des processus primaires à l'acquisition (établissement) des processus secondaires, de la pensée de l'inconscient, où, dans l'absence de la négation, règnent le déplacement, la condensation et la surdétermination, bref d'une pensée a-logique, à la pensée du Moi lucide qui observe, raisonne et juge en tenant compte de la réalité. Ce Moi qui dispose de la perception, de l'intelligence et de la motricité et qui règle notre pensée, notre action, qui a une fonction synthétique et adaptative, se constitue à travers un processus compliqué de différenciations fonctionnelles et d'identifications décrites respectivement par la psychologie du Moi américaine mettant l'accent sur son aspect adaptatif, et J. Lacan qui affirme avec force son aspect imaginaire. Au cours de ce développement du Moi qui comporte un développement des fonctions intellectuelles et motrices, du langage, de la capacité d'anticiper les événements, de s'en distancier et de renoncer à la satisfaction immédiate, le Moi se sépare progressivement du Ça, du monde, se différencie de plus en plus et s'unifie en référence à certains autruis privilégiés, personnes privilégiées qui influenceront également la formation du Surmoi.

Freud décrit le développement des pulsions dans sa théorie des stades libidinaux ou du développement psychosexuel. L'idée centrale en est qu'à partir de zones érogènes qui sont les lieux de sensibilité et d'excitation de l'organisme et qui changent au cours du développement (stades pulsionnels), se constituent, par le truchement de l'interaction sociale, des angoisses, frustrations et satisfactions liées à ces zones, des modes de relation avec soi-même et le monde qui présentent une certaine spécificité et changent corrélativement (stades objectaux). L'émergence et la succession des zones érogènes est déterminée par un processus biologique, la maturation, alors que le sort des stades objectaux dépend aussi des satisfactions, frustrations et interactions sociales de l'enfant. Des satisfactions ou frustrations trop intenses vécues à un stade peuvent ainsi provoquer des fixations à celui-ci, l'enfant n'éprouvant pas la nécessité ou craignant de passer à un nouveau type de relation. Lorsque cette fixation n'est pas trop intense, elle n'empêche pas l'accession au stade suivant, mais favorisera la régression, le retour à l'ancien mode de satisfaction lorsque l'individu rencontre des difficultés, en cas de frustration ou de stress. Selon la théorie psychanalytique des pulsions, le développement et la croissance de l'individu, de la personnalité, dépendent ainsi de la maturation et de l'interaction sociale, de l'histoire personnelle vécue et constituée par l'individu au cours d'une longue série d'expériences, dont celles des cinq premières années de la vie revêtent une importance particulière.

Classiquement, le développement psychosexuel se divise en trois périodes principales, la première allant de la naissance à l'âge de cinq ans et comprenant les stades oral, anal et phallique; la seconde, dite de latence, pendant laquelle il y a arrêt dans l'évolution sexuelle; finalement, la puberté ou le stade génital pendant lequel la sexualité atteint sa forme adulte.

Au stade oral précoce, où prévaut l'activité de succion, la vie psychique s'organise autour de la bouche et le mode de relation correspondant qu'est l'incorporation. Pendant le stade oral tardif (sadique oral) le développement des activités sensorielles et motrices étend le champ de cette incorporation qui se manifeste en outre dans les activités de prendre et de garder. La coexistence de l'amour et de la destruction de l'objet qui se manifeste à ce moment introduit l'ambivalence dans la vie psychique de l'enfant dont les relations avec autrui sont surtout celles avec la figure maternelle.

Pendant le stade sadique anal qui s'étend sur la deuxième et troisième année et se centre autour de l'anus et les activités qui y sont liées, l'enfant acquiert une plus grande maîtrise de son corps, voit grandir l'ambivalence et étendre ses relations sociales. Il rencontre un conflit entre le désir d'éliminer et le désir de retenir les matières fécales, entre le plaisir de « faire » et le plaisir de contrôler. Mais au cours de son apprentissage à la propreté, il y rencontre également le conflit entre son désir de « faire » ou de ne pas « faire » et les souhaits qu'exprime à cet égard son entourage, c'est-à-dire les expériences conduisant au conflit structural entre le Ça et le Moi. Ce sont aussi les premières expériences de posséder, perdre, retenir, donner et s'opposer.

Entre trois et cinq ans, l'enfant passe par le stade phallique pendant lequel les organes génitaux deviennent la zone érogène prédominante et conduisant à la différenciation psychique entre les sexes. Ce stade trouve son moment culminant dans la problématique œdipienne qui se pose de façon différente pour le garçon et la fille[16]. Quant au garçon, en cas de complexe d'Œdipe positif, l'amour pour la mère le met en situation de rivalité avec le père envers qui il se trouve dans une situation conflictuelle : d'une part il l'aime (par identification), mais de l'autre il le hait comme rival et projette sur lui cette haine, ce qui lui fait craindre sa vengeance. La résolution de ce problème se fait suite aux frustrations occasionnées par la mère, aux craintes à l'égard du père et aux identifications avec lui qui permettent de conquérir une personne semblable à la mère. C'est par cette identification au père que le garçon en reprend les normes et les valeurs, ce qui a fait dire que le Surmoi est l'héritier du complexe d'Œdipe.

Chez la fille le problème de l'Œdipe est différent et plus complexe, puisqu'elle doit changer d'objet. L'évolution vers le père est facilitée par les déceptions connues avec la mère, principalement l'absence de pénis qu'elle espère voir compensée par le don d'un enfant du père. La résolution du problème se fera, comme chez le garçon, par identification avec le parent du même sexe, identifications par lesquelles elle acquerra les qualités qui lui permettront de conquérir une personne semblable au père.

Le stade phallique est donc d'une importance capitale pour la constitution et la différenciation de la personnalité et du désir qui se réalisent ici par les processus d'identification. Dans ce processus de constitution et d'acquisition qui porte sur des conduites très complexes, on peut distinguer l'identification de l'intériorisation, et différencier plusieurs types d'identification. On parlera d'identification lorsque l'assimilation se fait à des personnes ou une de leurs caractéristiques, alors que l'on parlera d'intériorisation lorsqu'elle porte sur une relation interpersonnelle. Il est important de noter que les acquisitions de ce stade ne concernent pas seulement les caractéristiques ou traits de personnalité des parents, mais aussi leur style de relation, et que l'identification ne porte pas nécessairement sur la totalité de la personne, mais peut se limiter à une ou plusieurs de ces caractéristiques. Ces identifications ne représentent d'ailleurs pas un ensemble homogène et cohérent, mais se composent d'éléments divers et divergents. Parmi les types d'identification, on trouvera d'abord l'identification narcissique qui porte sur des individus semblables, les membres d'un groupe, par exemple, ou le rival du jaloux. Dans un deuxième type d'identification, le sujet vise à devenir comme quelqu'un qu'il considère comme un «modèle». Mais l'identification peut aussi se faire avec quelqu'un que l'on vient de perdre et que l'on retrouve de cette façon, comme c'est souvent le cas dans le deuil. Dans l'identification avec l'agresseur, qui est un mécanisme de défense (A. Freud, 1936), l'enfant s'identifie à l'agresseur ou à sa conduite, évitant ainsi la punition et développant son Surmoi.

Pendant la période de latence qui se situe entre six et treize ans, on assiste à un relâchement de la poussée pulsionnelle, à une sorte de stagnation pulsionnelle durant laquelle on voit se désexualiser les sentiments et les relations d'objet. C'est aussi à cette époque que naissent les aspirations morales et esthétiques, les sentiments de pudeur et les premières sublimations.

A la puberté, les pulsions se réveillent, s'unifient et se hiérarchisent sous le primat de la zone génitale pour aboutir à l'organisation génitale ou adulte de la sexualité. Parallèlement, le sujet (re)cherche et (re)trouve son objet à travers un processus compliqué sans cependant jamais trouver l'objet adéquat à son désir, ni la satisfaction complète : « Je crois qu'il faudrait, aussi étrange que cela paraisse, envisager la possibilité qu'il y ait dans la nature de la pulsion sexuelle quelque chose qui n'est pas favorable à la réalisation de la satisfaction complète » (G.W., VIII, 89).

C'est cette théorie des stades libidinaux de Freud qui est à la base de la caractérologie et de la typologie psychanalytiques. Chaque stade étant caractérisé par une zone érogène et un certain type de relation au monde, on peut en effet décrire des types de caractère et des individus en indiquant le stade psychosexuel auquel ils ont atteint ou régressé. Dans cette conception, le caractère n'est pas un ensemble de traits plus ou moins statiques, mais l'aboutissement du développement des pulsions qui forment une structure à concevoir comme un champ de forces, de tensions et de conflits. Le caractère actuel d'un individu résume donc ses pulsions, ses sublimations et ses formations réactionnelles qui s'expriment dans les intérêts, attitudes, conduites et traits caractéristiques du stade auquel il se situe. On remarquera qu'il s'agit là de descriptions de structures de caractère, d'orientations et de thèmes de conduite ne préjugeant en rien du caractère normal ou pathologique de la structure en question, les structures ainsi décrites pouvant se trouver chez l'individu normal aussi bien que dans des troubles névrotiques et caractériels. Dans cette perspective, la psychanalyse a décrit une grande variété de types au sujet desquels Blum (1955) remarque qu'ils « n'ont jamais été clairement organisés en une classification significative ». Nous en esquisserons ici les plus courants à titre d'indication tout en insistant sur la complexité de ce problème qui exige qu'on se rapporte aux sources pour éviter de tomber dans une attitude typologisante simpliste.

Le caractère oral se reconnaît à la persistance de caractéristiques du stade correspondant, à son égocentrisme et la difficulté qu'il éprouve à percevoir autrui comme différent, sa dépendance d'autrui, son désir de recevoir et ses continuelles demandes ou revendications; il est avide, craint la solitude, la perte, recherche la sécurité et l'approbation. Il a tendance à être envieux et jaloux, le sentiment qu'il a de lui-même est labile, de même que son humeur, son attitude est au fond passive et plutôt pessimiste, il réagit aux difficultés facilement par la colère, l'abandon et la dépression.

Le caractère anal peut se décrire à partir des deux questions que se pose l'enfant : garder ou lâcher, obéir ou refuser. Il préfère garder, accumuler, collectionner les choses et a horreur du gaspillage. Il est ordonné, propre et sait ce qu'est le devoir, jusqu'à être scrupuleux. Dans ses relations avec autrui, c'est le pouvoir qui l'intéresse, ce qui ne l'empêche pas d'être soumis et obéissant au prix d'une tension et ambivalence intérieures faisant de temps en temps surface.

Le caractère phallique se marque chez l'homme dans une conduite décidée, pleine d'assurance, teintée de vanité et d'exhibitionisme que la psychanalyse considère comme étant, en grande partie, une réalisation de désir destinée à nier la castration. L'amour de soi, l'orgueil et le désir de dominer que comporte ce caractère ne lui facilitent pas l'établissement d'un contact authentique avec autrui. Chez la femme ces mêmes traits se retrouvent associés à l'envie, la rivalité et le sentiment d'infériorité envers les hommes qu'elle désire surpasser.

Le caractère génital enfin serait celui de l'homme adulte mûr ayant résolu les problèmes qui se sont posés aux stades antérieurs, capable d'aimer et de travailler.

Les troubles de la conduite et de la personnalité

En abordant la conception psychanalytique des troubles névrotiques qui constituent le matériel à partir duquel Freud a fait ses découvertes, il n'est peut-être pas inutile de rappeler la façon dont les conçoit la psychiatrie classique telle qu'elle nous apparaît à travers les écrits de Jaspers, Kretschmer et Binder[17], et de se souvenir que, selon celle-ci, les troubles névrotiques sont le résultat d'un développement de la personnalité dans lequel le facteur pathogène décisif n'est pas la constitution précaire du patient, mais les accidents historiques du milieu dans lequel se développe le patient doté d'une telle constitution.

C'est exactement le point de vue qu'avait développé Freud dans son article « Les psychonévroses de défense » (1894) dans lequel il se situe par rapport à P. Janet et s'en distingue. Mais ce point de vue demande une explicitation des relations entre, d'une part, la constitution et les accidents historiques, et d'autre part, les accidents historiques et le trouble névrotique. Nous allons aborder ces questions en les sériant sous les rubriques classiques des études étiopathogénétiques qui traitent des facteurs prédisposants, des facteurs précipitants et des mécanismes pathogénétiques. Vu la façon assez particulière dont se pose le problème du maintien et de la persistance du trouble psychonévrotique, nous allons lui consacrer un paragraphe spécial dans cet exposé des conceptions freudiennes de l'étiopathogénie[18].

Les facteurs prédisposants de la névrose chez l'adulte

● *Facteurs héréditaires ou congénitaux*

Contrairement à une opinion encore largement répandue, Freud admettait l'importance de la constitution dans l'étiologie des névroses, tant pour le fait de leur développement (à titre de cause nécessaire, mais non suffisante) que pour la forme clinique qu'elles prendraient.

En ce qui concerne le développement effectif d'une disposition, d'une attitude névrotique et la décompensation manifeste finale, quoique conditionnés par le patrimoine congénital, ils dépendent des accidents de l'histoire individuelle. Freud, en parlant des névrosés, dit à ce sujet : « Leur constitution sexuelle ne leur aurait pas apporté la névrose, s'ils n'avaient pas eu de telles expériences, et ces expériences n'auraient pas eu d'effet traumatique sur eux, si les conditions de la libido avaient été autres. Je puis peut-être admettre, dans cette série, une certaine importance prépondérante des moments prédisposants, mais aussi cette concession dépend des limites que vous fixerez à la nervosité » (G.W., XI, 360). Plus tard il insistera encore sur l'importance du facteur constitutionnel pour le développement des névroses et dira ce que cela signifie pour la pratique :

« L'attente de pouvoir guérir tout ce qui est névrotique me paraît suspecte de provenir de cette croyance des profanes que les névroses sont quelque chose de tout à fait superflu qui n'a absolument pas de droit d'exister. En vérité elles sont de graves affections constitutionnellement fixées qui se limitent rarement à quelques accès, qui durent pendant de longues périodes de la vie ou pendant toute la vie. L'expérience analytique que l'on peut les influencer dans une large mesure si l'on s'empare des moments pathogènes historiques et des moments adjuvants accidentels, nous a conduit à négliger le facteur constitutionnel dans la pratique thérapeutique ; nous ne pouvons rien y changer ; en théorie nous devrions toujours y penser » (G.W., XV, 165-166).

La détermination constitutionnelle de la forme particulière de névrose se trouve implicitement énoncée dans le passage suivant :

« Il n'y a pas de raison de contester l'existence et l'importance de différences du Moi originelles et congénitales. Déjà le fait est décisif, que chaque personne fait son choix parmi les mécanismes de défense possibles, n'en utilise jamais que quelques-uns et alors toujours les mêmes. Cela indique que le Moi particulier est doté dès le début de dispositions et tendances individuelles dont nous ne pourront évidemment pas dire la nature et les conditions... Mais nous ne voulons pas perdre de vue que le Ça et le Moi sont originairement un, et cela ne revient pas à une surestimation mystique de l'hérédité si nous tenons pour digne de foi que pour le Moi non encore existant il est déjà fixé quelles directions de développement, de tendances et de réactions il manifestera plus tard» (G.W., XVI, 85-86).

Une façon plus explicite de reconnaître l'importance des facteurs constitutionnels pour la détermination de la forme que prendra la névrose se trouve déjà dans l'article de 1913 sur la disposition à la névrose obsessionnelle. On y lit :

«Au fond, il ne se trouve assuré ici qu'une seule proposition générale. Nous distinguons parmi les causes de maladie entrant en ligne de compte pour les névroses celles que l'homme apporte dans la vie et celles que la vie lui apporte, des causes constitutionnelles et accidentelles, dont le jeu d'ensemble seulement constitue, en général, la cause de la maladie. Or, la proposition qui vient d'être énoncée dit que les raisons pour la décision du choix de la névrose sont en général de la première sorte, donc de la nature de la disposition et indépendantes des expériences à effet pathogène» (G.W., VIII, 442).

Il faut remarquer que le terme de disposition n'est pas ici le synonyme d'hérédité ou de congénitalité, mais désigne des inhibitions de développement à l'origine desquelles Freud voit ici des facteurs biologiques alors que dans les «Conférences pour l'introduction à la psychanalyse» de 1917, cette disposition n'est pas seulement déterminée par la constitution et des facteurs biologiques de développement, mais aussi par les expériences infantiles (G.W., XI, 376). Quant à l'importance relative de la constitution, Freud la situe encore dans «Analyse terminée et analyse interminable» en parlant des moments constitutionnel et accidentel: «Plus fort est le premier, plus un trauma conduira à une fixation et laissera un trouble du développement; plus fort est le trauma, plus sûrement il manifestera son endommagement aussi dans des conditions pulsionnelles normales» (G.W., XVI, 64). Cela correspond au schéma étiopathogénétique classique en psychiatrie, du moins pour sa présentation des troubles réactionnels.

De ce qui précède, on peut conclure que Freud admettait le rôle de la constitution comme condition nécessaire de l'existence d'une névrose et comme facteur déterminant de sa forme particulière, et que cette influence joue tant au niveau du Moi, qu'à celui du Ça. Concernant ce dernier il faut peut-être ajouter que Freud concevait le rôle de la constitution comme jouant au niveau de la force relative des pulsions partielles.

Si les premiers travaux et une grande partie de l'œuvre de Freud aboutissent à enlever à la notion de constitution une bonne partie du pouvoir explicatif qu'on lui prête si souvent abusivement en psychologie et en psychiatrie, cette même œuvre reconnaît, de la façon que nous venons de voir, l'importance de la constitution. Et à L. Binswanger qui, lors de sa visite pour le quatre-vingtième anniversaire de Freud en 1936, lui disait qu'après un coup du sort terrassant il restait à l'homme la « liberté » de se réfugier dans la névrose ou de conserver son équilibre psychique, Freud répondait, à l'étonnement de Binswanger : « La constitution est tout » (L. Binswanger, 1956). Nous ne voudrions cependant pas laisser entendre que cette réponse soit le dernier mot de Freud à ce sujet, et citons le passage qui nous semble refléter le mieux la position qu'il a effectivement prise dans son œuvre :

« Vous remarquerez qu'ici également nous tenons compte du moment constitutionnel dont nous ne voulons d'ailleurs jamais nier l'importance. Nous nous défendons seulement contre la conception qui néglige tous les autres facteurs au profit de cette prétention et introduit le moment constitutionnel aussi là où d'après les résultats conjugués de l'observation et de l'analyse il n'a rien à voir ou doit être mis en dernier lieu » (G.W., XI, 423-424).

L'œuvre de Szondi est là d'ailleurs, pour témoigner de l'importance que peut prendre pour une psychologie « dynamique » l'investigation systématique du problème de la détermination constitutionnelle ou congénitale des névroses.

● *Les facteurs prédisposants acquis*

Parmi ces facteurs prédisposants acquis il faut compter toutes les expériences ayant abouti à la névrose infantile, et les conditions historiques qui favorisent sa persistance par fixation de la libido. Toute névrose infantile n'aboutit pas en effet nécessairement à une névrose à l'âge adulte, mais toute névrose d'adulte présuppose l'existence de la névrose infantile. Nous reviendrons à cette question du pourquoi de la fixation dans la section consacrée au développement et maintien des névroses.

● *Les facteurs prédisposants transitoires*

Des influences toxiques, le surmenage, la fatigue, des variations endogènes non psychotiques, les transformations des âges critiques comme la puberté ou la ménopause, sont des facteurs qui peuvent non seulement mettre en danger un équilibre instable entre le Moi et les pulsions, mais encore être l'origine première d'un conflit qui peut se développer en névrose.

Les facteurs précipitants de la névrose chez l'adulte

Après avoir indiqué la position de Freud en ce qui concerne le rôle étiopathogénétique de l'hérédité et du milieu, il nous faudra maintenant décrire de façon plus précise sa conception des facteurs précipitants, ce qui revient à faire une analyse détaillée de sa conception des facteurs et mécanismes qui, étant donné telles conditions prédisposantes, mènent à la constitution de la névrose et président à son développement.

Etant donné le caractère comparatif de notre étude, nous exposerons les conceptions étiopathogénétiques freudiennes sous une forme qui n'est pas la forme habituelle, mais qui nous semble mieux laisser apercevoir les similitudes et différences entre les conceptions psychodynamiques et les conceptions behaviouristes.

Lorsque, après avoir étudié les hypothèses étiopathogénétiques développées par la behaviour therapy, on relit les écrits que Freud a consacrés à ce problème, on ne peut manquer d'être frappé par un fait rarement souligné dans la littérature, à savoir que Freud, dès ses premiers travaux, élabore non pas une, mais deux conceptions étiopathogénétiques — dont la deuxième prendra de plus en plus d'importance, sans toutefois remplacer la première — et que Freud n'a jamais présenté de travail montrant les points d'articulation de ces deux conceptions qui sont la conception traumatique et la conception conflictuelle; il se bornait à caractériser leur relation en disant que «le point de vue traumatique ne devra pas être abandonné comme étant erroné; il devra se placer ailleurs et se subordonner» (G.W., XI, 285).

● *La conception traumatique*

Selon la conception traumatique que nous trouvons développée de façon explicite par Breuer et Freud dans leur article commun de 1893 intitulé «Les mécanismes psychiques des phénomènes hystériques» (G.W., I, 81-98), c'est le facteur accidentel traumatique qui précipite, déclenche ou provoque la névrose et en détermine la symptomatologie (G.W., I, 82) et les auteurs nous disent que leurs «observations... semblent démontrer l'analogie pathogène de l'hystérie habituelle avec la névrose traumatique et justifier une extension de la notion de ''l'hystérie traumatique''» (G.W., I, 84).

Examinons d'abord le terme de traumatisme et voyons ensuite comment est conçu le mécanisme de détermination et de développement des symptômes.

Est appelé traumatisme psychique toute expérience (Erlebnis) «qui provoque les affects pénibles de la terreur, de l'angoisse, de la honte, de la douleur psychique...» (G.W., I, 84).

L'issue de pareille situation traumatique qui peut résider en un seul événement important ou dans une série d'événements traumatisants mineurs qui s'additionnent, peut être double, selon la façon dont le sujet y réagit.

Lors d'une première éventualité, le sujet peut y réagir en

laissant libre cours à ses affects dans des pleurs, des plaintes, en en faisant part à autrui ou en se vengeant, réactions qui ont pour effet la liquidation de l'affect pénible. Breuer et Freud insistent sur le fait que « La réaction au trauma de celui qui a été lésé n'a proprement d'effet pleinement ''cathartique'' que si elle est une réaction adéquate... » (G.W., I, 87) et ajoutent que l'abréaction n'est pas le seul moyen de liquidation, le souvenir d'un traumatisme non-abréagi pouvant entrer « dans le grand complexe de l'association » où « il se range alors à côté d'autres, d'expériences qui sont peut-être en contradiction avec lui, subit une correction par d'autres représentations » (G.W., I, 87). Ainsi, « après un accident, par exemple, le souvenir de ce qui l'a suivi, du sauvetage, la conscience de la sécurité actuelle, viennent se rattacher au souvenir du danger couru, à la répétition (atténuée) de la frayeur éprouvée. Le souvenir d'une humiliation est corrigé par une rectification des faits, par un sentiment personnel de dignité, etc. C'est ainsi que l'être normal réussit, par les effets de l'association à faire disparaître l'affect concomitant » (G.W., I, 87).

Mais, et c'est la seconde éventualité, le patient peut aussi ne pas avoir les réactions « adéquates » que nous venons de voir et cela suite à des circonstances qui tiennent soit à la nature du traumatisme, soit à l'état psychique particulier dans lequel il le subit. Il se peut en effet que la « réaction adéquate » soit exclue parce qu'il s'agit de « la perte paraissant irremplaçable d'une personne aimée, ou parce que les circonstances sociales rendaient une réaction impossible, ou parce qu'il s'agissait de choses que le malade voulait oublier, qu'il refoulait pour cela intentionnellement de ses pensers conscients, qu'il inhibait et supprimait » (G.W., I, 89). Mais il se peut aussi que la réaction adéquate fasse défaut parce que l'expérience traumatique a été vécue dans le contexte d'affects gravement paralysants comme par exemple la terreur, ou « directement dans des états psychiques anormaux, comme dans l'état crépusculaire semi-hypnotique du rêve éveillé, dans des autohypnoses, etc. » (G.W., I, 89/90). Dans ces cas on peut dire « que si les représentations devenues pathogènes se maintiennent si fraîches et chargées d'affects, c'est parce que l'usure normale par abréaction et par reproduction dans des états d'association non-inhibée leur est refusée » (G.W., I, 90).

Ces représentations et réactions associées à l'expérience traumatique et devenues pathogènes par leur non-abréaction persistent donc et persistent sans entrer en « relations associatives avec le contenu de conscience restant. Entre eux, ces états hypnoïdes sont associables et leur contenu représentatif peut par cette voie atteindre des degrés d'organisation psychique de grandeur variable » (G.W., I, 91). Ce sont ces mécanismes qui déterminent les symptômes hystériques permanents.

Quant à l'accident hystérique, il vient spontanément « comme aussi chez nous les souvenirs viennent d'habitude, mais il peut aussi être provoqué, comme chaque souvenir peut être éveillé selon les lois de l'association. La provocation de l'accident se fait ou bien par stimulation d'une zone hystérogène ou bien par une expérience nouvelle qui résonne par similitude à l'expérience pathogène (G.W., I, 96) [19].

● *La conception conflictuelle*

Si l'on peut dire que le premier modèle étiopathogénétique de la psychanalyse était un modèle traumatique, il faut cependant ajouter que dans les mêmes textes où il se trouve exposé, on peut déceler déjà le second modèle étiopathogénétique dont le développement va constituer l'apport original de la psychanalyse à la théorie des névroses.

Dans les histoires de cas des « Etudes sur l'hystérie », nous voyons en effet que le cas de Emmy V.N. traité en 1889 est décrit en termes de modèle traumatique alors que déjà dans le cas suivant, celui de Miss Lucy, traité en 1892, on rencontre l'idée de conflit qui n'est cependant pas encore nommé. Freud y dit: « le fondement du refoulement lui-même ne pouvait être qu'un sentiment de déplaisir, l'incompatibilité de l'idée à refouler avec la masse dominante des représentations du Moi» (G.W., I, 174). Quelques pages plus loin, parlant de la relation entre le traumatisme et la personnalité du patient, il conclut que: «Il s'avère comme condition indispensable pour l'acquisition de l'hystérie qu'il y ait incompatibilité entre le Moi et une représentation qui l'aborde» (G.W., I, 181), et précise que «La dissociation de la conscience présente dans ces cas d'hystérie acquise est ainsi une dissociation voulue, intentionnelle, souvent tout au moins introduite par un acte volontaire» (G.W., I, 182). Dans le cas de Elisabeth v.R., qui date également de la fin de 1892, on rencontre alors le terme de «conflit»: «... il y avait un conflit, un cas d'incompatibilité. La conséquence du conflit était que la représentation érotique fut refoulée hors de l'association...» (G.W., I, 210).

Parmi les textes théoriques de cette époque, c'est surtout dans «Les psychonévroses de défense» de 1894 (G.W., I, 57-74) et dans «Psychothérapie de l'hystérie» (G.W., I, 252-312), que nous trouvons les premières ébauches de plus en plus explicites du modèle conflictuel. Si dans «Les mécanismes psychiques des phénomènes hystériques» de 1893 où se trouve développé surtout le modèle traumatique nous voyons exprimée l'idée d'un refoulement intentionnel, le refoulement intentionnel y figure encore au même titre que les circonstances extérieures à la personne du malade qui ont mené à la dissociation. Dans «Les psychonévroses de défense», nous voyons Freud distinguer plus explicitement trois formes d'hystérie, selon le mécanisme donnant lieu à la dissociation: 1. l'hystérie «hypnoïde», 2. l'hystérie de rétention, c'est-à-dire les «cas dans lesquels il n'y a simplement pas eu de réaction aux stimuli traumatiques et qui alors se liquident et se guérissent aussi par «l'abréaction»... (G.W., I, 61), et 3. l'hystérie de défense à propos de laquelle il écrit une phrase dans laquelle le modèle conflictuel se trouve clairement exprimé: «Chez les patients analysés par moi la santé psychique était maintenue jusqu'au moment où il y eut un cas d'incompatibilité dans leur vie de représentation, c'est-à-dire jusqu'au moment où une expérience, une représentation, une sensation abordait leur Moi et y éveillait un affect si pénible que la personne décidait de les oublier, parce qu'elle ne se croyait pas la force de résoudre par un travail de pensée (Denkarbeit) la contradiction entre cette représentation insupportable et son Moi» (G.W., I, 61-62).

Après avoir distingué et décrit les deux modèles étiopathogénétiques de la psychanalyse présents dans les premiers textes, nous devrons exposer ce qu'est devenu le modèle conflictuel.

Dans la suite de son élaboration, les moments principaux nous semblent pouvoir être caractérisés par : 1. L'abandon progressif de la conception mécanique et événementielle du traumatisme en faveur d'une conception situationnelle dans laquelle la réalité traumatique se définit de moins en moins en termes d'événement historique objectif; 2. L'importance accordée à l'historicité du sujet sous forme d'une théorie génétique des motivations et la mise en valeur de la névrose infantile; 3. La différenciation progressive des modes de défense par l'importance grandissante accordée non plus à l'analyse du refoulé, mais de ce qui refoule.

● *La formation des symptômes*
et le développement de la névrose

Lorsque chez l'adulte une pulsion ne peut pas trouver de satisfaction par suite de l'absence d'un objet adéquat ou d'une interdiction de sa réalisation, le conflit ainsi créé peut trouver une solution grâce à la capacité de l'individu à supporter leur non-satisfaction. Freud nous dit que :

«... nous devons prendre en considération que précisément les pulsions sexuelles sont extraordinairement *plastiques*, si je puis dire ainsi. Elles peuvent se remplacer l'une l'autre, l'une peut assumer l'intensité des autres; lorsque la satisfaction de l'une est refusée par la réalité, la satisfaction d'une autre peut offrir une pleine compensation... De plus, les pulsions sexuelles partielles, ainsi que la tendance sexuelle qui résulte de leur synthèse, présentent une grande capacité de changer d'objet, de l'échanger contre un autre, donc aussi contre un objet plus facilement accessible; cette capacité au déplacement et la disposition d'accepter des succédanés doivent opposer une résistance puissante à l'action pathogène d'un refus. Parmi ces processus qui protègent contre la maladie, il y en a un qui a acquis une importance culturelle particulière. Il consiste en ce que la tendance sexuelle renonce à son but dirigé vers le plaisir partiel ou vers celui que donne l'acte de procréation, et en accepte un autre qui, tout en se trouvant génétiquement lié à celui qui a été abandonné, doit être appelé non plus sexuel mais social. Nous appelons ce processus "sublimation" ... La sublimation n'est d'ailleurs qu'un cas spécial d'étayage de tendances sexuelles à d'autres, non sexuelles» (G.W., XI, 357-358).

Mais les possibilités de résolution du conflit grâce à la plasticité des pulsions et à la capacité de l'individu à supporter des privations ne sont pas illimitées:

«La mesure de libido insatisfaite que l'homme moyen peut supporter, est limitée. La plasticité ou mobilité libre de la libido est loin d'être conservée pleinement chez tous les hommes et la sublimation ne peut jamais décharger qu'une certaine partie de la libido, sans parler du fait que la capacité à sublimer n'est donnée à beaucoup d'hommes que dans une mesure restreinte. La plus importante parmi ces restrictions est manifestement celle qui porte sur la mobilité de la libido, puisqu'elle a pour effet de faire dépendre la satisfaction de l'individu de l'accès à un très petit nombre de buts et d'objets. Souvenez-vous seulement qu'un développement incomplet de la libido laisse des fixations très abondantes et éventuellement multiples à des phases précoces de l'organisation et de la trouvaille d'objet qui le plus souvent ne sont pas capables de donner une satisfaction réelle. Vous reconnaîtrez alors dans la fixation de la libido le second facteur puissant qui s'associe au refus pour causer la maladie» (G.W., XI, 358-359).

C'est donc la fixation infantile de la libido qui, par la limitation de la plasticité des pulsions et de la capacité d'endurer la privation de satisfaction instinctuelle qu'elle entraîne, rend finalement le conflit pathogène: «... pour qu'un refus *extérieur* devienne pathogène, il faut qu'il s'y ajoute un refus *intérieur*. Refus extérieur et refus intérieur se rapportent alors naturellement à des chemins et des objets différents. Le refus extérieur enlève telle possibilité de satisfaction, le refus intérieur voudrait exclure une autre possibilité et c'est à propos de celle-ci qu'éclate alors le conflit» (G.W., XI, 363).

En clinique, l'importance pathogène du refus intérieur se

trouve particulièrement bien mise en évidence dans les cas où l'individu tombe malade au moment même qui lui apporte la réalisation d'un désir, cas dont Freud donne deux exemples dans «Quelques types de caractères dégagés par la psychanalyse» (G.W., X, 364-391).

Mais pourquoi et comment le refus intérieur voudrait-il exclure d'autres possibilités de satisfactions libidinales que celles que justement la réalité refuse? La réponse au pourquoi nous est donnée dans l'article que nous venons d'indiquer: «Un pareil conflit pathogène ne se produit que lorsque la libido veut se jeter sur des chemins et des buts qui sont depuis longtemps dépassés et bannis par le Moi et que celui-ci a donc également interdits pour l'avenir. Cela, la libido ne le fait seulement que lorsqu'elle est privée de la possibilité d'une satisfaction idéale adéquate au Moi» (G.W., X, 370). Lorsque la libido a été privée de la possibilité d'une satisfaction idéale adéquate au Moi, elle sera «finalement obligée de s'engager dans la voie de la régression et de chercher la satisfaction dans une des organisations déjà dépassées ou dans un des objets antérieurement abandonnés. Ce qui attire la libido sur la voie de la régression, ce sont les fixations qu'elle a laissées à ces stades de développement» (G.W., XI, 373).

Cette régression de la libido à des objets et des modes de satisfaction génétiquement antérieurs soulève la question de savoir comment cela est possible alors que ces positions auraient été depuis longtemps dépassées et bannies par le Moi. La réponse de Freud est que:

«Tous les objets et directions abandonnés par la libido ne le sont pas encore d'une façon absolue. Ces objets et directions ou leurs rejetons sont encore retenus avec une certaine intensité dans les fantasmes. La libido n'a donc qu'à se reporter à ces fantasmes pour trouver le chemin qui la conduira à toutes les fixations refoulées. Ces fantasmes jouissaient d'une certaine tolérance, il ne s'est pas produit de conflit entre eux et le Moi, aussi fortes que purent être les oppositions, aussi longtemps qu'une certaine condition était observée. C'est une condition de nature *quantitative* qui ne se trouve troublée que par le reflux de la libido sur les fantasmes. Par cet afflux, l'investissement énergétique des fantasmes se trouve augmenté au point qu'ils deviennent exigeants et développent une poussée vers la réalisation. Cela rend cependant inévitable le conflit entre eux et le Moi» (G.W., XI, 388).

A ce conflit entre les fantaisies régressives (fantasmes) et le Moi ce dernier réagit, dans le cas de la névrose, par leur refoulement dans l'inconscient ce qui supprime cependant seulement les représentants psychiques conscients des pulsions, mais non leur exigence de satisfaction. Cette satisfaction des exigences pulsionnelles dont les représentants psychiques ont été expulsés dans l'inconscient sera précisément la fonction des symptômes. Mais comment cela est-il possible alors que les représentants psychiques des pulsions qui auraient permis une conduite menant à leur satisfaction ont été refoulés dans l'inconscient? Cela est possible parce que «La contradiction qui s'est élevée contre lui (le représentant de la libido dans l'inconscient) dans le Moi, le suit sous forme de ''contre-investissement'' et l'oblige à choisir une forme d'expression qui puisse en même temps devenir la sienne propre (de la contradiction). Ainsi naît alors le symptôme qui est un rejeton défiguré de multiples façons de la satisfaction inconsciente du désir libidinal, une ambiguïté choisie avec art et ayant deux significations pleinement contradictoires» (G.W., XI, 374).

Cette solution du «conflit» n'est pas seulement insatisfaisante parce qu'elle aboutit, comme nous venons de le voir, à une satisfaction pulsionnelle seulement très partielle, mais encore parce que le dommage principal des symptômes «réside dans l'effort psychique qui est leur prix et dans l'autre effort qui est nécessaire pour les combattre. Ces deux dépenses, lorsqu'il s'agit d'une formation de symptômes abondante, peuvent avoir pour conséquence un appauvrissement extraordinaire de l'énergie de la personne et ainsi la paralyser pour toutes les tâches importantes de la vie» (G.W., XI, 372). Mais quel est alors l'avantage de développer des symptômes?

Pour répondre à cette question nous devons nous souvenir que la formation des symptômes est la suite d'un conflit entre les pulsions et le Moi, conflit dont nous avons vu qu'il pouvait être résolu soit grâce à la plasticité de la libido, soit par le renoncement à la satisfaction de cette dernière, ce qui exigerait de toute façon un effort du Moi. A propos de l'avantage du développement de symptômes, Freud nous dit alors: «En outre, la solution du conflit par la formation de symptômes est la solution la plus commode et celle qui arrange le mieux le principe de plaisir; indubitablement elle épargne au Moi un travail intérieur grand et pénible» (G.W., IX, 396).

Le bénéfice ainsi obtenu par la formation de symptômes est appelé bénéfice interne de la maladie auquel «s'associe, dans certaines situations, un avantage extérieur palpable, plus ou moins important dans la réalité» (G.W., XI, 397) qui consiste dans la possibilité d'action sur l'entourage par le symptôme et dont Freud dit: «Lorsque un tel bénéfice de la maladie externe ou accidentel est assez considérable et ne peut pas être remplacé par quelque chose d'autre et de réel, alors vous ne devrez pas vous attendre à de grandes possibilités d'influencer la névrose par votre thérapie» (G.W., XII, 398). Ces deux bénéfices, le bénéfice de la maladie interne et le bénéfice de la maladie externe ou accidentel constituent le bénéfice de la maladie primaire.

A ce bénéfice primaire s'ajoute le bénéfice secondaire n'intervenant pas directement dans l'économie du conflit pathogène, car «Lorsqu'une organisation psychique telle que la maladie a duré pendant un certain temps, elle finit par se comporter comme une entité indépendante; ... et il ne peut guère manquer d'occasions lors desquelles elle se montre utile et utilisable, acquérant ainsi une sorte de *fonction secondaire* qui consolide à nouveau son existence» (G.W., XI, 399).

Le conflit initial devenu névrotique par le refoulement suite à une expérience de refus et s'étant élaboré de la façon que nous venons d'indiquer, va-t-il se résorber ou se dissoudre spontanément par la suite ou y a-t-il des conditions qui s'opposent à pareille résolution spontanée?

Les facteurs de maintien et de persistance des troubles psychonévrotiques

Les facteurs de maintien et de persistance des troubles psychonévrotiques sont d'abord ceux mêmes qui en motivent le développement, à savoir le bénéfice interne de la maladie et le bénéfice externe de la maladie. Il faut en effet se rappeler que « En outre, la solution du conflit par la formation de symptômes est la solution la plus commode et celle qui arrange le mieux le principe de plaisir; indubitablement elle épargne au Moi un travail intérieur grand et pénible » (G.W., XI, 396), que le symptôme est le compromis permettant la satisfaction à la fois de la pulsion et du Moi et que, par le biais du bénéfice de maladie externe, il permet l'obtention d'avantages dans la réalité pouvant être si grands que « Lorsqu'un tel gain de maladie externe ou accidentel est assez considérable et ne peut pas être remplacé par quelque chose d'autre et de réel, alors vous ne devez pas vous attendre à de grandes possibilités d'influencer la névrose par votre thérapie » (G.W., XI, 398). Tant que les circonstances de la vie restent les mêmes que celles qui ont donné lieu au développement de la névrose, il y aura donc peu de chance de voir se résoudre spontanément cette dernière.

A cette persistance des troubles psychonévrotiques liée au bénéfice primaire de la maladie s'ajoute celle qui prend son origine dans le bénéfice secondaire de la maladie, dans l'utilité que peuvent avoir les symptômes et dont le poids peut être important comme le montrent par exemple certains cas de névrose post-traumatiques.

Il y a encore un quatrième facteur : ce que Freud appelle aussi « la compulsion à la répétition » qu'il rend finalement responsable de la persistance des troubles névrotiques. Et il faut peut-être insister sur quelque chose qui reste trop souvent implicite : les troubles psychonévrotiques ne persistent pas seulement parce qu'ils comportent des satisfactions importantes (et de ce fait sont renforcées selon les principes des théories de l'apprentissage), mais encore parce qu'une partie du conflit a été rendue inconsciente, parce que le vrai conflit a été évité et reste ainsi inaccessible à une expérience qui permettrait une solution autre que la solution névrotique adoptée :

> « Dans cette affaire on perd de vue habituellement le point essentiel, à savoir que le conflit pathogène des névrosés n'est pas à comparer à une lutte normale des mouvements psychiques qui sont sur le même terrain psychologique. Il s'agit d'une lutte entre des puissances dont l'une a atteint le niveau du pré-conscient et du conscient, tandis que l'autre a été retenue au niveau de l'inconscient. C'est pourquoi le conflit ne peut aboutir à une solution; ... Une issue véritable ne peut être trouvée que lorsque les deux se retrouvent sur le même terrain. Je pense que la seule tâche de la thérapie consiste à rendre cela possible » (G.W., XI, 449-450)[20].

Après avoir esquissé la façon dont Freud conçoit les troubles de la personnalité qu'il a appelés psycho-névroses, signalons que la psychanalyse décrit encore deux autres types de troubles : les perversions (dont les névroses constituent selon Freud le négatif) dans lesquelles les pulsions infantiles sont assouvies au lieu d'être inhibées (ou transformées comme chez l'homme « normal ») et les psychoses dans lesquelles le conflit donne lieu à des mesures défensives très primitives (régressives) et conduit à un retrait de la réalité. La psychanalyse contemporaine décrit alors les différentes formes de névroses et de psychoses en termes des problèmes qui leur sont particuliers et des façons typiques de les résoudre qu'elles comportent.

La modification de la conduite et de la personnalité

Si le moment pathogène des troubles psychonévrotiques est, comme nous venons de le voir, la décharge insatisfaisante des pulsions suite au refoulement dans l'inconscient de leurs représentants psychiques, le but de la thérapie psychanalytique sera de faire prendre conscience au patient des représentants psychiques refoulés et de l'amener à intégrer les pulsions dans son psychisme. La prise de conscience et l'intégration des pulsions refoulées se réalisent dans la situation analytique grâce au transfert où la dynamique conflictuelle resurgit et peut ainsi être amenée à l'affrontement et l'élaboration consciente rendus possibles par l'interprétation. Mais on ne saurait pas assez insister sur le fait qu'à travers le transfert et l'interprétation le conflit ne se résout pas quasi automatiquement et mécaniquement par le « ressurgissement » de ce qui a été refoulé. Le transfert et l'interprétation confrontent le sujet avec une décision personnelle à prendre et l'éclairent dans sa réalisation.

Le but de la thérapie étant ainsi fixé et le chemin de sa réalisation esquissé, nous aurons à préciser les moments et mécanismes à travers lesquels il peut être atteint, à nous poser la question de savoir comment le thérapeute peut avoir accès au refoulé du patient, comment celui-ci peut être amené à renoncer au refoulement pathogène, bref nous aurons à poser le problème du transfert, de la résistance et de l'interprétation. Avant d'aborder ces problèmes de façon plus détaillée, nous voudrions cependant faire remarquer combien ils sont l'aboutissement organique et conséquent, simple explicitation amplifiante, si on peut dire, des perspectives énoncées dans les « Etudes sur l'hystérie ».

● *L'interprétation diagnostique :*
la mise au jour des résistances
et la compréhension du patient

La prise de connaissance par le thérapeute de ce qui a été refoulé par le patient s'opère dans la situation analytique grâce à la perception des résistances que manifeste le patient à suivre la règle fondamentale, qui est de communiquer au thérapeute tout ce qui se présente à son esprit. On comprendra mieux en quoi cette résistance « à dire tout ce qui passe par la tête » peut être considérée comme une conséquence du refoulement, lorsqu'on se souvient que cette situation analytique se caractérise par le fait qu'elle est posée comme étant thérapeutique, c'est-à-dire comme visant finalement à changer la situation actuelle du patient, qui est celle de la névrose, névrose qu'il s'efforce à maintenir pour les raisons que nous avons données plus haut. Freud décrit ainsi cette situation : « Lorsque je demande à un patient d'abandonner toute réflexion et de me dire tout ce qui lui vient alors à l'esprit, je suppose qu'il ne pourra pas abandonner les représentations du but du traitement, et je me considère comme en droit de conclure que les choses apparemment les plus innocentes et les plus arbitraires qu'il me rapporte sont en relation avec son état de maladie » (G.W., II—III, 537).

Mais si cette proposition, qui est un des piliers fondamentaux de la psychanalyse, pose que tout ce que dit le patient est finalement en rapport avec sa maladie, tout ce qu'il *ne dit pas* l'est aussi :

« Déjà lors du récit de l'histoire de maladie, il se manifeste chez le malade des lacunes de souvenir... Lorsqu'on insiste auprès de celui qui raconte pour qu'il remplisse ces lacunes de sa mémoire par un travail intense de l'attention, on s'aperçoit qu'il repousse par tous les moyens de la critique les idées qui lui viennent à ce sujet, jusqu'au moment où il ressent finalement un désagrément direct lorsque le souvenir se présente vraiment. De cette expérience Freud conclut que les amnésies sont le résultat d'un processus qu'il appelle *refoulement* et dont il reconnaît les motifs dans des sentiments de déplaisir. Les forces psychiques qui ont amené ce refoulement, il croit les sentir dans la résistance qui s'élève contre le rétablissement » (G.W., V, 6).

Cette résistance du refoulement qui, historiquement, fut décrite la première, n'est cependant pas la seule résistance que rencontre le thérapeute :

« En continuant d'approfondir, nous remarquons bien plus que nous avons à lutter contre cinq espèces de résistances, qui proviennent de trois côtés, à savoir du Moi, du Ça et du Sur-moi, à l'occasion de quoi le Moi s'avère être la source de trois formes qui diffèrent dans leur dynamique. La première de ces trois résistances du Moi est la résistance de *refoulement* traitée antérieurement et sur laquelle il y a le moins de choses nouvelles à dire. D'elle se sépare la résistance de *transfert* qui est de la même nature, mais qui donne lieu, dans l'analyse, à des manifestations autres et bien plus nettes puisqu'elle est parvenue à établir une relation à la situation analytique ou à la personne de l'analyste et à faire revivre ainsi un refoulement qui aurait seulement dû être remémoré. La résistance qui provient du bénéfice de la *maladie* et se fonde sur l'implication du symptôme dans le Moi, est également une résistance du Moi, mais d'une tout autre nature. Elle correspond à la défense contre un renoncement à une satisfaction ou à un allègement. La quatrième espèce de résistance, celle du Ça, vient d'être rendue responsable de la nécessité de perlaboration. La cinquième résistance, celle du Sur-moi, celle qui a été reconnue la dernière et qui se trouve être la plus obscure, mais non toujours la plus faible, semble provenir de la conscience de culpabilité ou du besoin de punition; elle s'oppose à tout succès et par conséquent aussi à la guérison par l'analyse» (G.W., XIV, 192-193).

Pour compléter cette énumération des résistances rencontrées en analyse, il faut peut-être ajouter une remarque faite aussi par A. Görres (1958), concernant un point parfois négligé, à savoir qu'il existe des résistances normales et non- névrotiques, chose que Freud ne souligne pas étant donné que son souci principal était la saisie des résistances névrotiques.

Si les différentes infractions que le patient peut commettre à l'égard de la règle fondamentale permettent au thérapeute de soupçonner l'existence d'une résistance, elles ne lui en indiquent pas ipso facto la signification et il se pose la question de savoir comment on peut«... parvenir des idées qui viennent, à ce qui est refoulé, et des défigurations à ce qui est défiguré...» (G.W., V, 7), comment le thérapeute peut voir et comprendre la dynamique du trouble du patient.

Pour répondre à cette question, Freud «a développé un art d'interprétation qui a une telle tâche, qui doit en quelque sorte, décrire la teneur en métal des pensées refoulées à partir du minerai des idées qui viennent sans intention... une série de règles obtenues empiriquement montrant comment le matériel inconscient est à construire à partir des idées qui viennent (Einfälle), des directives disant comment il faut comprendre un tarissement des idées du patient, et des expériences concernant les résistances typiques les plus importantes...» (G.W., V, 7). C'est ce que l'on pourrait appeler l'interprétation *diagnostique* par opposition à l'interprétation *thérapeutique* visant la dissolution, et non seulement la compréhension des résistances.

Afin de mieux situer la portée de cette interprétation du matériel fourni par le patient, il est important de distinguer des niveaux d'interprétation comme le fait L. Binswanger (1926) dans son article «Apprendre, comprendre, interpréter en psychanalyse», où il fait une analyse épistémologique de la connaissance psychanalytique. Pour la commodité de l'exposé, nous ne présentons pas cette distinction des niveaux d'interprétation dans les termes de L. Binswanger, mais dans ceux de L.H. Levy (1963) qui a repris l'étude du problème de l'interprétation dans une perspective de positivisme logique et qui distingue deux aspects de l'interprétation: l'aspect *sémantique* et l'aspect *propositionnel*.

L'interprétation *sémantique* consiste «en la traduction de données brutes dans les termes de notre théorie ou cadre de référence. Là où le client, par exemple, rapporte un sommeil troublé, des paumes moites et une respiration dysrythmique, nous pouvons employer le terme d'anxiété... Il est clair que dans chacun de ces cas nous employons en fait un lexique différent pour les mêmes référents. Nous n'ajoutons rien d'autre à la situation que cela» (Levy, 1963). Il s'agit seulement d'une «assignation d'événements à des classes contenues dans le système de langage de l'interprète...» (ibid.). L'aspect sémantique de l'interprétation «concerne seulement les relations entre les mots et leurs référents... Par conséquent, décider si oui ou non un acte particulier doit être appelé hostile est un problème de sémantique, en ce qu'il dépend de ce que cet acte remplisse ou non les critères d'application de cette désignation selon nos règles. La vérité n'est en aucun sens en cause ici» (ibid.). Aussi «Comme telle, la théorie joue un rôle très mineur dans cet aspect du processus interprétatif» (ibid.).

L'interprétation *propositionnelle* consiste à formuler des propositions concernant les données qui ont été traduites par l'interprétation sémantique dans le langage de celui qui interprète. Elle « s'occupe de l'assertion de relations entre événements et classes d'événements » (ibid.). Pour mieux montrer la différence entre les deux processus interprétatifs, citons un exemple donné par Levy.

« Une mère rapporte être extrêmement inquiète au sujet de la santé de son enfant et s'en occupe d'une façon telle que des restrictions sévères sont imposées à son activité ludique et son indépendance. Dire que ceci est un cas de surprotection représente l'aspect sémantique d'interprétation; dire que cette mère rejette fondamentalement son enfant représente l'aspect propositionnel d'interprétation. La première interprétation représente une façon de décrire certains phénomènes et ne peut comme telle être jugée vraie ou fausse, excepté dans la mesure où les règles de transformation ont été mal appliquées, tandis que la dernière représente une assertion qui est présumée susceptible de vérification empirique » (ibid.).

L'interprétation propositionnelle, par le fait qu'elle vise des relations entre les événements et des classes d'événements, est étroitement fonction de la théorie adoptée à leur sujet par l'interprète.

On peut déjà indiquer ici qu'il est important de remarquer que ce n'est pas tellement au niveau de l'interprétation sémantique qu'à celui de l'interprétation propositionnelle que se situe la divergence entre les théories psychodynamiques et les théories behaviouristes des névroses, et que ces dernières « interprètent » la conduite du patient au même titre que les théories psychodynamiques et la théorie Rogerienne, puisque, en rapportant les phénomènes observés à une théorie de la personnalité et de ses troubles, elles formulent des propositions concernant les relations entre événements et classes d'événements.

● *Le transfert et le contre-transfert*

Si l'interprétation sémantique et propositionnelle, en l'occurrence l'application des principes d'interprétation fournis par la théorie psychanalytique des névroses au matériel présenté par le patient, amène le thérapeute vers une compréhension de la dynamique conflictuelle du patient et de ses résistances, il convient cependant de souligner que la découverte de leur existence et de leur signification n'est pas uniquement fonction des principes d'interprétation psychanalytique et de leur application correcte, mais qu'elle dépend en même temps de la personnalité du thérapeute. Car s'il est vrai que la compréhension d'autrui implique comme premier pas la « perception de ce... que je veux soumettre au processus de compréhension lors d'un second pas » (Loch, 1965 a) et que « ce qui n'est et n'a jamais été l'objet de l'expérience propre, je ne puis pas le concevoir chez l'autre » (Loch, 1965 a), alors la personnalité du thérapeute, conçue comme sédimentation d'expériences de sens et par là source de résonnance possible aux expériences semblables d'autrui, prend une importance capitale pour la compréhension des résistances et de la dynamique conflictuelle du patient. C'est en effet la personnalité du thérapeute qui constitue l'instrument, la lunette permettant de percevoir les phénomènes qu'il s'agira d'interpréter.

Vu l'importance épistémologique et thérapeutique capitale du transfert et de son contre-point, le contre-transfert, nous aurons à situer ces deux notions, d'autant plus qu'elles sont un lieu important de divergence entre la psychanalyse, la Behaviour Therapy, et aussi le Rogerisme.

D'abord il convient de situer les différents niveaux du transfert, car « On s'aperçoit enfin que l'on ne peut pas comprendre l'utilisation du transfert comme résistance, tant qu'on pense au "transfert" tout court » (G.W., VIII, 371), et de rappeler qu'à chacun de ces niveaux il s'établit également un contre-transfert, réponse de l'analyste au transfert du patient.

Le premier niveau de transfert est celui qui correspond à l'acception la plus générale du terme selon laquelle il désigne le fait que tout sujet aborde toujours toute situation nouvelle à partir de son expérience antérieure comportant aussi des sentiments positifs et négatifs. Ce transfert des expériences antérieures et des attentes et attitudes affectives qu'elles comportaient n'implique pas nécessairement une inadéquation dans la perception de la situation nouvelle, mais s'avère au contraire nécessaire au développement de la perception d'autrui et du dialogue avec lui. Cette forme normale de transfert est donc nécessaire à l'établissement d'un lien entre le patient et le thérapeute et fonde aussi ce «novum communicatif autonome» dont L. Binswanger (1935) a souligné l'irréductibilité à la répétition et que J. Schotte (1960) a étudié dans toutes ses ramifications et articulations pour passer finalement des transferts particuliers au Transfert. Mais si nous en restons à cette «composante irrépréhensible» (G.W., VIII, 371) qu'est le transfert normal affectivemement positif, nous devons remarquer encore qu'il est l'élément dynamique de la cure, qu'il «est le support du succès en psychanalyse tout autant que dans les autres méthodes de traitement» (G.W., VIII, 371). Il est l'élément dynamique de la cure dans la mesure où le patient «s'est attaché au médecin (*transfert*) au point que le lien affectif établi avec le médecin rend impossible une nouvelle fuite» (G.W., VIII, 124) et où le thérapeute utilise le transfert établi par le patient pour «le laisser effectuer un travail psychique qui a pour conséquence nécessaire une amélioration de sa situation psychique» (G.W., VIII, 372). Là où ce transfert normal positif manque ou dans le cas où la capacité de transfert est devenue négative pour l'essentiel, «comme chez le paranoïde, là s'arrête la possibilité d'influencer et de guérir» (G.W., VIII, 373).

Parmi les transferts de situations anciennes à des situations nouvelles, en occurrence des situations que l'enfant a structurées au cours de son évolution avec ses «autrui significatifs», à la situation thérapeutique, on peut cependant en rencontrer qui sont inadéquats:

«De nos expériences il résulte que de ces mouvements qui déterminent la vie amoureuse, une partie seulement a achevé le développement psychique complet; cette partie est tournée vers la réalité, est à la disposition de la personnalité consciente et en constitue un morceau. Une autre partie de ces mouvements libidinaux a été arrêtée dans le développement, elle est tenue à distance de la personnalité consciente comme de la réalité, et ne pouvait se déployer que dans la fantaisie ou restait totalement dans l'inconscient de sorte qu'elle est inconnue à la conscience de la personnalité. Or, lorsque le besoin d'amour d'une personne n'est pas complètement satisfait par la réalité, elle devra se tourner avec des attentes libidinales vers toute personne nouvelle qui se présente, et il est parfaitement probable que les deux portions de sa libido, celle qui est susceptible de devenir consciente aussi bien que celle qui est inconsciente, participent à cette attitude» (G.W., VIII, 365).

A ce deuxième niveau il s'agit donc de *transferts névrotiques* en ce sens qu'il s'agit du transfert de réactions et attentes infantiles fixées, c'est-à-dire adéquates autrefois, mais périmées par rapport à l'âge chronologique du patient. Ce sont ces transferts névrotiques qui constituent les résistances de transfert et qui devront être analysés et réduits par le traitement, alors que les transferts du premier niveau sont inanalysables au sens psychanalytique du terme. Les transferts névrotiques peuvent encore se distinguer selon qu'il s'agit d'un transfert du Moi-Idéal qui constitue, comme le souligne aussi Nunberg, une partie du pouvoir de l'analyste et doit finalement être dissous, sans quoi la guérison obtenue ne sera qu'une «guérison de transfert» et non une guérison réelle, ou d'un transfert du Sur-Moi.

A ces deux niveaux de transfert, celui du transfert normal et du transfert névrotique, W. Loch (1965 a) en ajoute un troisième, celui du «*transfert thérapeutique*» qui consiste dans les «relations existant entre les deux ''Moi-normaux fictifs'' du patient et du médecin,... un rapport qui est la condition préalable à tout travail objectif entre le médecin et le patient» (Loch, 1965 b).

La place et l'importance du transfert, tant discutées, apparaissent plus clairement lorsqu'on tient compte des distinctions qui précèdent et du type de trouble que présente le patient. Plus celui-ci est névrotique au sens psychanalytique du terme, c'est-à-dire plus sa personnalité est immature et déformée (sans dépasser les limites de la névrose), moins le problème sera un problème cognitif et plus sa résolution exigera une «rééducation» affective, c'est-à-dire une analyse et dissolution des résistances transférentielles.

Car, comme le dit Freud à propos des psychonévroses : « Ce n'est pas cette ignorance en soi qui est le moment pathogène, mais le fondement de l'ignorance dans des *résistances intérieures* qui ont d'abord provoqué l'ignorance et continuent à la maintenir » (G.W., VIII, 123). Or c'est précisément par la névrose de transfert que ces résistances intérieures peuvent être modifiées le plus efficacement. Dans le transfert le patient répète ses conflits non-résolus et s'il « respecte les conditions d'existence du traitement, nous réussissons régulièrement à donner une nouvelle signification transférentielle à tous les symtômes de la maladie, à remplacer sa névrose ordinaire par une névrose de transfert dont il pourra être guéri par le travail thérapeutique » (G.W., X, 134-135). Il est donc nécessaire que « nous ne traitions pas sa maladie comme une affaire historique, mais comme une puissance actuelle » (G.W., X, 131). Ces trois dernières citations montrent clairement que Freud, contrairement à une affirmation fréquente encore, concevait le rôle de psychanalyste *thérapeute* moins selon le modèle du professeur d'histoire qui essaie de comprendre pourquoi Napoléon a perdu la bataille de Waterloo, que d'après celui d'un stratège qui se demande comment il peut mener ses troupes à la victoire, la bataille étant engagée comme elle l'est.

L'importance thérapeutique du transfert a donc un double aspect : D'abord le transfert actualise le conflit pathogène, ce qui est nécessaire à sa résolution, et l'actualise à un niveau de profondeur autrement inaccessible, ensuite il actualise ce conflit avec toutes ses composantes affectives dont l'importance pour l'apprentissage d'une solution nouvelle est capital. Car il ne faut pas oublier « que l'homme ne peut au fond devenir sage que par les dommages subis et l'expérience propre » (G.W., X, 134), et que : « le patient n'oubliera plus ce qu'il a vécu dans les formes du transfert, ce qui a pour lui une force de conviction supérieure à tout ce qu'il a acquis d'une autre façon » (G.W., XVII, 103).

Ces citations de Freud ne sont certes pas un argument de

valeur expérimentale pour la thèse de l'importance thérapeutique du transfert suite à ses implications affectives, mais on pourrait sans difficulté, les étayer par des références aux travaux des théoriciens du Learning. Pour répondre en toute rigueur à la question de l'incidence spécifique du transfert névrotique et de la névrose de transfert sur le résultat thérapeutique, il faudrait faire des études plus spécifiques et des études comparatives portant sur des thérapies (analytiques) avec et sans névrose de transfert. Après avoir parcouru la littérature, nous nous rallions à Loch lorsqu'il dit «Je ne connais pas de telles investigations, mais il y a certainement une mesure de régression, spécifique selon les maladies et les personnalités, qui doit être atteinte pour obtenir une guérison analytique, à savoir une modification de la structure du psychisme» (Loch, 1965 b)[21]. Cette régression dans le transfert aux conflits infantiles qui ont donné lieu par la suite à la névrose est nécessaire pour que le patient puisse les «revivre», sans quoi comme nous allons le voir, il ne peut pas les amener à une solution nouvelle et plus adéquate. En attendant que des travaux plus poussés éclairent ce problème, l'appréciation de la profondeur de régression devant être atteinte par *tel* patient (pour lui permettre de refaire et de parfaire le processus de maturation émotionnelle) sera fonction de l'expérience clinique du thérapeute.

● *L'interprétation thérapeutique*

Quelle que soit la profondeur à laquelle on estime nécessaire que le patient régresse dans le transfert, pour qu'il puisse refaire l'expérience des conflits pathogènes et les élaborer vers une solution plus satisfaisante, il se pose la question de savoir comment cette élaboration peut y conduire. En psychanalyse, ce problème est traité sous le titre de *l'analyse des résistances* et de la *résolution du transfert*. Notre question devient alors : que fait l'analyste de ces conduites infantiles qui se répètent à son égard dans le transfert et comment peut-on expliquer l'efficacité de son intervention? La réponse à la première partie de la question est connue: il interprète; la réponse à la deuxième partie de cette question peut se trouver dans une réflexion sur les implications de l'interprétation thérapeutique, c'est-à-dire une interprétation qui ne vise pas seulement une compréhension par le thérapeute de la dynamique conflictuelle du patient, mais qui vise encore à *modifier* ce dernier à partir de la connaissance qu'à de lui le thérapeute, connaissance qui ne porte pas seulement sur ce qu'il est en tant que névrosé, mais aussi sur ce qu'il pourrait être s'il dépassait l'état névrotique. Le contenu de cette connaissance que peut avoir le thérapeute, de ce que le patient pourrait être en plus de sa névrose ou sans elle n'est bien entendu pas une connaissance aussi précise que le savoir qu'il a sur sa névrose, c'est une connaissance plutôt «négative», un espoir dont le projet concret et l'actualisation incombent en fin de compte au patient.

Revenons à l'analyse des résistances et à la résolution du transfert et examinons les modes d'actions de l'interprétation thérapeutique. En nous souvenant des deux niveaux d'interprétation, le niveau sémantique et le niveau propositionnel, nous pouvons reformuler notre question: que peut-il se passer pour le patient lorsque le thérapeute lui donne une interprétation sémantique ou une interprétation propositionnelle?

Au niveau sémantique de l'interprétation thérapeutique, le thérapeute décrit, ordonne et clarifie pour le patient le matériel que celui-ci a fourni. C'est l'interprétation «clarifiante» de Rogers. Il est important de remarquer que cette interprétation porte sur le «vécu» du patient, sur l'Erlebnis et non le Geschehnis (E. Straus), qu'elle a pour condition une bonne capacité d'indentification ou d'empathie de la part du thérapeute et que, déjà à ce niveau sémantique, une bonne conscience et maîtrise du contre-transfert sont indispensables si le thérapeute veut saisir le monde vécu du patient et ne pas lui imposer le sien propre, ce qui aurait pour conséquence que le patient ne se retrouverait et ne se reconnaîtrait pas dans les interprétations (sémantiques) du thérapeute, qu'il ne se sentirait pas concerné et, à plus forte raison, serait mal préparé à pouvoir bénéficier de l'interprétation propositionnelle qui est l'interprétation psychanalytique au sens fort à laquelle se rattache aussi le pouvoir thérapeutique principal.

L'interprétation thérapeutique sémantique ne se réduit cependant pas à une reverbération du vécu du patient, mais *nomme* les affects, sentiments et pensées en cause et les relie à leurs objets. Dans le cas de l'analyse du transfert, le thérapeute essaie de faire saisir au patient le fait que ce dernier l'investit d'affects, de sentiments et de pensées et lui indique la qualité ou la nature de ces investissements. En un sens plus général, le thérapeute, par l'interprétation thérapeutique sémantique, décrit pour le patient le monde dans lequel il vit et se sent vivre (en tant que névrosé), en lui rendant sensibles plus particulièrement les résistances et les phénomènes transférentiels.

Par le fait même que cette interprétation thérapeutique sémantique introduit un certain ordre dans le matériel produit par le patient, en ramenant plusieurs phénomènes déjà connus du patient à une catégorie ou en donnant un nom à un phénomène que le patient éprouve mais ne parvient pas à nommer, elle clarifie, étend le champ du Moi et constitue ainsi un premier pas vers «l'insight» et le contrôle de la réalité du patient. Cette importance thérapeutique de la dénomination ou symbolisation a été soulignée fortement, en ethnologie, par Lévi-Straus (1949) dans son article «L'efficacité symbolique», en psychopathologie par M. Sechehaye (1947) et G. Pankow (1956). La portée thérapeutique de la dénomination est excellemment illustrée par W. Loch, lorsqu'il dit que par la dénomination «on atteint une objectivation d'un événement jusqu'alors privé et inobjectivé», et lorsqu'il décrit le processus comme suit :

«Cela comporte une si grande importance parce que, par exemple, la constatation ''ça fait mal'', ''tu as de grandes douleurs'', faite par une mère en face d'un enfant qui crie à cause d'une brûlure qu'il vient de se faire, remplace une partie de la conduite de la douleur, par quoi elle provoque un effet psychologique au moins double : *a*) elle supprime aussitôt l'isolement dans lequel l'enfant était tombé (au regard d'une blessure accablante l'épouvante nous fait perdre la parole), et *b*) parce que... par la dénomination, elle éveille en même temps l'espoir que l'inconnu jusqu'alors sans nom est avancé dans la sphère de la disponibilité propre ou interhumaine » (Loch, 1965a).

L'interprétation propositionnelle consiste, comme nous l'avons vu précédemment, dans l'affirmation de relations entre des événements assignés à des classes différentes par l'interprétation sémantique. Pour l'interprétation thérapeutique des résistances et du transfert cela signifie qu'en la donnant au patient, le thérapeute lui propose des raisons qui motivent ses résistances et son transfert dont il a essayé de lui faire saisir l'existence et la qualité par l'interprétation thérapeutique sémantique ; il propose au patient une hypothèse concernant le pourquoi de ses résistances et de ses relations transférentielles. Si l'interprétation thérapeutique sémantique visait à montrer au patient ce qui se passe en lui, quelles sont ses résistances et les caractéristiques de sa relation transférentielle, l'interprétation thérapeutique propositionnelle vise à lui en faire saisir le pourquoi.

Ici il faut insister encore avec Kuiper (1965) sur le fait souvent méconnu que l'interprétation thérapeutique propositionnelle de la psychanalyse n'est pas donnée en termes métapsychologiques, mais « doit être traduite en des rapports psychologiquement compréhensibles pour l'analysé — ce sont des motifs, des sentiments, des conflits » (Kuiper, 1965). En 1926 déjà, dans son article déjà cité « Apprendre, comprendre, interpréter en psychanalyse », L. Binswanger disait :

« L'acte de la compréhention (psychologique) a pour objet non un être réel, bien qu'il puisse être fondé sur des actes perceptifs portant sur lui (et doive être fondé ainsi dans la mesure où il est question de psychologie empirique), mais son corrélat est un sens ou un enchaînement de sens et ceci sous forme d'un enchaînement de motivations *"compréhensible"* (verständlicher Motivationszusammenhang). Car bien que compréhensible en principe, de fait tout enchaînement de motivations n'est pas compris par le simple fait de sa saisie ou constatation. Il est compris seulement lorsque ''sa qualité de compréhension'' s'éclaire en moi, son évidence ou concision a priori visibles» (L. Binswanger, 1926).

L'interprétation thérapeutique propositionnelle communiquée au patient, même si elle est juste du point de vue métapsychologique et présentée en termes tels que le patient se sente concerné, n'entraîne pas ipso facto la dissolution de la conduite névrotique puisque, en un premier temps, elle ne lui fournit que l'inventaire des motifs à ses résistances qui ne sont que les manifestations en situation analytique des refoulements qui étaient nécessaires au patient pour maintenir son équilibre dans les situations à la suite desquelles la névrose s'est développée. Freud dit à ce sujet: «L'effet thérapeutique est lié au fait de rendre conscient ce qui a été refoulé dans le Ça au sens le plus large; par des interprétations et des constructions nous préparons le chemin à cette action de rendre conscient, mais nous n'avons interprété que pour nous et non pour l'analysé, aussi longtemps que le Moi maintient les défenses antérieures et n'abandonne pas les résistances» (G.W., XVI, 84). Or la simple mise en évidence pour le patient des motifs à ses résistances ne fait que lui montrer pourquoi il les a développées, qu'ils avaient une raison d'être; pour les lui faire abandonner il faut plus.

Pour faire renoncer le patient à sa résistance, «nous lui opposons des arguments logiques lorsqu'elle est devenue consciente ou après, nous promettons au Moi des avantages et des primes, s'il renonce à la résistance» (G.W., XIV, 191-192). C'est-à-dire que nous donnons des «pensées nouvelles» dont Proust (1925) disait déjà qu'elles «nous sont surtout bienfaisantes... quand du fond de cet avenir c'est une espérance qu'elles nous apportent».

Cette valeur thérapeutique de l'espoir qui n'a peut-être pas reçu jusqu'à présent l'attention qu'elle méritait, a été précisée comme suit par Moser qui, à la suite de French, s'est intéressé à cet aspect:

«Ce qui rend un apprentissage possible pour le Moi, ce sont les espoirs posés par l'analyste dans le processus de transfert. Par là on n'entend pas l'espoir assez peu spécifique d'une guérison en général qui se trouve attaché à l'analyste, mais des espoirs spécifiques de satisfactions de désirs bien déterminées et importantes pour l'analysé qui sont libres de conséquences punitives ou honteuses... Ces espoirs ont leurs racines dans des espoirs anciens qui ont été réprimés pendant longtemps et se trouvent maintenant modifiés dans le travail avec l'analyste d'une façon telle, qu'ils se rapportent à la réalité présente de la situation thérapeutique» (Moser, 1962).

En bref, l'analyste aide à l'augmentation de la «capacité intégrative» du Moi. Il «fait cela de différentes manières : par la réactivation d'espoirs portant sur une satisfaction adaptée à la réalité et au degré de développement atteint, par l'ouverture d'aspects cognitifs nouveaux, par la dissolution de l'angoisse et de fonctions de conscience (morale) trop puissantes» (ibid.).

Il faut bien souligner ici que ces espoirs ne sont pas des illusions ou des désirs dont l'accomplissement devrait rester imaginaire, mais des espoirs portant sur une satisfaction réelle et adéquate possible, possibilité dont le contenu est déterminé par les caractéristiques individuelles du patient et de sa situation qu'il incombe au thérapeute de saisir dans toute leur richesse.

Le processus que nous venons de décrire suppose non seulement la réactualisation du conflit pathogène dans le transfert, mais exige encore comme condition nécessaire le refus (Versagung) par l'analyste de toute satisfaction des désirs et demandes transférentiels du patient. Car «le transfert n'est lui-même qu'un morceau de répétition» (G.W., X, 130) et le patient «répète tout ce qui à partir des sources de ce qu'il a refoulé a déjà percé dans son être manifeste, ses inhibitions et attitudes inutilisables, ses traits de caractère pathologique» (G.W., X, 130), «sans qu'une correction en soit possible...» (G.W., X, 314) sans refus de la part du thérapeute. La modification de la conduite névrotique se réactualisant dans le transfert n'est pas possible sans refus parce qu'une satisfaction des désirs transférentiels par le thérapeute serait une reconnaissance de leur légitimité ce qui empêcherait précisément le patient de se rendre compte de leur caractère inadéquat et d'essayer de les modifier pour en obtenir une satisfaction. Dans la mesure où le thérapeute satisfait les demandes névrotiques du patient, il le confirme dans sa névrose et l'empêche d'en sortir parce qu'une conduite n'est modifiée que si elle s'avère inadéquate. Dans la terminologie freudienne : « On reconnaît comme condition pour l'établissement de l'épreuve de la réalité que des objets aient été perdus qui avaient procuré une satisfaction réelle autrefois » (G.W., XIV, 14). Ce n'est donc qu'en montrant au patient le caractère irréel de la conduite transférentielle avec ses espoirs illusoires que le thérapeute parvient, par l'interprétation (du transfert) et le refus (de satisfaction des espoirs de transfert névrotique) à lui faire concevoir la possibilité de conduites autres (plus adéquates), à le laisser abandonner les désirs infantiles pour l'espoir d'une satisfaction adéquate dans la conquête de laquelle le transfert positif normal est l'encouragement constant nécessaire.

Ainsi l'interprétation thérapeutique propositionnelle, lorsqu'elle est donnée au moment opportun et en tenant compte du transfert, ne montre-t-elle pas seulement au patient que sa conduite transférentielle névrotique est une conduite motivée qui *avait* un sens autrefois et lequel, sens qui ne se justifie plus dans la situation présente (thérapeutique), mais elle dégage aussi des horizons nouveaux et suscite des espoirs. Répétons-le encore une fois, ceci n'est possible que si la conduite névrotique s'est actualisée dans le transfert et si le thérapeute y a répondu par le refus de satisfaction de demandes qu'elle comporte. Ajoutons aussi que, l'analyse correcte des résistances et de la névrose de transfert consistant précisément à situer la conduite actuelle du patient par rapport à son passé, son présent et son avenir, on voit mal le fondement de certaines accusations contre la psychanalyse qui lui reprochent son caractère artificiel, irréel, et de tromper le patient sur ses problèmes présents en l'envoyant à la recherche du temps perdu.

Le travail thérapeutique, chose que l'on souligne trop rarement, ne se fait cependant pas seulement sur le divan au moyen d'interprétations fournies par le thérapeute et d'acquisitions de perspectives nouvelles par le patient au prix de renoncement, mais il continue par la mise en oeuvre de ces acquisitions par le patient *dans la vie* en dehors de la séance d'analyse proprement dite, mise en œuvre que le patient peut tenter grâce au transfert positif et que l'analyste peut être amené à inciter plus ou moins directement. C'est peut-être ici que se situe le deuxième temps ou la continuation de la perlaboration, ce « travail psychique » par lequel le patient intègre les interprétations dans l'ensemble de sa personnalité et surmonte les résistances qu'elles sucitent, ce travail qui lui permet de faire l'expérience vécue qui l'aide à « vaincre la puissance de la compulsion de répétition, l'attraction qu'exercent les prototypes inconscients sur le processus pulsionnel refoulé » (G.W., XIV, 192).

● *La modification de la technique psychanalytique de traitement des phobies*

Dans son article de 1911 « Les chances futures de la thérapie psychanalytique » (G.W., VIII, 103-115), Freud soulève déjà la question des modifications de la technique psychanalytique de traitement et fait des considérations sur le traitement des phobiques qu'il reprendra dans un travail ultérieur s'intitulant « Les voies nouvelles de la thérapeutique psychanalytique » (G.W., XII, 181-194). Vu l'importance de ce texte pour notre sujet, nous en citons plus longuement les passages significatifs.

A propos de la querelle concernant l'activité de l'analyste, Freud y dit : « Nous ne pouvons pas éviter d'accepter aussi des patients qui sont si inconsistants et incapables dans l'existence, qu'ils nécessitent qu'on joigne l'influence psychanalytique à l'influence éducative, et aussi chez la plupart des autres il s'offrira çà et là une occasion où le médecin est obligé d'intervenir comme éducateur et conseiller. Mais cela doit se faire chaque fois avec grande délicatesse, et le malade ne doit pas être éduqué en vue d'une ressemblance avec nous, mais en vue de la libération et de l'achèvement de son être propre» (G.W., XII, 190). Quelques lignes plus loin, il continue:

«Une dernière activité, de nature tout à fait différente, s'impose à nous suite à la prise de conscience croissante du fait que les différentes formes de maladies que nous traitons ne peuvent pas être traitées par la même technique. Il serait prématuré de traiter cela en détail, mais je puis montrer à l'occasion de deux exemples, dans quelle mesure une activité nouvelle doit être considérée à ce sujet. Notre technique s'est développée au cours du traitement de l'hystérie et se trouve toujours adaptée à cette affection. Déjà les phobies nous obligent cependant, à dépasser notre conduite actuelle. On ne se rend guère maître d'une phobie si l'on attend que par l'analyse le malade se laisse déterminer à l'abandonner. Il n'apporterait jamais en analyse le matériel indispensable à une résolution convaincante de la phobie. Prenez l'exemple de l'agoraphobe; il y en a deux sortes, une qui est plus légère et une plus grave. Les premiers souffrent chaque fois d'anxiété lorsqu'ils vont seuls dans la rue, mais ils n'ont quand même pas renoncé d'y aller seuls, les autres se protègent contre l'angoisse en renonçant à sortir seuls. Chez ces derniers on n'a de succès qu'à condition de pouvoir les déterminer, par l'influence de l'analyse, à se comporter à nouveau comme des phobiques du premier degré, donc à aller dans la rue et à lutter contre l'angoisse, lors de cet essai. On essaie donc d'abord de diminuer la phobie à ce point et seulement lorsque le médecin y est arrivé, le malade sera en possession des idées et souvenirs qui rendent possible la résolution de la phobie» (G.W., XII, 191).

S. Nacht (1964), dans un exposé sur la «Particularité technique du traitement des phobiques», interprète cette activité thérapeutique «comme un moyen de faire surgir un matériel qui se trouve bloqué et masqué tant que le malade n'affronte pas sa phobie — autrement dit, tant qu'il l'utilise comme une défense», et va même plus loin dans son interprétation. Ainsi intervient-il «non seulement pour exiger des phobiques qu'ils viennent seuls, malgré leur peur, chez moi, mais aussi pour qu'ils affrontent de même, toutes leurs autres peurs, une à une». S. Nacht interprète et justifie cette intervention directe de la façon suivante:

« La particularité technique consiste ici en une intervention dite directe s'appuyant sur une forme relationnelle privilégiée, — intervention qui concerne le comportement du sujet non pas à l'intérieur de la situation strictement analytique mais dans les actes de sa vie proprement dite. Il va de soi qu'il ne s'agit ici que de certains actes qui constituent des symptômes, ou plus exactement d'actes de la vie entravés par la névrose. Lorsque le psychanalyste est enfin perçu comme ''bon objet'', le sujet s'identifiant à lui, se l'incorporant même pour ne faire qu'un avec lui, se trouve alors comme habité par ce qui est uniquement bon. Dès lors ses propres pulsions sont éprouvées différemment, elles se ''bonifient'' à leur tour et de ce fait cessent d'être redoutées.» Si le transfert est positif «la demande formulée par le médecin est accueillie et interprétée par le malade comme une permission, une invitation à accepter ses propres désirs, une assurance qu'il peut le faire sans crainte puisqu'il est libre de les exprimer et de les éprouver dans sa relation transférentielle. Tout peut être obtenu du malade si cette relation est tranquillement positive, dans un climat de sécurité et si les fonctions du Moi ont été suffisamment renforcées. C'est grâce à cette relation transférentielle que le sentiment de frustration perturbateur étant atténué ou réduit, la réponse agressive l'est à son tour... Je n'ai pas besoin d'ajouter qu'un tel renversement ne peut s'opérer d'un seul coup, ni être acquis définitivement, une fois pour toutes, et cela pour deux raisons au moins: la première, c'est que cette nouvelle forme relationnelle ne saurait être vraiment intégrée sans un long travail d'élaboration. La deuxième est que la relation transférentielle positive subit de nombreuses oscillations et fluctuations».

Nous avons ajouté ces remarques sur la modification de la technique psychanalytique de traitement des phobiques parce qu'elles situent la position de Freud à l'égard d'une activité du thérapeute qui n'est pas strictement interprétative, parce qu'elles situent l'attitude qu'il aurait probablement prise, et que le psychanalyste peut prendre, devant les nombreuses techniques contemporaines qui ne sont pas précisément fondées sur la règle fondamentale (tout dire et seulement le dire) et le non-agir du thérapeute. Les passages cités nous semblent montrer que ces activités non-analytiques se justifient et sont nécessaires dans la mesure où, sans elles, le processus psychanalytique ne peut pas se déclencher ou reste bloqué, dans la mesure où elles n'écrasent ou n'obturent pas la véritable question du sujet. C'est là un problème qui ne se pose pas seulement au niveau des principes, mais aussi à celui de la technique et dont la résolution dépend par conséquent de recherches empiriques.

CRITIQUE

Avant de faire quelques réflexions sur les problèmes et faiblesses de la théorie psychanalytique de la personnalité, il convient de dire le rôle important qu'a joué Freud dans le développement de l'étude scientifique de la personnalité. Ce rôle, il l'a joué en inaugurant et en élaborant une théorie de la personnalité proprement psychologique, centrée sur l'analyse systématique de l'expérience vécue et le développement individuel, en proposant de nouvelles techniques d'investigation (l'association libre et l'interprétation « empirique » des rêves), en fournissant des données d'observation et des hypothèses nouvelles qui constituent le point de départ d'une grande série de travaux les confirmant et les contestant[22]. Rares sont les théoriciens de la personnalité qui ne fassent pas, d'une façon ou d'une autre, référence à Freud. Et l'on peut dire que grâce à sa richesse et à sa complexité, la théorie psychanalytique de la personnalité est inégalée en ce qui concerne la variété des phénomènes psychiques qu'elle peut aborder et la façon dont elle envisage le jeu des processus psychiques d'un individu considéré comme totalité. A ce titre et grâce à l'énorme littérature en la matière, elle intéresse non seulement le clinicien confronté avec des problèmes psychologiques individuels pour la compréhension desquels elle lui fournit un instrument incomparable, mais tous ceux qui tentent de déchiffrer le comportement humain et les multiples traces qu'il a laissées.

En ce qui concerne les problèmes et les faiblesses de la théorie psychanalytique de la personnalité, on peut remarquer qu'ils sont les mêmes que ceux de la théorie psychanalytique générale (Huber, 1964; Perrez, 1972) et que plus d'une fois déjà, elle a été déclarée définitivement dépassée au nom d'arguments de tout ordre[23]. A partir de conceptions philosophiques ou d'analogies rencontrées dans d'autres sciences, mais dont l'articulation avec les faits psychanalytiques reste finalement assez vague, ou d'observations de « cas », ceux qui lui sont favorables ont souvent considéré comme « scientifiquement établi » ce qui est peut-être exact, mais pas encore prouvé. Parmi ceux qui lui sont défavorables les uns lui reprochent son « biologisme » alors que d'autres l'accusent de négliger la réalité biologique de l'homme et de verser dans le psychologisme, certains la condamnent au nom d'une anthropologie philosophique, d'aucuns la relèguent au rang de la psychologie introspectionniste ou d'une « psychologie compréhensive » dont le statut scientifique serait celui du sens commun parce qu'il se trouve dans la littérature psychanalytique des études où la spéculation et la généralisation hâtive l'emportent sur l'élaboration méthodique rigoureuse. Quoique ces critiques, intéressantes parce qu'elles stimulent et attirent l'attention sur des points faibles et restés obscurs, contiennent souvent des grains de vérité, elles ne peuvent confirmer ou infirmer la psychanalyse. Souvent elles s'appuient sur une interprétation aujourd'hui dépassée de l'œuvre de Freud (qui se prête effectivement à des interprétations diverses et même contradictoires), ou se réfèrent à des travaux qui ne représentent pas la psychanalyse dans son état actuel, ou encore elles n'explicitent pas suffisamment en quoi elles portent sur la théorie psychanalytique dans son ensemble à partir de l'étude de points particuliers. Pour ces raisons et parce qu'elles sont trop générales, elles n'apportent pas grand-chose au problème de la validation de la psychanalyse contemporaine. Actuellement celui-ci se pose en effet de façon plus spécifique, les efforts se centrant autour des problèmes de la nature et la valeur de la structure théorique de la psychanalyse, de la validité des propositions particulières, et de l'interprétation. Car valider (ou invalider) une théorie scientifique, c'est démontrer selon les critères de la méthodologie scientifique en cours, que ses propositions se réalisent effectivement (ou ne se réalisent pas) dans l'expérience.

Mais quelle expérience, celle du laboratoire ou celle du divan ? Cela dépend des phénomènes et des propositions que l'on désire vérifier; les unes, celles, par exemple, qui concernent la dynamique du conflit, peuvent être étudiées au laboratoire et par la méthode expérimentale plus facilement que d'autres, qui portent sur des phénomènes difficiles ou impossibles à reproduire au laboratoire, comme celles qui concernent la phase et le complexe d'Œdipe ou la sublimation, et qui doivent être abordées par l'observation directe du comportement d'enfants ou par inférence à partir de comportement de sujets en analyse ou de sujets appartenant à d'autres civilisations.

Que l'on aborde les problèmes au laboratoire ou à travers la situation analytique et la méthode clinique, on rencontre d'abord la question de la nature des propositions formulées et de leur articulation avec l'expérience, c'est-à-dire la question de la structure théorique de la psychanalyse; car c'est la théorie qui définit le contenu des concepts et leur rapport à l'expérience, ce qui est précisément l'objet de la validation.

La structure théorique de la psychanalyse n'a pas été explicitement formulée par Freud, ni pour nous en tenir à cet unique exemple, par un Fenichel dont l'ouvrage « La théorie psychanalytique des névroses » passe habituellement pour un exposé classique. On trouve chez Freud et chez ses successeurs des considérations générales et des propositions particulières, des ébauches théoriques qui ont amené des psychologues soucieux de méthodologie et des philosophes qui s'attachent surtout à la critique des sciences à faire remarquer la faiblesse de la structure formelle de la psychanalyse. On peut ainsi déplorer le manque de précision dans la description des variables et des lois qui gouvernent leur relation mutuelle, on dénonce l'absence de définitions « opérationnelles » et de règles indiquant comment les concepts théoriques qui n'ont pas de rapport direct avec l'observation, tels que « libido », « inconscient », « charge affective », etc., se relient à des variables empiriquement constatables. On regrette le langage pseudo-quantitatif utilisant des notions comme « énergie », «force», «seuil d'excitation», des modèles énergétiques de transformation analogues aux modèles physiques alors que les problèmes les plus élémentaires de quantification et de mensuration n'ont pas encore été résolus.

Il ne s'agit pas bien entendu d'exiger de la psychanalyse qu'elle fournisse une définition opérationnelle de tous ses concepts et qu'elle se présente sous forme de système hypothético-déductif hautement formalisé, dans lequel toutes les propositions sont dérivées d'un certain nombre d'axiomes comme dans la géométrie euclidienne. Cet idéal possible de la science positive, même la physique ne l'a pas encore atteint et, alors que sous l'influence de Hull beaucoup de psychologues ont eu de très grandes exigences en matière de systématisation et de formalisation, on a mis en question de plus en plus l'opportunité, en l'état actuel de la psychologie, d'une théorie hypothético-déductive très formalisée.

Mais la structure de la théorie doit être telle qu'elle permette une validation empirique. A cet effet il est nécessaire, comme le remarque E. Nagel, que la théorie ait un contenu théorique explicite et précis. Et si ce dernier fait intervenir des notions sans référence empirique explicite, au moins quelques-unes d'entre elles doivent être liées à des repères empiriques définis, et spécifiées par des règles de procédure appelées aussi «règles de correspondance», «définitions opérationnelles» sans quoi la théorie n'a pas de contenu empirique déterminé et n'importe quel événement pourra être considéré comme confirmant les prévisions de la théorie moyennant des explications post factum et des hypothèses ad hoc.

Pour une grande partie des concepts et des hypothèses psychanalytiques ces deux conditions sont loin d'être réalisées. C'est d'ailleurs une des raisons pour lesquelles tant de travaux de validation sont décevants et qui permettent à l'analyste d'avoir toujours raison en invoquant une «formation réactionnelle», une «défense» ou une «formation de compromis». Des notions théoriquement et cliniquement aussi importantes que «force du moi», «angoisse», «anxiété», etc., sont définies avec une approximation qui ne compromet pas leur utilité clinique, mais qui limite fortement leur valeur théorique. Pour illustrer ces lacunes au niveau de la formulation des hypothèses, ne donnons qu'un exemple, choisi parmi ceux que présente E. Nagel en se rapportant à l'exposé contenu dans le même livre, du psychanalyste H. Hartmann. Etant posé que *a*) «Les pulsions (en particulier «sexuelles» et «agressives») sont les sources d'énergie principales dans l'appareil mental; *b*) la régulation des énergies dans l'appareil mental suit le principe du plaisir («la tendance à la décharge immédiate»), le principe de réalité (c'est-à-dire «des considérations de la réalité») dérivé sous l'influence du développement de l'ego, et une tendance à maintenir constant ou à un minimum le niveau d'exication»; est-il possible, demande E. Nagel, de déduire aucune conclusion déterminée concernant ne fût-ce que les conditions générales dans lesquelles la pulsion sexuelle déchargera son «énergie» plutôt que de se combiner avec la pulsion agressive pour former un «compromis» ou d'élever son «seuil d'excitation» par suite de «considérations de la réalité»? Même si l'on tient compte en même temps d'autres principes psychanalytiques, ces conditions générales ne peuvent être déduites, c'est-à-dire cette proposition n'a pas de contenu théorique explicite et défini.

Si comme nous l'indiquons plus haut, l'explicitation d'un contenu théorique précis et de sa mise en correspondance avec des propositions d'observations sont les conditions de possibilité de toute validation empirique, elles doivent aussi être remplies lorsqu'on abandonne le modèle énergétique freudien et le remplace par un modèle linguistique ou historique, et lorsqu'on procède à la validation sur matériel clinique comme Freud l'a entreprise dans l'Homme aux Loups. Le fait que dans ses essais de vérification de sa théorie Freud ne satisfasse pas aux exigences de la critique des sciences contemporaines (cfr Perrez, 1972) ne change

rien au fait que ce fût là son projet méthodologique qui l'a
conduit à ses découvertes et ne signifie point qu'une véritable psychanalyse freudienne ne puisse pas y satisfaire
sans perdre son originalité. Car ces exigences ne négligent
pas le sens et ne concernent pas les processus aboutissant
à la conception d'une théorie, mais seulement le processus
de vérification de ses propositions. Et si l'on admet que
celles-ci portent sur des faits de comportement (qui ont
bien sûr un sens, comme les faits de l'histoire), si l'on admet que la psychanalyse vise aussi des expériences réellement vécues, fût-ce de façon «fantasmatique», qu'elle
porte sur une histoire et non seulement sur de purs possibles, dans ce cas se pose la question de la validité des propositions énoncées par la théorie et de celle que fait l'analyste en «appliquant» celle-ci à un cas particulier lorsqu'il
interprète son histoire. Et pour résoudre ce problème,
comme le montre bien Freud, il ne suffit pas de se retran-
cher dans la spéculation interprétative en noyant les faits
dans une «science des rêves». Il ne s'agit évidemment pas
de rechercher un événement brut dont la découverte com-
blerait en quelque sorte une lacune et confirmerait ainsi la
proposition à éprouver. Un fait scientifique est en effet
déjà un événement inséré dans un cadre théorique. Mais
pour pouvoir être mise à l'épreuve, une théorie doit faire
intervenir des critères qui ne sont pas de nature purement
interne telle que la seule cohérence; afin d'assurer un rapport à la réalité, elle doit pouvoir être mise en relation avec
des faits interprétables au moyen de concepts théoriques
séparables de la théorie à éprouver[24].

L'avenir de la psychanalyse comme *science* de la personnalité, de ses troubles et de leur traitement dépendra de
la volonté de ses adeptes de ne pas se contenter d'une
«méthodologie de l'invérifiable», de ne pas se soustraire à
ces problèmes en se réfugiant dans un «ailleurs» jamais
explicité et se dérobant continuellement à l'épreuve des
faits.

VI. UNE CONCEPTION «PHENOMENOLOGIQUE» DE LA PERSONNALITE: C. ROGERS

A l'instar de la conception freudienne, celle de C. Rogers est une conception clinique de la personnalité. Plus précisément, elle est d'abord une théorie du processus de changement ou une théorie de la psychothérapie, mais elle s'est en quelque sorte prolongée dans l'élaboration d'une conception de la personnalité. Nous l'esquissons ici parce que, tout en étant clinique et se centrant sur l'expérience vécue, le monde subjectif, elle se veut basée sur une conception de l'homme différente de celle de Freud, aborde autrement cette subjectivité, et surtout, parce qu'elle introduit la recherche empirique systématique dans le domaine de la psychothérapie en essayant d'associer les méthodes de recherche contrôlées à l'intuition et à l'observation clinique.

LA CONCEPTION DE L'HOMME ET DE LA SCIENCE

En ce qui concerne sa conception de l'homme, Rogers la veut nettement distincte de celles qui sont proposées par la religion et par la psychanalyse. Il souligne en effet que la religion, surtout la religion chrétienne, nous présente l'homme comme pécheur, il estime que Freud a une conception pessimiste de la vie qu'il s'agit d'abandonner pour se rendre compte que l'homme a au fond de lui-même une tendance positive et constructive à se réaliser lui-même s'il est libre de le faire :

« J'ai peu de sympathie pour la conception assez répandue selon laquelle l'homme est irrationnel et selon laquelle ses impulsions, si elles ne sont pas contrôlées, conduisent à la destruction des autres et de lui-même. Le comportement humain est extrêmement rationnel et se meut avec une complexité subtile et ordonnée vers les buts que son organisme s'efforce d'atteindre »... « Je sais parfaitement que pour se défendre et mus par la peur interne, les individus peuvent se comporter d'une façon incroyablement cruelle, horriblement destructive, immature, régressive, anti-sociale et blessante. Toutefois une des parties les plus bienfaisantes et vivifiantes de mon expérience est de travailler avec de tels individus et de découvrir les fortes tendances de direction positive qui existent en eux, et en nous tous, aux niveaux les plus profonds » (1961 a).

Cette conception d'une tendance inhérente à l'organisme à réaliser ses potentialités, Rogers la partage avec Goldstein, Angyal et Maslow, et elle n'est probablement pas étrangère à sa rencontre avec la tradition des penseurs d'Extrême Orient qui insistent d'ailleurs aussi sur le « Wou-Wei », la non-action et la non-interférence à l'égard des choses de la vie. Celle-ci se retrouve dans l'attitude non-directive prônée par la Client centered therapy qui l'oppose aux attitudes prises dans les thérapies concevant le thérapeute comme expert qui sait et qui dirige, thérapies parmi lesquelles elle compte aussi la psychanalyse qui interprète et encourage le développement d'une relation transférentielle. Parmi les psychothérapeutes c'est Rank qui semble avoir confirmé l'idée d'une capacité auto-directrice qui émerge au cours de la thérapie.

Au point de vue méthodologique, Rogers se veut d'abord phénoménologue, ce terme de phénoménologie étant pris non pas dans le sens de Husserl, mais renvoyant simplement au « champ phénoménal » de l'individu, à ses perceptions conscientes et inconscientes, à celles qui sont symbolisées et celles qui ne le sont pas. Ce monde interne, privé, de l'individu, il s'agit pour Rogers de le voir tel qu'il le voit lui-même, car, pour Rogers, le comportement est déterminé principalement par l'expérience perceptive actuelle. La voie d'accès au champ perceptif d'autrui, c'est l'interview, qui nous donne «une rare occasion de voir dans une certaine mesure avec les yeux d'une autre personne — de percevoir le monde tel qu'il lui apparaît, de réaliser au moins partiellement le cadre de références internes d'une autre personne... Nous sommes librement admis à l'arrière scène de la vie d'une personne où nous pouvons observer du dedans quelques-uns des drames intérieurs qui sont souvent bien plus contraignants et mouvants que le drame qui est présenté sur la scène vue par le public» (1947). La connaissance ainsi acquise, la connaissance interpersonnelle constitue ce que Rogers appelle le savoir phénoménologique. Il la distingue du savoir subjectif nous renseignant sur notre propre cadre de référence interne, et de la connaissance objective qui est le résultat d'une confrontation avec les observations faites par autrui. L'importance accordée à cette connaissance interpersonnelle implique que le psychologue placé devant autrui «essaie de voir avec lui, plutôt que de l'évaluer» (1947) et comporte par conséquent une minimisation des «procédures psychométriques élaborées par lesquelles nous nous sommes efforcés de mesurer ou d'évaluer l'individu à partir de notre propre cadre de référence», et «un renoncement aux vastes séries d'étiquettes que nous avons péniblement élaborées au fil des années» (ibid.).

A partir de cet effort de saisir le champ phénoménal d'autrui, Rogers formule alors des hypothèses vérifiables concernant le comportement et la personnalité, et élabore des instruments permettant de les vérifier, introduisant ainsi la recherche systématique et rigoureuse dans le domaine de la psychothérapie. Il a dit à ce sujet :

«La thérapie est l'expérience dans laquelle je peux me laisser aller subjectivement. La recherche est l'expérience dans laquelle je puis me tenir à distance et essayer de voir avec objectivité, la riche expérience subjective, en appliquant toutes les excellentes méthodes scientifiques pour déterminer si je ne me suis pas trompé. J'ai de plus en plus la conviction que nous allons découvrir des lois sur la personnalité et le comportement qui sont aussi significatives pour le progrès humain et la compréhension humaine que la loi de gravité ou les lois de thermodynamique» (1961 a).

La psychothérapie devient ainsi un processus se déroulant selon certaines lois et permettant à la personne de se réaliser plus librement, elle s'inscrit dans un effort scientifique à décrire, prédire et influencer le comportement. Le fait que cette conviction n'implique pour Rogers aucun mécanicisme et respecte la liberté de la personne apparaît clairement dans un passage où Rogers (1956) s'exprime à ce sujet:

«Le comportement, examiné scientifiquement, est assurément le mieux compris en tant que déterminé par une cause préalable. C'est là un grand fait de la science. Mais le choix personnel responsable, qui est l'élément le plus essentiel dans l'existence de la personne, qui est le cœur de l'expérience en psychothérapie, qui existe avant tout effort scientifique, est un fait également saillant dans nos vies. Nier l'expérience du choix raisonnable est, à mon sens, une vue aussi restrictive que nier la possibilité d'une science du comportement».

C'est ainsi qu'en résumant sa conception de l'homme et de la science, et la ligne de force de son œuvre, on peut dire de Rogers qu'il a tenté de promouvoir la personne en développant une psychologie qui est aussi une science.

LA THEORIE DE LA PERSONNALITE

Comme celle de Freud, la théorie de la personnalité de Rogers a été élaborée à partir de l'expérience thérapeutique. A la différence de celle de Freud cependant, elle n'est pas basée sur un modèle énergétique faisant intervenir des pulsions et la réduction de tension, mais sur un modèle cognitif se référant à la consistance des perceptions; elle n'est pas une approche génétique investiguant le passé et l'histoire de l'individu, mais se réclame d'une théorie du champ et s'intéresse au présent; elle ne met pas l'accent sur l'inconscient, mais privilégie l'expérience consciente. Malgré ces différences, l'influence de la conception freudienne est sensible à maints endroits des écrits de Rogers sur la personnalité et les processus psychothérapeutiques. Leur lecture ne s'éclaire cependant pas à la seule comparaison avec la psychanalyse, mais elle nous semble devoir se faire aussi en ayant présent à l'esprit les conceptions behavioristes qui constituent l'autre référence par rapport à laquelle Rogers se situe et se distingue en se réclamant d'une psychologie humaniste.

Structure de la personnalité

L'aspect structural de la personnalité est conceptualisé par Rogers à partir de la notion de «Self» qui émerge progressivement au cours de ses efforts de théoriser son activité thérapeutique. Convaincu d'abord que cette notion était de l'ordre des «vestiges de la psychologie introspective» et n'avait pas d'intérêt scientifique, Rogers découvre au fil de ses entretiens thérapeutiques l'importance que prend, dans les dires du client, une certaine image qu'il a de lui-même, que le «moi» est «un élément central de l'expérience subjective du client» et que celui-ci «ne semble pas avoir d'autre but que de devenir son "véritable moi"», et finit par en faire une notion-clé de sa théorie. Sa contribution en ce domaine consiste à préciser empiriquement cette notion et à l'articuler sur une théorie du processus thérapeutique.

L'investigation empirique systématique de la notion rogérienne de «Self» a commencé par une étude dans laquelle Raimy enregistrait sur bandes des entretiens et analysait, en une série de catégories, tout ce qui se rapportait au «moi» du client. Ces catégories s'avérant constantes, Raimy appliqua l'instrument ainsi construit à l'analyse de séances thérapeutiques enregistrées et constata que le «Self» se modifie au cours de la thérapie. Ces résultats et l'observation clinique ont alors conduit Rogers à préciser cette notion de « Self » qu'il définit comme « la configuration composée de perceptions se rapportant au moi, aux relations du moi avec autrui, avec le milieu et avec la vie en général, ainsi que des valeurs que le sujet attache à ces diverses perceptions. Cette configuration se trouve en continuel état de flux... elle est constamment changeante encore qu'elle soit toujours organisée et cohérente. Une autre caractéristique importante, c'est qu'elle est disponible à la conscience encore qu'elle ne soit pas nécessairement consciente ou pleinement consciente » (Rogers, 1965).

Le « Self » ainsi défini est pour Rogers un « mécanisme régulateur du comportement » qu'il s'agit de concevoir non pas comme un agent intérieur qui ferait quelque chose ou qui contrôlerait la conduite, mais comme un ensemble d'expériences ou « comme le critère à l'aide duquel l' ''organisme'' sélectionne l'expérience : les éléments d'expérience qui s'accordent avec l'image du moi sont rendus disponibles à la conscience, tandis que ceux qui ne s'accordent pas avec cette image sont interceptés » (ibid.).

L'étude empirique du Self ainsi conçu s'est alors poursuivie à l'aide de techniques comme le Q-sort de Stephenson (1953), le différentiateur sémantique d'Osgood (1952) et les questionnaires. Dans l'investigation par questionnaires, par exemple, on demandait aux individus de cocher dans une liste les adjectifs qu'ils trouvaient applicables à eux-mêmes, alors que l'application du différentiel sémantique consiste à demander au sujet d'estimer des notions comme « mon moi » et « mon moi idéal » à partir d'une série d'échelles d'adjectifs bipolaires. Lorsqu'on applique la technique Q de Stephenson, on demande au sujet de classer une série de propositions ou d'adjectifs pouvant le concerner en les rangeant selon les différents degrés auxquels il estime qu'ils le caractérisent. Faisant cela, le sujet doit mettre un certain nombre de propositions dans chaque catégorie afin que la distribution de ses choix permette un traitement statistique.

L'application de ces techniques a fourni des données sur le Self qui sont plus systématiques et plus précises que celles de la simple observation clinique. Elle ne va cependant pas sans problème et a soulevé les critiques que l'on adresse généralement à ce genre d'investigations : elle contrôle insuffisamment les « styles de réponse » et ne saisit pas les phénomènes inconscients. Aussi peut-on objecter qu'elle ne respecte pas la subjectivité de l'expérience de l'individu puisqu'elle lui propose les catégories descriptives au lieu de le laisser se décrire en ses propres termes. Rogers estime cependant que, malgré ces limitations, ces instruments ont permis d'arriver à des mesures valables du Self et de faire avancer la recherche.

La seconde notion à mentionner dans la conception rogérienne de la structure de la personnalité est celle du « moi idéal » qui se rapporte « à l'ensemble des caractéristiques que le sujet voudrait pouvoir réclamer comme descriptif de lui-même » (ibid.).

Les processus de la personnalité

Tout comme Freud, Rogers s'est particulièrement intéressé à la mouvance et au changement des phénomènes psychiques, mais au lieu d'envisager leur étude selon un modèle énergétique, il en analyse l'aspect cognitif et se place dans une perspective « phénoménologique ». Dans cette optique, les processus psychiques sont le résultat d'une « tendance actualisante », d'une tendance que présente le Self à la consistance et à la congruence, et de l'anxiété et des défenses que comporte la réalisation de ces tendances.

La notion de tendance actualisante est le postulat de base de la conception de Rogers qui la définit comme « la tendance inhérente à l'organisme à développer toutes ses potentialités et à les développer de manière à favoriser sa conservation et son enrichissement » (ibid.).

Plus précisément « la notion de tendance actualisante englobe la notion de motivation en tant que celle-ci se rapporte à la réduction des besoins, tendances et pulsions. Elle englobe en outre les manifestations d'expansion et de croissance qui dépassent la notion stricte de motivation ... la recherche des tensions génératrices de plaisir... la tendance à l'expression créatrice...» (ibid.). Rogers propose donc un seul motif très général et englobant pour rendre compte de l'activité orientée de l'organisme et considère les besoins, tendances et pulsions comme subordonnés à ce motif général.

A un niveau moins général et plus concret, les processus psychiques peuvent alors se décrire à partir de la notion de congruence du Self et des phénomènes connexes d'angoisse et de défense. C'est ainsi que Rogers pense qu'avec l'émergence du Self, la tendance actualisante commence à se manifester également dans le domaine plus particulier de l'organisme qu'est le Self et que l'individu a tendance à veiller à ce qu'il y ait une certaine congruence, un certain accord entre son expérience et son Self.

Le concept de congruence est une notion de base qui a été développée à partir de l'expérience thérapeutique et qui montre que «le client se trouve engagé dans un processus constant de révision et de modification de l'image qu'il se fait de lui-même, et que ce processus vise à établir un état d'accord entre cette image et son expérience (ibid.). Le processus ainsi décrit reflète non seulement ce qui se passe en thérapie, mais caractérise l'élaboration normale de l'expérience en général : l'individu vit une expérience, la symbolise et l'intègre à son Self. Lorsque cet accord entre le Self et l'expérience est réalisé, l'individu fonctionne de façon optimale, est ouvert à l'expérience et se trouve dans un certain état d'authenticité et d'harmonie.

Mais il se peut aussi que l'individu se sente menacé par une expérience qu'il appréhende ne pas être en accord avec son Self. Cette perception de danger peut se faire de façon pleinement consciente ou par voie de «subception» (Mc Leary et Lazarus), c'est-à-dire que l'individu perçoit qu'il y a danger, mais ne le symbolise pas, n'en a pas de représentation consciente. Il en ressent une certaine tension et confusion, c'est-à-dire de l'angoisse, et met en œuvre ses mécanismes de défense pour conserver l'image qu'il a de son Self et son accord avec l'expérience. Les deux mécanismes permettant de réaliser cette défense sont pour Rogers la déformation et la dénégation. Dans le cas de la déformation, l'individu «réagit en déformant ou en falsifiant la signification de cette expérience de manière à la rendre conforme au moi» (ibid.). Il en admet l'existence et la symbolise, mais en transforme la signification de façon à la rendre compatible avec l'image qu'il a de lui-même: «Par exemple, si la structure du moi d'un étudiant comporte l'élément: «je ne suis pas très intelligent» et si cet étudiant passe brillamment ses examens, il déformera cet élément d'expérience en disant «j'ai eu de la chance» ou «le professeur n'est pas bien malin», etc.» (ibid.).

Dans le cas de la dénégation, l'individu «désavoue l'expérience afin d'écarter toute menace à la structure du moi», et ne la symbolise pas. Rogers illustre ce mécanisme comme suit:

> «...si une certaine réponse du thérapeute aux paroles du client était correctement comprise par celui-ci, elle occasionnerait la prise de conscience nette et indéniable du désaccord existant entre un élément quelconque de son expérience et l'idée qu'il se fait de lui-même. Dans ces cas, il arrive que le client réponde: J'entends parfaitement bien ce que vous me dites. Et je sais que je devrais vous comprendre. Mais je n'ai aucune idée de ce que vous voulez dire...'. C'est donc en quelque sorte en refusant de comprendre que l'organisme s'arrange pour échapper à la difficulté» (ibid.).

Ces défenses ne résolvent cependant pas le problème et laissent l'individu dans une certaine tension et confusion qui résultent d'un conflit entre la tendance actualisante et la tendance à l'actualisation du moi qui rend le comportement incompréhensible, comme c'est le cas du comportement névrotique: «Ce genre de comportement se conforme tantôt à l'image du moi et tantôt aux exigences de l'organisme. De sorte que le névrotique est incapable de se comprendre lui-même, car il constate que, d'une part, il fait des choses qu'il ne veut pas faire et que, d'autre part, il s'abstient de faire des choses qu'il désire faire» (ibid.).

L'origine de ce désaccord entre le Self et l'expérience, Rogers la voit dans les conditions de considération positive que l'individu a connues dans son enfance. Il y a pour Rogers, dans tout être humain, un besoin de considération positive, d'acceptation, d'appréciation ou d'amour, qui est satisfait essentiellement par autrui, les parents d'abord. Lorsque ceux-ci ont une «considération positive inconditionnelle» pour leur enfant et valorisent toutes les expériences qu'il peut faire de lui-même, toutes ces expériences pourront être vécues comme valables. Si, par contre, les parents ne manifestent cette considération positive qu'à certaines conditions, l'enfant exclura ses expériences qui ne répondent pas à ces conditions. Plus généralement, Rogers (ibid.) formule ce processus de la façon suivante :

«Quand le sujet se rend compte de ce que ses personnes-critères lui témoignent des sentiments de considération inconditionnelle, il se trouve dans les conditions voulues pour évaluer ses diverses expériences d'une façon ''organismique'', c'est-à-dire en fonction de leur valeur de préservation et de rehaussement de l'ensemble de son être. Car c'est essentiellement de cela — de l'actualisation de l'«organisme» — qu'il s'agit ici. Par contre, quand il juge ses diverses expériences en fonction des valeurs d'autrui et indépendamment de la valeur de ces expériences par rapport à l'actualisation de ses potentialités, nous disons qu'il y a évaluation conditionnelle ou considération sélective... L'évaluation conditionnelle représente donc un cas sérieux de symbolisation incorrecte. Car le sujet considère son expérience ''comme si'' elle se conformait aux besoins de la tendance actualisante, ''comme si'' elle répondait à un besoin réellement éprouvé alors qu'il n'en est rien. En conséquence, l'évaluation conditionnelle empêche l'individu de fonctionner pleinement et effectivement parce qu'elle l'empêche de symboliser correctement son expérience.»

La conséquence de ce désaccord qui prend son origine dans le désir d'être aimé, est un état d'incongruence qui engendre de l'anxiété, de la tension et des mesures défensives.

Ces différentes hypothèses sur la dynamique de la personnalité ont fait l'objet d'un grand nombre de travaux de recherche et de vérification — en 1957 Cartwright fait déjà état de 122 travaux de recherche et de synthèse théorique — et ont pu trouver une confirmation très appréciable.

Le développement de la personnalité

Selon Rogers, il y a dans tout organisme une force de croissance, la tendance actualisante qui tend «à développer toutes ses potentialités et à les développer de manière à favoriser sa conservation et son enrichissement». Lorsque cette tendance peut se réaliser naturellement et sans entraves, l'individu évolue dans le sens de la maturité, c'est-à-dire vers une différenciation, une autonomie, une expansion et une socialisation croissantes.

Dans cette évolution, Rogers distingue différents moments. Le premier de ces moments concerne les caractéristiques de l'enfant, qui, selon les postulats de Rogers 1. «perçoit son expérience comme étant la réalité... 2. possède une tendance inhérente à actualiser des potentialités de son «organisme»; 3. ... réagit ... en fonction de cette tendance... en vue de satisfaire ses besoins d'actualisation tels qu'il les perçoit, dans la réalité telle qu'il la perçoit; 4. ... se comporte comme un tout organisé...»; 5. évalue continuellement son expérience comme positive ou négative et 6. «tend à rechercher les expériences qu'il perçoit comme positives et à éviter les expériences qu'il perçoit comme négatives» (ibid).

Lors du deuxième moment, qui est celui de l'émergence du Self, «un certain segment de l'expérience se différencie et se symbolise dans la conscience». Il correspond à la conscience d'exister et d'agir en tant qu'individu et peut se décrire comme l'expérience du moi. Par la suite, cette conscience «s'accroît et s'organise graduellemnt pour former la notion du moi qui, en tant qu'objet de la perception, fait partie du champ de l'expérience totale». Le troisième moment comprend les trois phénomènes corrélatifs au développement du moi que sont le développement du besoin de considération positive, le développement d'un mode d'évaluation conditionnelle, phénomènes dont il a déjà été question au paragraphe précédent, et le développement du besoin de considération positive de soi qui correspond à l'évaluation positive de soi sans référence à l'évaluation par autrui, l'individu étant « sa propre personne critère ». C'est lors de ce troisième moment que le développement de l'individu peut présenter les premières difficultés susceptibles de susciter les défenses dont l'action peut mener à un état d'incongruence si l'individu ne rencontre pas les conditions permettant au processus de réintégration de rétablir l'accord.

De ce qui précède, il ressort que Rogers, tout en posant comme postulat fondamental de sa théorie la tendance actualisante qui est à l'origine du développement de l'organisme, n'a pas élaboré de théorie décrivant les différentes étapes et situations critiques de sa réalisation, mais s'est limité à décrire et étudier les conditions générales de la réalisation de l'état de congruence. On ne trouve donc pas chez lui de recherches sur l'interaction parents-enfants ou d'études longitudinales sur le développement. Les preuves qu'il avance en faveur de sa conception du développement sont les résultats de travaux sur des phénomènes généraux, par exemple le désaccord entre le moi et l'expérience (Cartwright), le comportement défensif (Chodorkof), etc. A un niveau spécifique, Rogers se réfère aussi aux travaux de Baldwin (1945) sur les relations parents-enfants qui tendent à montrer qu'une attitude d'accueil et démocratique est plus favorable au développement qu'une attitude autoritaire et de rejet.

D'autres études sur la relation entre l'évaluation et l'acceptation parentale et l'auto-évaluation des enfants (Helper, 1958) la relation entre l'acceptation de soi et celle de l'enfant (Medinnus et Curtis, 1963), les antécédents de l'estime de soi (Coopersmith, 1967), entre autres, confirment indirectement les vues de Rogers sur le développement.

Les troubles de la conduite et de la personnalité

Comme nous venons de le voir en esquissant la conception rogerienne de la dynamique et du développement psychique, l'origine des troubles de la conduite se trouve dans un désaccord entre le Self et l'expérience ou dans un conflit entre ce que ressent l'individu dans une expérience et l'évaluation de cette expérience par autrui qu'il a faite sienne. Dans cette situation, le futur névrosé est amené à préférer l'acceptation par autrui à la réalisation de son expérience et en réprouver ce qu'autrui y désapprouve. La conséquence de cet état de choses est que l'anxiété surgira chaque fois que le conflit est réactivé par une situation, que l'individu se comporte de façon contradictoire, se conduisant tantôt selon son désir, tantôt selon le jugement d'autrui intériorisé, qui le désapprouve, et prend des mesures défensives (distorsion, dénégation) pour réduire le désaccord entre son Self et son expérience. Cette activité défensive donne à la conduite une rigidité bien décrite par Rogers: «Le sujet qui perçoit de façon rigide a tendance à se représenter son expérience en termes absolus et inconditionnels, à généraliser indûment, à se laisser guider — sinon dominer — par des opinions, des croyances et des théories; à confondre les faits et les jugements de valeur; à se fier à des abstractions plutôt qu'à affronter la réalité; bref, les réactions de cet individu ne sont pas ancrées dans le temps et l'espace, elles ne s'enracinent pas dans la réalité concrète» (1965). Progressivement, l'individu développe ainsi des habitudes inadéquates de percevoir et de se représenter les choses et lui-même qui, outre l'anxiété qu'elles peuvent engendrer, finissent par créer des difficultés dans ses relations avec autrui et le privent des satisfactions personnelles.

Ce qui frappe dans la conception rogerienne des troubles de la conduite, c'est l'absence de classification propre et de référence à des classifications courantes, le rejet du diagnostic. Rogers ne différencie donc pas les différents types de troubles de la conduite et les aborde tous de la même façon. La justification se trouve dans sa conception de la genèse et de la thérapie de ces troubles. Elle a été résumée par Kinget:

> «Quant à l'empathie et le flair diagnostique, ils sont pratiquement à l'opposé l'un de l'autre. Le flair diagnostique correspond à une capacité de déceler, d'analyser et de formuler les tendances et les besoins inconscients d'autrui. Ce n'est pas une participation à l'expérience consciente d'autrui, mais une observation et une interprétation des manifestations de cette expérience. Tandis que l'empathie vise à éviter toute évaluation, la fonction diagnostique vise directement à une évaluation de la personne observée. Enfin, la capacité diagnostique est une fonction essentiellement intellectuelle qui s'acquiert par une formation professionnelle spécialisée, telle celle du psychologue clinicien, tandis que l'empathie s'enracine plutôt dans la personnalité de celui qui la pratique» (ibid.).

Des études empiriques sur les troubles ainsi conçus ont été entreprises très tôt et il est curieux de constater qu'elles portaient principalement sur la relation entre le Moi et le Moi-idéal et non pas sur celle entre le Moi et l'expérience qui, selon la théorie, constitue le point qui fait le problème. C'est ainsi qu'en 1948 déjà, Raimy constate que la réorganisation de la personnalité au cours d'une psychothérapie réussie s'accompagne d'une évaluation plus positive de soi. Un peu plus tard, Butler et Haigh (1954) mesurent la différence entre le Moi et le Moi-idéal et la considèrent comme mesure de l'inadaptation et du progrès thérapeutique. Cette même mesure est préposée comme mesure de l'adaptation par Rogers et Dymond (1954) et ce n'est qu'en 1960, après un premier essai par Rogers et Rablin (1958) que Walker, Rablin et Rogers présentent l'élaboration d'une échelle destinée à évaluer la mesure dans laquelle l'individu accepte ses sentiments ou se met à distance. Ce n'est évidemment pas encore une mesure du désaccord entre le Moi et l'expérience, mais un début d'investigation empirique plus poussée de cette relation et de l'expérience dont le processus et la mesure retiennent l'intérêt croissant de Rogers qui se manifestera surtout dans ses études sur le processus thérapeutique.

La modification de la conduite et de la personnalité

Comme nous avons déjà eu l'occasion de le voir, l'intérêt principal de Rogers n'est pas tant la construction d'une théorie de la personnalité, que l'étude des changements de la personnalité, de la façon dont elle se modifie en général et surtout au cours de la psychothérapie. Ce changement qui se réalise au cours du processus thérapeutique est, pour Rogers, une manifestation de la tendance à l'actualisation, qui se produit lorsque certaines conditions sont réalisées et qui présente un certain nombre de caractéristiques que Rogers a essayé de mesurer.

Pour que ce processus thérapeutique se produise, il est nécessaire 1. qu'une personne, le client, se trouvant dans un «état de désaccord interne, de vulnérabilité ou d'angoisse» 2. entre en contact avec une seconde personne, le thérapeute qui se trouve dans un «état d'accord interne», «éprouve des sentiments de considération positive inconditionnelle à l'égard du sujet» et «une compréhention empathique du cadre de référence interne du client, et 3. perçoive cette considération et compréhention que lui témoigne le thérapeute (Rogers, 1965).

La première et la plus importante des trois conditions que doit remplir le thérapeute (et qui ne sont d'ailleurs pas indépendantes) est de se trouver dans un état d'accord interne pendant la séance, c'est-à-dire qu'il doit avoir une attitude authentique envers le client. Cela veut dire qu'il faut «que l'expérience immédiate du thérapeute soit correctement représentée ou symbolisée dans sa conscience» (ibid.), qu'elle soit acceptée et puisse se manifester librement dans la relation, bref, que le thérapeute puisse être lui-même et accepter l'expérience thérapeutique telle qu'elle se présente, qu'il soit pleinement présent à son client. Cette authenticité implique naturellement aussi la reconnaissance d'attitudes négatives envers le client : «Même concernant de pareilles attitudes négatives qui semblent potentiellement préjudiciables, mais que tous les thérapeutes présentent de temps en temps, je suggère qu'il est préférable pour le thérapeute d'être vrai plutôt que d'adopter une fausse attitude d'intérêt, de sollicitude et de sympathie que le client est susceptible de ressentir comme fausse» (Rogers, 1966).

Ainsi, la fonction thérapeutique de cet accord interne, qui est plus que de la sincérité, est de garantir la perception correcte de l'expérience du thérapeute et du client, de rendre possible la constance dans la conduite du thérapeute et de fonder la confiance du client.

La deuxième condition à satisfaire par le thérapeute est d'avoir une considération positive inconditionnelle pour le sujet. Cette condition est remplie lorsque le thérapeute estime et apprécie le client «en tant que personne et indépendamment des critères que l'on pourrait appliquer aux divers éléments de son comportement» (Rogers, 1965), lorsque des expériences du client l'affectent «toutes comme également dignes de considération positive», c'est-à-dire de respect et d'acceptation. Cette attitude, qui est fondée dans une sorte de confiance que fait Rogers à la tendance actualisante, a pour effet la création d'une situation et d'un climat non menaçants qui permettent au client de laisser émerger et d'accepter ses expériences.

La compréhension empathique du client, qui est la troisième condition de réalisation du processus thérapeutique, réside en «la perception correcte du cadre de référence d'autrui avec les harmoniques subjectives et les valeurs personnelles qui s'y rattachent» (Ibid.). Cela implique pour Rogers que l'on «éprouve la peine ou le plaisir d'autrui comme il l'éprouve, et qu'on en perçoive la cause comme il la perçoit... sans jamais oublier qu'il s'agit des expériences et des perceptions de l'autre» (ibid.). Comme il ressort du passage déjà cité de Kinget, il ne s'agit pas, dans la compréhension empathique, d'une compréhension ou d'une formulation diagnostique des expériences du client, mais d'une participation à celles-ci. Grâce à cette compréhension empathique, le thérapeute peut aider le sujet à reconnaître et à symboliser son expérience et ses sentiments.

En ce qui concerne la vérification de l'importance de ces conditions, une série de travaux entrepris à ce sujet aboutissent à des résultats intéressants et la confirment. Rogers cite, entre autres, les études de Fiedler (1950), de Halkides (1958) et de Barett-Lennard (1959). Les travaux de Fiedler montrent que, concernant la relation thérapeute-patient, les différences entre thérapeutes expérimentés de trois écoles différentes (adlérienne, rogerienne et psychanalytique) sont moins grandes que celles entre «experts» et «non-experts» d'une même école, et que le point commun entre les thérapeutes expérimentés est la capacité de comprendre l'expérience subjective du client, de communiquer et de maintenir la relation. Les travaux de Halkides et de Barett-Lennard indiquent que des degrés plus élevés de congruence, de considération positive et d'empathie sont associés à des degrés plus élevés de succès thérapeutique.

Lorsque les trois conditions précédentes sont réalisées et maintenues, le processus thérapeutique est activé. Dans ses premières formulations, Rogers le décrit surtout comme un processus d'intégration du Moi au cours duquel la libération de l'expérience personnelle et des sentiments est suivie d'une meilleure symbolisation et compréhension du problème, qui permet alors de mieux décider de ses actions. Les descriptions ultérieures de ce processus sont basées sur une échelle développée par Rogers en 1958 et perfectionnée par la suite (1961b), qui vise à objectiver le processus thérapeutique conçu comme allant, selon un continuum, d'un pôle caractérisé par la fixité et la rigidité à un pôle caractérisé par la fluidité et le changement. Le processus thérapeutique est alors décrit comme une évolution d'un pôle à l'autre qui se réalise dans sept domaines et selon sept degrés. Il peut se résumer de la façon suivante en indiquant les sept domaines et les pôles extrêmes de cette évolution:

1. *Les sentiments et les significations personnelles*

Début: Les sentiments ne sont pas reconnus ni exprimés, les communications concernent le monde extérieur.

Fin: Les sentiments sont vécus librement dans leur richesse et immédiateté.

2. *Le style d'expérience*

Début: Le sujet se tient à distance de l'expérience vécue.

Fin: L'expérience vécue est non seulement acceptée, mais prise comme référent interne du comportement.

3. *La congruence*

Début: Le sujet ne se rend pas compte de la non-concordance de ses sentiments et de ses actes.

Fin: Le sujet peut admettre des moments d'incongruence.

4. *La communication de soi-même*

Début: Le sujet évite de communiquer des choses personnelles.

Fin: Le sujet est capable de reconnaître son expérience personnelle et de la communiquer à autrui.

5. *La manière de structurer l'expérience*

Début: Le sujet structure son expérience de manière rigide, prenant des opinions pour des vérités absolues.

Fin: Les opinions et significations personnelles sont simplement confrontées à la réalité et sont susceptibles de changer.

6. *La relation aux problèmes personnels*

Début: Les problèmes ne sont pas reconnus ou considérés comme se situant dans le monde extérieur.

Fin: Le sujet est capable de reconnaître sa part dans ses problèmes, les considère comme siens et cherche la solution en lui-même.

7. *Les relations interpersonnelles*

Début: Les relations personnelles et étroites sont craintes et évitées.

Fin: Le sujet peut prendre le risque d'être lui-même dans ses relations avec autrui.

Les effets thérapeutiques obtenus ont été investigués par un grand nombre de travaux utilisant différents critères et instruments (tests projectifs, échelles d'estimation, Q-sort, etc.). Rogers estime cependant qu'il n'y a pas de distinction nette entre l'effet et le processus thérapeutique, les caractéristiques de ce dernier n'étant en fait que des aspects différenciés du premier. Pour décrire ces effets que l'on appelle généralement les résultats de la thérapie, les changements relativement permanents mentionnés par Rogers pourraient encore être résumés de la façon suivante et en indiquant entre parenthèses les auteurs des travaux de vérification:

1. Evolution dans l'expérience de soi: le client devenant moins défensif, il s'ouvre de plus en plus à son expérience qui devient plus souple et plus différenciée (Haigh, 1949; Rogers, 1951, 1953; Vargas, 1954);

2. Evolution de l'image de soi au cours de la thérapie: elle devient plus nette et plus positive, le moi-idéal devient plus réaliste et l'accord avec le moi meilleur (Raimy, 1948; Sheerer, 1949, Stock, 1949; Hertley, 1951, Butler et Haigh, 1954);

3. Evolution du centre d'évaluation allant de l'utilisation des jugements d'autrui à l'affirmation de ses propres évaluations (Sheerer, 1949; Raskin, 1949);

4. Evolution dans la perception d'autrui qui devient plus réaliste et plus tolérante (Stock, 1949; Sheerer, 1949; Rudikoff, 1954);

5. Evolution vers la maturité grâce à l'évolution vers un plus grand accord interne, une perception plus réaliste et différenciée qui rendent le sujet plus adaptable et plus créateur et diminuent le niveau de tension physiologique et psychologique. Cette maturité accrue est perçue aussi bien par le sujet que les personnes qui le connaissent (Assum et Levy, 1948; Hoffmann, 1949; Cofer et Chance, 1950; Jonietz, 1950, Zimmerman, 1950, Thedford, 1952, Anderson, 1954; Rogers 1954).

La conception de la thérapie et les travaux que nous venons d'esquisser ayant été élaborés à partir de l'étude de cas légèrement troublés ou névrotiques, Rogers, vers 1960, s'est posé la question de savoir si elle se vérifiait également dans des cas psychotiques, et entreprend et stimule une série de travaux qui seront couronnés par un ouvrage fait en collaboration avec Gendlin, Kiesler et Truax (1967) sur la psychothérapie des schizophrènes. L'intérêt de cette recherche réside dans le fait qu'elle porte à la fois sur les hypothèses thérapeutiques antérieurement formulées et leur validité pour la thérapie des schizophrènes. On y procède à la mesure des trois conditions indispensables chez le thérapeute et à la mesure du processus thérapeutique, la relation thérapeutique étant évaluée par le thérapeute, le patient et des juges indépendants. L'évaluation des effets est faite selon des critères variés tels que l'estimation par le thérapeute, les changements dans le statut d'hospitalisation, et des tests (MMPI, TAT, Q-sort, etc.).

Les résultats de ce travail qui, de l'avis même de Rogers, ne peut pas être considéré comme épreuve cruciale de la théorie, sont extrêmement intéressants et encourageants. Ils montrent, en effet, non seulement qu'il est possible, aussi dans le cas de psychose, de mesurer les dimensions du processus expérientiel du patient et les conditions thérapeutiques, mais encore que des conditions positives sont associées à l'engagement expérientiel du patient, qui à son tour est significativement lié aux changements positifs de la personnalité. Ils montrent aussi que la relation avec le thérapeute est plus importante pour le schizophrène que pour l'individu névrotique et que des thérapeutes compétents et consciencieux qui ne sont pas parvenus à établir des degrés élevés d'attitude thérapeutique dans leur relation peuvent non seulement ne pas améliorer, mais aggraver l'état du patient. Et finalement ces résultats indiquent que la réalisation du climat thérapeutique ne dépend pas des seules caractéristiques du thérapeute ou du patient, mais se trouve être le résultat d'une interaction dynamique complexe entre les capacités, les motifs et les attitudes des deux partenaires de la relation thérapeutique.

CRITIQUE

Les critiques que l'on peut adresser à la conception de Rogers concernent surtout des points qui découlent de sa conception de l'homme et de son option «phénoménologique».

La conception rousseauiste d'un homme bon par nature

qui devient « naturellement » un être bon et harmonieux s'il ne rencontre pas de conditions adverses, semble avoir conduit Rogers vers une idéologie de l'épanouissement et de la plénitude qui a pour conséquence, au niveau de la théorie, une certaine négligence du problème de la finitude et du mal ou, formulé au niveau psychologique, des problèmes posés par le désir (qui ne reconnaît pas de limites), par l'agressivité, et par l'état d'incapacité à s'assumer dans lequel peut se trouver le patient et qui peut nécessiter la « directivité » du thérapeute. Ce sont là pourtant des problèmes d'importance capitale aussi bien dans la psychologie de l'homme dit normal que dans celle de l'homme souffrant de troubles de la personnalité.

En ce qui concerne l'option «phénoménologique», elle semble avoir conduit Rogers à sur-évaluer l'importance de l'expérience vécue consciente et à négliger des phénomènes importants pour la détermination de la conduite. Les phénomènes inconscients, par exemple, sont mentionnés dans le contexte des notions de symbolisation et de défense, mais leur description et leur articulation sur le champ phénoménal et le comportement sont restés rudimentaires. Les facteurs génétiques (héréditaires) et les facteurs de milieu (familial, social et culturel) ne sont pas non plus pris en considération. Et bien que la notion de croissance et d'actualisation soient des notions fondamentales du système, celui-ci n'est pas très riche en ce qui concerne la psychologie de l'enfant ou la psychologie du développement, et relativement bref sur le développement des troubles de la conduite, ce qui, dans la thérapie, entraîne une certaine méconnaissance du passé, de l'histoire, au profit du présent. Dans le domaine des troubles de la personnalité, on regrette encore l'absence d'une classification et d'une référence à des catégories «diagnostiques» et pronostiques cliniquement importantes et utiles.

Malgré ces limitations, l'œuvre de Rogers est d'une grande importance. Avec celle de G.W. Allport, elle insiste, dans le pays de Watson, sur l'importance de l'aspect subjectif et individuel de la conduite et, surtout, elle enrichit ce domaine par des recherches théoriques et empiriques sur le Self. Le second et sans doute le plus grand mérite de Rogers est d'avoir introduit et élaboré la recherche scientifique dans le domaine de la psychothérapie, recherche à laquelle il a contribué par un grand nombre de données de faits et de résultats. Cet apport, on peut le caractériser et le résumer avec Rogers : «Dans cette combinaison de l'observation naturaliste avec le plan de recherche contrôlé, de constructs insaisissables et inobservables avec des méthodes opérationnelles pour les évaluer, de l'intuition clinique avec un empiricisme positif et pratique, nous croyons chercher à tâtons une nouvelle philosophie des sciences du comportement — qui sera libérée des frontières rigides d'un strict behaviourisme, mais qui veut aussi être libre de l'irresponsabilité de la spéculation dogmatique.»

VII. UNE THEORIE PSYCHOMETRIQUE DE LA PERSONNALITE: R.B. CATTELL

Après avoir esquissé deux conceptions «cliniques» de la personnalité qui se caractérisent principalement en ce que leur point de départ est l'étude intensive et qualitative de l'individu, surtout de l'individu souffrant, en vue de sa meilleure compréhension, nous aborderons avec le système de R.B. Cattell une conception «différentielle» ou «psychométrique» de la personnalité qui prend comme point de départ l'étude quantitative d'un grand nombre d'individus dits normaux et vise à l'établissement de lois générales à partir desquelles elle recherche d'ailleurs aussi à expliquer la conduite individuelle. N'était l'ambiguïté, sous ce rapport, de Freud, on pourrait aussi dire qu'à la présentation de deux conceptions humanistes de la personnalité, nous faisons suivre ici une conception «scientiste» puisqu'elle se base sur l'étude quantitative de l'homme conçu comme système d'énergie, analogue aux systèmes hydrauliques (Cattell, 1959), fonctionnant selon les principes de la réduction de tension et du renforcement.

LA CONCEPTION DE L'HOMME
ET DE LA SCIENCE

Pour mieux situer cette conception, commençons par voir comment Cattell (1965) la situe dans l'histoire de l'étude de la personnalité, dans laquelle il distingue trois phases. Lors d'une première phase, philosophique et littéraire, illustrée par la conception dramatique d'un Sophocle ou d'un Shakespeare, des individus ont présenté des vues et des opinions qui contiennent des hypothèses scientifiquement intéressantes, mais non prouvées. La deuxième phase est marquée par les observations cliniques pénétrantes et organisées que Freud, Janet, Jung et d'autres cliniciens font sur des malades et qu'ils essayent de théoriser; l'absence d'observations précises et contrôlées, cependant, laisse cette approche insuffisante, notamment en ce qui concerne les rapports entre les faits et la théorie. Ce manque commence à se combler lorsque la psychologie de la personnalité, devenant quantitative et expérimentale, permet, dans une troisième phase, d'élaborer une approche empirique et analytique de la personnalité, réalisant un meilleur équilibre entre les faits et la théorie. Pour Cattell (1966) cette approche s'effectue selon un modèle inductivo-hypothético-déductif. Elle commence par une phase intuitive d'exploration, génératrice d'hypothèses, qui correspond au moment proprement créatif de la recherche scientifique. L'observation expérimentale est alors suivie d'une démarche inductive en vue d'établir des régularités à partir desquelles on fait des déductions concernant les conséquences de la recherche, déductions qui sont formulées en termes d'hypothèses. Celles-ci conduisent à de nouvelles observations expérimentales qui donnent lieu à de nouvelles inductions, etc. C'est dans une telle combinaison de deux démarches, dans une démarche qui est à la fois inductive et déductive, que Cattell voit la possibilité de réaliser le but d'une psychologie scientifique de la personnalité qui est la construction d'une théorie basée sur la mesure, une théorie qui évite aussi bien la spéculation incontrôlée que la mesure à tout prix de faits insignifiants.

La méthode qui permet de réaliser au mieux ce but est, pour Cattell, la méthode expérimentale, plus particulièrement la méthode multivariée qui en constitue la seconde branche. La première branche, celle qui correspond à la tradition Wundt-Pavlov, la méthode bi-variée qui est la méthode classique des sciences naturelles et consiste à manier une variable indépendante dont on observe les effets sur la variable dépendante, a conduit, remarque Cattell, à des résultats excellents dans le domaine de la perception et de l'apprentissage, mais non dans le domaine de la personnalité. Cattell lui reproche d'isoler les processus qu'elle étudie « de la complexité de l'organisme total », de négliger les différences individuelles, de négliger des problèmes psychologiques importants que la plupart des psychologues considèrent comme fondamentaux, par exemple ceux des processus émotionnels et dynamiques, et d'avoir échoué dans l'étude de la personnalité.

La méthode multivariée, par contre, ne présente pas ces inconvénients. Issue de la tradition Galton-Spearman, elle tient compte des différences individuelles et, au lieu d'isoler quelques variables de leur contexte naturel et de les manipuler, elle peut étudier un grand nombre de variables dans leur situation naturelle, car « Ce qu'elle ne peut pas réaliser par la manipulation directe, elle le dégage par des plans plus subtils et des analyses statistiques plus complexes, et elle n'essaie pas d'isoler les variables par le seul contrôle de la manipulation » (Cattell, 1966).

Et Cattell observe que dans ce souci d'étudier les phénomènes psychiques tels qu'ils se présentent dans la situation naturelle avec toute leur complexité, la méthode multivariée rejoint d'ailleurs la méthode clinique qui a la même visée. La différence, cependant, entre le clinicien et l'expérimentateur usant de la méthode multivariée réside en ce que « le clinicien évalue le patron total à l'œil et essaie de faire des généralisations à partir d'une bonne mémoire, alors que l'expérimentateur multivarié mesure réellement toutes les variables et peut programmer un ordinateur pour abstraire les régularités existantes au lieu de dépendre de pouvoirs humains de mémoire et de généralisation » (ibid.). Et Cattell conclut : « L'approche clinique de la personnalité est ainsi réellement celle d'un expérimentateur multivarié sans bénéfice d'appareils... » (ibid.). Ainsi la méthode multivariée présente les avantages de la méthode expérimentale classique (bi-variée) et de la méthode clinique sans cependant en avoir les inconvénients : elle est objective, précise et rigoureuse, tout en permettant d'aborder ce qui échappe à l'expérimentation classique, à savoir l'étude non fragmentée des phénomènes psychiques complexes dans leur contexte naturel.

La méthode statistique que Cattell associe à cette nouvelle méthode est l'analyse factorielle, au développement de laquelle il a largement contribué. C'est par elle qu'il détecte et analyse les comportements qui co-varient, pour déterminer les unités fonctionnelles qu'il considère comme les éléments naturels de la personnalité et qu'il se propose de classifier.

Cette analyse des co-variations des comportements a conduit Cattell à élaborer un schéma des co-variations (covariation chart) qui représente les possibilités de covariation dans l'étude de la personnalité et les techniques les plus importantes de l'analyse factorielle. De ce premier schéma, qui a été porté par la suite à six dimensions, nous ne retenons ici que les trois techniques les plus courantes.

Ainsi qu'il ressort de ce schéma, en appliquant la technique R, on étudie beaucoup de variables (traits) chez un grand nombre de personnes dans une seule situation ; on étudie la corrélation entre variables existant chez beaucoup de personnes, en vue de dégager des unités fonctionnelles de variables ou des dimensions descriptives pour beaucoup de personnes.

La technique P, par contre, porte sur beaucoup de variables (traits) qui sont étudiés chez une seule personne

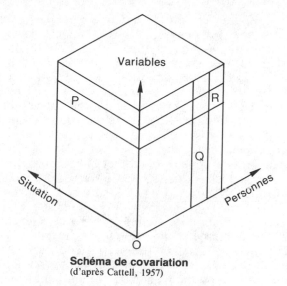

Schéma de covariation
(d'après Cattell, 1957)

dans beaucoup de situations; on y étudie donc la corrélation entre variables existant dans beaucoup de situations chez une seule personne, en vue de dégager des unités fonctionnelles (de variables) du processus intra-individuel.

Dans la technique Q, on étudie beaucoup de variables chez beaucoup de personnes dans une seule situation; on étudie des corrélations entre personnes.

Après avoir ainsi esquissé les conceptions méthodologiques de Cattell, voyons quelle est la théorie de la personnalité qu'elles lui ont permis d'élaborer.

LA THEORIE DE LA PERSONNALITE

La structure de la personnalité

L'unité d'analyse dans l'étude de la personnalité selon le

système de Cattell est le trait. Comme nous l'avons vu en parlant des unités d'analyse de la personnalité, le trait est une caractéristique inférée à partir de l'observation du comportement, qui est relativement stable au cours du temps et des différentes situations d'observation. Cattell (1965 a) le définit comme «tendance de réaction relativement permanente et large» et en entreprend une étude systématique et quantitative. Les questions qui guident cette investigation sont de savoir comment et à partir de quelles données on peut découvrir et mesurer ces traits, en faire l'inventaire et décrire leur relation et interaction.

Une première chose qui s'impose dans cette recherche est la distinction entre «traits de surface» et «traits de source». Nous venons de rappeler que le trait est inféré à partir de l'observation de comportements directement observés, c'est-à-dire de ce que Cattell appelle *indicateurs de traits* ou *traits-éléments*. Le trait de surface alors «désigne simplement une collection de traits-éléments dont la représentation est plus ou moins étendue et qui vont manifestement «ensemble» chez un grand nombre d'individus et dans un grand nombre de circonstances» (Cattell, 1950). Le trait de source, par contre, est ce qui détermine la corrélation des divers traits-éléments, et se trouve par l'analyse factorielle. Cattell (ibid.) donne l'exemple du trait de surface constitué par la corrélation positive entre les mesures obtenues dans les trois domaines: richesse du vocabulaire, arithmétique et tact dans les situations sociales. «Cette corrélation peut avoir son origine dans deux variables indépendantes qui affectent chacune les trois mesures, en l'occurrence l'aptitude mentale générale et la longueur des études.» Ces variables indépendantes, Cattell les appelle des «traits de source». Ces traits de source sont plus importants que les traits de surface parce qu'étant moins nombreux, ils permettent «de substituer aux mesures de centaines et même de milliers de traits-éléments des mesures portant sur quelques facteurs (une douzaine environ)» et, surtout, parce qu'ils «semblent devoir constituer les influences structurales réelles soustendant la personnalité, que nous devons étudier dans les problèmes de la psychologie génétique, de la médecine psychosomatique et de l'interaction dynamique» (ibid.).

D'autres distinctions, ressortissant à la classification des traits par Cattell, concernent les traits communs que tout individu possède à un certain degré, les traits uniques qui sont particuliers à un individu, les traits généraux recouvrant la plupart des traits-éléments, et les traits spécifiques qui ne recouvrent qu'une petite part des traits-éléments. Les traits constitutionnels sont ceux qui découlent de «conditions ou d'influences internes» alors que les traits façonnés par le milieu reflètent l'influence du monde externe physique et social. Une dernière distinction est alors faite selon la modalité d'expression des traits. Elle comprend les traits d'aptitude, les traits de tempérament et les traits dynamiques et rejoint ainsi la division classique des domaines: cognitif, affectif et conatif. Les traits d'aptitude «renvoient à la façon dont l'individu se fraie plus ou moins bien un chemin vers le but» et «se reconnaissent comme des traits où la performance varie en réponse à des changements de complexité». Les traits de tempérament sont des traits «ne dépendant pas de la motivation ou de la complexité de la situation... tels que le tonus, la vitesse, l'énergie et la réactivité affective...». Les traits dynamiques sont ceux qui incitent l'individu à l'action et le dirigent vers un but, qui sont donc du domaine de la motivation.

Ces distinctions faites, voyons comment Cattell dégage empiriquement ses traits de source, à partir de quelles données et par quelles démarches. Pour Cattell, trois sortes de données peuvent servir de point de départ à la recherche des traits de source: les données biographiques (life record data, L-data), les données fournies par des questionnaires (Q-data) et les données suscitées par des tests objectifs (T-data). Les données biographiques concernent le comportement dans la vie de tous les jours.

Elles peuvent consister dans des informations sur le nombre de frères, les échecs scolaires, le salaire moyen, etc., et dans les résultats d'estimations faites par des observateurs à propos du comportement d'un individu, par exemple la fréquence ou l'intensité d'une attitude ou d'un intérêt. Ces dernières données comportent, du point de vue de l'objectivité, tous les problèmes de la connaissance et de l'estimation d'autrui. Les données fournies par les questionnaires proviennent des réponses qu'y donnent des individus et font appel à l'introspection. Elles comportent donc des problèmes en rapport avec la connaissance de soi-même, qui n'est pas nécessairement objective, le style de réponse et la possibilité de falsification des réponses, et nécessitent de ce fait une interprétation faite en connaissance de cause, même si on les considère non pas comme reflet de la vie intérieure de l'individu, mais comme simple réponse comportementale à une question stimulus. Les données T enfin, ne résultent ni d'estimations faites par autrui, ni d'autoestimations, mais de mesures du comportement faites dans des situations standardisées. Ce sont les données que Cattell juge les plus désirables. Il dit à ce propos :

« Au lieu de rapiécer les questionnaires avec des procédés correctifs variés, un nombre de psychologues se sont risqués, dans les trente dernières années, sur le chemin plus audacieux et imaginatif de la réalisation de ce que l'on peut appeler des tests pleinement objectifs. Dans ceux-ci, le sujet est placé dans une situation miniature et agit simplement pendant que ses réponses sont observées et mesurées. Sa collaboration est requise dans la mesure où il accepte d'être testé, mais l'objectivité dans ce type de test peut être définie par le critère que le sujet ne sait pas quel aspect de son comportement est réellement évalué » (1965 a).

A partir de ces types de données, il est alors possible de découvrir les traits de source en constituant une liste aussi exhaustive que possible d'indicateurs de traits servant à la détermination des traits de surface dont on extrait ensuite, par analyse factorielle, les traits de source.

Pour constituer la liste des indicateurs de traits, Cattell (1950) suppose « que chaque aspect de la conduite humaine caractérisant l'individu et la société, est déjà représenté par un symbole dans le dictionnaire». A l'inventaire des mots anglais caractérisant les individus qui a été fait par Allport et Odbert et qui comprend 4.500 termes, Cattell ajoute alors des mots de la littérature psychiatrique et psychologique. Il réduit la liste d'abord à moins de 200 mots en groupant les synonymes, puis à 60 par le calcul des corrélations. Cette dernière liste représente «la sphère de la personnalité» et «définit le domaine total de la conduite personnelle» (ibid.). Cattell a ensuite fait estimer des individus adultes par rapport à chacune des caractéristiques de cette liste. L'analyse de ces estimations a abouti à 42 variables bipolaires par rapport auxquelles un nouvel échantillon d'adultes a été estimé. L'analyse factorielle de ces estimations a ensuite dégagé 12 facteurs ou traits de source comme *cyclothymie* opposée à *schizothymie*, *dominance* opposée à *soumission*, *intelligence générale* opposée à *déficience mentale*, etc.

Comme ces 12 facteurs ont été dégagés à partir de données biographiques, Cattell se posait la question de savoir si l'analyse de données Q (questionnaire) aboutit à des résultats semblables, ce qui devrait logiquement être le cas si sa méthode permet réellement de découvrir la structure fondamentale de la personnalité. Pour répondre à cette question, Cattell construit le Sixteen Personality Factor Inventory, un questionnaire dont les items sont élaborés à partir des facteurs dégagés par l'analyse des données biographiques et qui est ensuite appliqué à un grand nombre d'individus adultes normaux. L'analyse factorielle des réponses ainsi obtenues a dégagé 16 traits de source dont 12 très semblables à ceux trouvés par l'analyse des données biographiques et 4 qui sont nouveaux.

A titre d'illustration des facteurs qui, pour Cattell, constituent la structure de la personnalité, nous donnons ici la liste de ces facteurs en ajoutant les traits qui en sont fort saturés. Afin d'éviter des difficultés et des confusions terminologiques, nous suivons largement la traduction et les indications données par Nuttin (1975).

1. Facteur A. — *Cyclothymie* ◄─► *Schizothymie*.

Bon caractère, avenant ◄─► Dédaigneux, cupide, criticail-
leur.
Serviable ◄─► Opposant
S'intéressant aux autres ◄─► Froid, indifférent
Doux, aimable ◄─► Dur
Confiant ◄─► Soupçonneux
Adaptable ◄─► Rigide
Chaleureux ◄─► Froid

2. Facteur B. — *Intelligence générale* ◄─► *Déficience mentale*.

Consciencieux ◄─► Manquant quelque peu de
scrupules
Persévérant ◄─► Manquant de persévérance
Intellectuel, cultivé ◄─► Rustre

3. Facteur C. — *Stabilité émotionnelle* ou *force du moi* (Ego
strength) ◄─► *Tendance aux manifestations névrotiques en général.*

Maturité émotionnelle ◄─► Manque de tolérance à la
frustration
Stable émotionnnellement ◄─► Versatile
Calme, flegmatique ◄─► Faisant preuve d'émotivité
généralisée
Réaliste dans la vie ◄─► Rêveur
Absence de fatigue nerveuse ◄─► Fatigue nerveuse
Paisible ◄─► Tourmenté

Remarque : Le facteur D (Excitabilité) n'est pas repris dans la version
actuelle du Questionnaire.

4. Facteur E. — *Dominance ou ascendance* ◄─► *Soumission*

Affirmatif, sûr de soi ◄─► Soumis
Indépendant d'esprit ◄─► Dépendant
Dur, austère ◄─► Aimable, doux
D'une gravité affectée ◄─► Naturel

Non conformiste ←→ Conformiste
Ferme ←→ Facilement troublé
Captant l'attention ←→ Se suffisant à soi-même

5. Facteur F. — *Expansivité* (Surgency) ←→ *Non-expansivité* (Desurgency)

Bavard ←→ Silencieux, introspectif
Animé ←→ Déprimé
Calme ←→ Anxieux
Franc, expressif ←→ Non communicatif, satisfait de soi-même
Vif et alerte ←→ Langoureux, lent

6. Facteur G. — *Caractère affirmé* (Superego strength) ←→ *Caractère non mûr et dépendant* (Lack of internal standard).

Persévérant, déterminé ←→ Inconstant, changeant
Sentiment de la responsabilité ←→ Frivole
Mûr émotionnellement ←→ Exigeant, impatient
Stable dans ses façons d'être ←→ Relâché, indolent
Consciencieux ←→ Peu sûr
Attentif aux autres ←→ Opposant

7. Facteur H. — *Cyclothymie audacieuse* (Adventurous autonomic Resilience) ←→ *Schizothymie essentielle de repli sur soi-même* (Inherent withdrawn Schizothymia).
(Actuellement : Parmia ←→ Threctia).

Sociabilité grégaire ←→ Timidité, tendance au repli sur soi-même
Audacieux, hardi ←→ Prudent, réservé
Intérêts marqués ←→ Médiocre intérêt
pour le sexe opposé   pour le sexe opposé
Frivole ←→ Consciencieux
Puissants intérêts artistiques ←→ Absence de tels intérêts
ou sentimentaux
Résonance émotionnelle riche ←→ Froideur, distance

8. Facteur I. — *Sensibilité émotionnelle* ◄─► *Rudesse de maturité* (Tough Maturity).

Exigeant, impatient ◄─► Emotionnellement mûr
Dépendant, non mûr ◄─► Indépendance d'esprit
Introspectif-imaginatif ◄─► Bien assis et satisfait de soi-même
Aimable, doux ◄─► Rude, cynique
Affectant des goûts esthétiques ◄─► Manquant de sens artistique
Frivole ◄─► Sentiment de la responsabilité
Captant l'attention ◄─► Suffisant

Remarque: Les facteurs J et K ne figurent pas dans le questionnaire.

9. Facteur L. — *Schizothymie paranoïde* ◄─► *Accessibilité confiante* (Trustful altruism)

Enclin à la jalousie ◄─► Absence de tendances à la jalousie
Calme, timide, honteux ◄─► Posé
Soupçonneux ◄─► Confiant
Grincheux ◄─► Plein d'entrain
Rigide ◄─► Adaptable
Dur et indifférent ◄─► S'intéressant aux autres

10. Facteur M. - *Bohémianisme* (Hysteric unconcern or Bohemianism) ◄─► *Intérêts pratiques* (Practical concernedness).

Non-conventionnel, excentrique ◄─► Conventionnel
Imagination sensitive ◄─► Pratique, logique
Peu sûr ◄─► Consciencieux
Aspect extérieur calme ◄─► Facilement intéressé et expressif
Emotion hystérique occasionnelle ◄─► Sang-froid en cas d'urgence ou de danger

11. Facteur N. — *Sophistication* ◄─► *Simplicité fruste.*

Policé ◄─► Lourdaud, maladroit

Froid, indifférent ◄─► S'intéressant aux autres
Difficile ◄─► Facilement satisfait

12. Facteur O. — *Méfiance inquiète*
(anxious insecurity) ◄─► *Confiance calme* (Placid self confidence)

Tourmenté, anxieux ◄─► Placide, insensible
Soupçonneux, qui rumine ◄─► Confiant, exempt de méfiance

13. Facteur Q. — *Radicalisme* ◄─► *Conservatisme*

Les individus plus « radicaux » se montrent plus *introspectifs* et manifestent un intérêt plus grand pour les problèmes fondamentaux et les questions intellectuelles en général.

14. Facteur Q_2. — *Suffisance indépendante* (Independent self-sufficiency) ◄─► *Manque de résolution.*

Il s'agit d'individus résolus ayant l'habitude de se diriger seuls (sans être dominateurs envers autrui) par opposition à ceux qui préfèrent travailler et décider en compagnie d'autres.

15. Facteur Q_3. — *Contrôle de la volonté et stabilité de caractère* (actuellement : *Self sentiment control*).

Le pôle positif de ce facteur qui a quelque rapport avec les facteurs C et G caractérise des sujets qui font preuve de maîtrise de soi et présentent une tendance à être circonspects, vigilants, consciencieux et obstinés.

16. Facteur Q_4. — *Tension nerveuse* (Ergic tension).

Il s'agit ici de personnalités tendues, irritables, impatientes, excitées et remuantes qui ne peuvent rester inactives même lorsqu'elles sont surmenées.

Pour Cattell, ces 16 traits sont pratiquement suffisants pour décrire la personnalité. Décrire une personnalité individuelle revient alors à situer sa position par rapport à ces 16 dimensions.

Cette étape réalisée, il se posait encore la question de savoir si l'analyse des données T, plus contrôlables et plus objectives, confirmerait l'existence des traits de source jusqu'alors découverts. Pour le vérifier, Cattell s'est inspiré de tests objectifs consistant dans les situations miniatures et comportant, entre autres, des épreuves de labyrinthe, de vitesse de barrage de lettres, de rigidité perceptivo-motrice, d'association de mots, etc. Ces tests ont ensuite été appliqués à un grand nombre d'individus et les résultats soumis à une analyse factorielle qui a permis d'isoler 21 traits de source.

La comparaison de ces traits avec ceux qui résultent des données L et Q a posé des problèmes complexes. Les travaux de Cattell et de ses collaborateurs tendent à montrer que lorsque, après réduction, on réduit les facteurs provenant de données Q à un nombre plus restreint, à des facteurs de second ordre, on parvient pour certains d'entreeux à établir une bonne correspondance avec les facteurs provenant de données T. C'est, en quelque sorte, comme si les questionnaires ressemblaient à un microscope à fort grossissement, tandis que les tests objectifs agrandiraient moins, et que l'image plus fine fournie par les questionnaires devait subir un processus d'abstraction plus fort pour devenir comparable aux images moins fines fournies par les tests objectifs. Cattell estime finalement que les tests objectifs mesurent aussi des comportements que les questionnaires et les données n'atteignent pas et qu'il y a une bonne correspondance entre les facteurs dégagés de ces trois types de données lorsqu'elles concernent les mêmes comportements.

Les traits de source ainsi dégagés de ces trois types de données ne concernent que les traits de tempérament, c'est-à-dire ceux qui correspondent le plus à ce que l'on appelle généralement les traits de personnalité et qui constituent ce que l'on pourrait appeler la structure statique de la personnalité. En plus de celle-ci, Cattell a cependant aussi examiné la structure dynamique ou la structure

des motivations, que nous examinerons en envisageant
l'aspect dynamique de la personnalité.

La dynamique de la personnalité

L'étude de la motivation de la conduite est abordée dans
le système de Cattell au niveau des traits qu'il appelle dynamiques, plus particulièrement à partir de la notion d'attitude et des concepts de « réseau dynamique » et « d'équation de spécification » qui permettent de représenter la relation entre les facteurs dynamiques, et de tenir compte de
l'importance relative que peuvent avoir les traits selon la
situation que rencontre l'individu qui en est porteur. Autrement dit, en étudiant la motivation, Cattell se pose surtout les questions : quels sont les éléments qui composent
un mobile ou motif, combien y a-t-il de types de motifs
différents, quelle est leur relation et quelle est l'importance
de tels traits pour le comportement dans telle situation ?

L'attitude, notion qui constitue le point de départ de
l'étude de la motivation est pour Cattell (1957) « un trait
dynamique, issu le plus souvent d'un sentiment très profond ou d'une tendance innée, qu'elle cherche à satisfaire.
C'est une disposition à exécuter une certaine série d'actions visant un objet déterminé, et qui affecte de façon caractéristique la forme suivante : Je désire tant faire ceci
avec cela ». Pour l'analyser davantage et en connaître les
éventuelles composantes, Cattell s'est proposé d'examiner
un petit nombre d'attitudes au sujet desquelles on avait appliqué une grande variété de tests, supposant que des résultats semblables à tous ces tests indiqueraient une seule
composante, des résultats différents, mais allant par groupes, suggéreraient des composantes multiples qui pourraient alors être précisées par analyse factorielle. C'est
cette dernière éventualité qui s'est réalisée au cours de
deux investigations portant l'une (Cattell et Baggaley,
1956) sur les attitudes envers le pilotage, l'alcool, le tabac
et le cinéma, et manifestées par des cadets et des étudiants
de la force aérienne, l'autre (Cattell, Radliffe et Sweeney,

1963) sur les attitudes manifestées par des enfants à l'égard du cinéma et de la religion. L'analyse factorielle des résultats des deux études aboutissent à isoler 5 facteurs ou composantes que Cattell décrit comme suit :

1. Le facteur alpha ou composante «id». Cette composante comprend des manifestations qui expriment un «je souhaite» ou «je veux» primitifs, des manifestations d'autisme consistant à croire ce qui vous arrange, des rationalisations justifiant ce que l'on aime croire, etc. «C'est une composante d'intérêt et de désir qui ne souffre pas d'objections de la part du monde extérieur» (1965a).

2. Le facteur bêta exprime des intérêts qui ont muri et qui ont été mis en contact avec la réalité. Ce facteur se trouve chez des personnes qui ont une bonne information, une bonne capacité d'apprentissage et de réalisation de leurs intérêts, ce qui montre que cette attitude fait partie d'un Moi intégré.

3. Le facteur gamma est en rapport avec le Sur moi. Il est associé à des manifestations autistiques, à l'absence de défenses et à un manque d'information.

4. Le facteur delta se manifeste dans des réactions physiologiques et se trouve en rapport avec la réactivité physiologique et la rapidité de décision.

5. Le facteur epsilon concerne les complexes refoulés suite à des conflits, et se manifeste dans une combinaison de réponses physiologiques amples avec une mémoire pauvre.

Ces cinq composantes ont pu être réduites ensuite à deux facteurs de second ordre que Cattell a appelés composantes intégrées et non-intégrées, et qui correspondent, respectivement aux composantes du Moi et du Sur-Moi et aux composantes liées au Ça, à la réactivité physiologique et aux complexes.

Ces deux travaux ont conduit à la conclusion que tout motif comporte plusieurs composantes dont les proportions varient d'un motif à l'autre, dont trois peuvent être interprétées selon les concepts psychanalytiques du Ça, du Moi et du Sur-Moi, et qui renvoient à des phénomènes conscients et inconscients.

La structure du motif étant ainsi décrite, il s'agit d'en déterminer les différentes sortes. A cet effet, Cattell constitue un univers total des attitudes, les mesure chez un grand nombre d'individus dont les résultats sont alors soumis à une analyse factorielle qui aboutit à une série de facteurs que Cattell divise en deux grands groupes : les *ergs* et les *sentiments*.

S'inspirant de Mc Dougall, Cattell, (1956) définit l'erg comme « une disposition psychophysique innée qui permet à son possesseur d'acquérir la réactivité (attention, reconnaissance) à certaines classes d'objets plus rapidement qu'à d'autres, d'éprouver une émotion spécifique à leur propos et commencer une série d'actions qui cesse plus complètement quand elle aboutit à un certain but plutôt qu'à un autre ». Il s'agit donc de traits qui ont leur source principalement dans des phénomènes biologiques innés, mais dont l'expression peut être influencée par la culture. La liste à laquelle Cattell aboutit, suite à ses premiers travaux, contient les ergs suivants : sexualité, anxiété-peur, tendance narcissique, tendance grégaire, affirmation de soi, tendance à construire, à explorer (curiosité), à rechercher repos et protection.

On remarquera que cette liste comprend des structures dynamiques que l'on trouve chez Freud, Mc Dougall et Murray, mais qu'elle ne contient pas d'erg qui soit comparable à un instinct agressif (Lorenz) ou un instinct de mort (Freud). Cattell et Child (1975), en discutant ce problème, observent que cette absence est due au procédé d'investigation utilisé au début des années cinquante et que son élargissement et les travaux de Baggaley semblent aboutir à un facteur distinct « combativité-sadisme », qui paraît se confirmer dans les travaux de Horn (1966).

Le second groupe de motifs, ceux qui sont acquis et prennent donc leur origine principalement dans le milieu, dans les institutions sociales, est constitué par les sentiments. Cattell (1950) les définit comme « structures de traits dynamiques acquises qui éveillent, chez ceux qui les éprouvent, de l'intérêt pour certains objets ou classes d'objets, et les font sentir et réagir d'une certaine manière vis-à-vis de ces objets ». Parmi ces sentiments dont l'analyse factorielle a décrit une trentaine comme, par exemple, les sentiments professionnels, parentaux, conjugaux, religieux, esthétiques, philosophiques, patriotiques etc., le sentiment de soi (self-sentiment) occupe une place particulièrement importante parcequ'il aboutit à «contrôler les impulsions des ergs et à intégrer les sentiments moindres dans un système de travail consistant» (Cattell, 1965a).

Cette question du contrôle et de l'intégration des ergs et des sentiments nous conduit à examiner un problème capital pour les théories de la personnalité qui sont basées sur la notion de trait qu'elles négligent souvent: le problème de la relation et interaction des traits. Cattell aborde ce problème au niveau des traits dynamiques et propose, pour clarifier la relation entre ergs, sentiments et attitudes, la notion de réseau dynamique (dynamic lattice). Cette notion doit rendre compte de la complexité des motifs, montrer comment un trait peut être subordonné à plusieurs autres qui, à leur tour, peuvent être subordonnés à d'autres encore.

Le réseau dynamique montre donc comment les motivations s'enchaînent, comment l'une peut être subordonnée à l'autre, mais il montre aussi que «les attitudes ne se subordonnent pas simplement dans une longue chaîne, mais qu'elles convergent vers des noeuds et se redistribuent à partir de là» (ibid.).

On remarquera que cette notion du réseau dynamique et la conception du motif constitué par plusieurs composantes entraîne évidemment la possibilité d'un conflit. Il se peut, en effet, que la satisfaction d'un erg s'accompagne de la non-satisfaction d'un autre, qu'il y ait conflit à l'intérieur d'un même motif ou entre motifs différents.

Concernant l'interaction des traits et leur importance pour le comportement dans une situation déterminée, Cattell a le mérite d'avoir abordé ce problème au niveau d'un «modèle mathématique» qu'il appelle équation de spécification ou équation du comportement. Il la définit comme «équation linéaire dans laquelle chaque trait entrant dans le comportement à prédire est affecté d'une valeur pour une personne donnée et se trouve multiplié par un index de situation ou index de comportement qui est commun à toute personne se trouvant dans cette situation et qui montre pour combien ce trait intervient dans le comportement » (ibid.). Parmi les nombreuses formulations qu'il en a donné, on peut retenir la suivante (1957):

$$R_{ji} = s_{j1}T_{1i} + s_{j2}T_{2i} + \ldots s_{jn}T_{ni} + s_jT_{ji} + s_{jei}$$

dans laquelle R_{ji} correspond à l'action ou la réponse d'une personne i dans une situation j qui peut être prédite à partir de la combinaison des positions qu'occupe cette personne sur les dimensions de trait T_1, T_2 etc., et de l'importance que revêtent ces traits dans la situation sj, sjei correspondant à des erreurs de mesure.

Cette équation appelle deux remarques importantes. D'abord, il en ressort que Cattell ne prédit pas le comportement à partir des seuls traits de personnalité ou des seuls facteurs de milieu, mais à partir des deux. Il faut dire ensuite qu'il y a lieu d'ajouter à cette équation les composantes « state » et « rôle », c'est-à-dire les états temporaires comme l'anxiété et la fatigue, etc. présents au moment de la rencontre avec la situation, et les rôles que le sujet est appelé à jouer dans celle-ci. On sait, en effet, que la fatigue et l'anxiété peuvent diminuer les performances lors d'un examen, et le psychanalyste qui se tait dans son fauteuil peut être très communicatif lorsqu'il n'assume pas son rôle d'analyste.

Le développement de cette équation de spécification a conduit Cattell à sa conception d'une « psychanalyse quantitative » dans le cadre de laquelle l'application de la technique P (analyse des corrélations présentées par un seul individu) permet une analyse des motivations et conflits individuels. Il devient ainsi possible de déterminer la force relative et la structure des motivations d'un individu, d'en découvrir et d'analyser les aires de conflit conscient aussi bien qu'inconscient, et d'évaluer son degré d'ajustement, d'adaptation et d'intégration.

C'est ainsi que, grâce aux notions de réseau dynamique

et d'équation de spécification jointes au développement de la technique P, une théorie du trait quantitative a pu tenir compte non seulement de la variabilité et de la complexité de la motivation, mais représenter aussi la personnalité individuelle unique et sa situation, en vue de l'analyse et de la prédiction de son comportement.

Le développement de la personnalité

L'étude du développement de la personnalité occupe dans l'œuvre de Cattell une place importante et il y a fait des contributions de poids. Bien que fortement marquée par la psychanalyse et les théories de l'apprentissage, sa psychologie du développement est une synthèse qui présente des caractéristiques propres qui résident principalement dans sa façon de concevoir l'apprentissage, l'action de l'hérédité et du milieu, et les grandes étapes de la vie humaine.

Au niveau de l'apprentissage, qui est un facteur important pour la formation et la modification des traits, Cattell distingue trois formes. La première, le conditionnement classique, est celle par laquelle une personne associe un stimulus nouveau à une réponse qu'elle possède déjà, comme c'est le cas dans l'exemple classique de Watson apprenant à un enfant à avoir peur d'un animal qu'il ne craignait pas, en le lui montrant juste avant la production d'un son violent. Cattell pense que le rôle de ce conditionnement classique est probablement le plus important dans nos apprentissages inconscients. La seconde forme d'apprentissage est l'apprentissage par récompense, illustré par le rat qui, courant dans un labyrinthe, retient les parcours au bout desquels il trouve de la nourriture et oublie les autres. Au niveau humain, ce type d'apprentissage intervient non seulement en rapport avec la satisfaction des besoins élémentaires de faim, de soif, etc., mais il joue aussi dans l'acquisition de traits tels que le courage ou le besoin d'accomplissement, qui sont acquis par la récompense des conduites correspondantes et deviennent des besoins à leur tour.

Tout en admettant l'importance de ces deux formes d'apprentissage, Cattell estime que la troisième, l'apprentissage intégratif, est la plus importante. C'est un apprentissage qui porte sur la «hiérarchie ou la combinaison de réponses qui donneront la plus grande satisfaction à la personnalité en tant qu'ensemble, non seulement à un drive singulier» et dont il dit que «beaucoup de ce qui distingue le comportement humain du comportement animal est de l'ordre de cette restriction et subordination d'un drive aux satisfactions de beaucoup de drives - le contrôle de l'impulsion dans l'intérêt d'une plus grande satisfaction à long terme de la personne entière» (Cattell, 1965a). C'est un apprentissage qui se situe principalement au niveau du sentiment de soi (self-sentiment) puisque c'est ce sentiment de soi qui contrôle et intègre la satisfaction des ergs et sentiments. Pervin (1970) remarque qu'il s'agit là d'une distinction semblable à celle que faisait Freud entre principe de plaisir et principe de réalité, le principe de plaisir impliquant la recherche de satisfaction immédiate des pulsions, le principe de réalité impliquant celle d'une satisfaction d'ensemble qui soit en accord avec les exigences de la réalité.

Outre ces trois types d'apprentissage qui rendent compte des mécanismes par lesquels les traits sont acquis, Cattell décrit alors des séquences que l'on peut envisager dans l'apprentissage de la personnalité, des séquences qu'il conçoit comme des carrefours dynamiques qui jalonnent le développement de la personnalité normale aussi bien qu'anormale.

Au premier carrefour dynamique, les issues que peut avoir la stimulation d'un besoin sont les suivantes : a) le besoin est satisfait et plus rien ne se passe jusqu'au moment d'une stimulation nouvelle. Il n'y a pas ici nécessité d'apprentissage; b) la personne ne trouve pas de satisfaction et reste dans un état de privation; c) un obstacle empêche la satisfaction. Trois choses peuvent alors se passer au carrefour dynamique suivant : a) la personne entre en colère et brise l'obstacle; b) elle attaque vainement l'obstacle; c) elle reste privée de satisfaction et phantasme. Au carrefour suivant, la personne en colère incapable de briser l'obstacle peut a) désespérer, b) persister dans des efforts vains pour obtenir satisfaction et c) renoncer à la satisfaction. La personne se trouve donc ici devant le problème de faire face à un besoin non satisfait. C'est des alternatives choisies à ce quatrième carrefour que dépendront sa santé mentale et le développement de son caractère. La première consiste à sublimer le besoin, c'est-à-dire à trouver une satisfaction substitutive, par exemple à satisfaire le désir érotique dans des activités artistiques ou religieuses. Une deuxième possibilité est de renoncer consciemment et volontairement à la satisfaction, alors que la troisième laisse la personne dans un état de conflit et d'anxiété. Au niveau du cinquième carrefour dynamique, cet état d'anxiété et de conflit peut alors conduire à des fantaisies inconscientes, des réactions de défense et au refoulement non réussi. Au sixième carrefour, ce refoulement non réussi aboutit finalement aux différentes formes de symptôme, par exemple des symptômes de conversion, dépressifs, psychosomatiques, anxieux, de la régression.

Cattell étudie ensuite les différentes étapes de la vie humaine en mettant l'accent sur l'étude des traits et de leur structure. Il se pose la question de savoir si les traits de source sont reconnaissables et mesurables aux différents âges, fait des études longitudinales sur le développement des différents traits et essaie de déterminer les traits qui caractérisent le développement de l'enfant, de l'adolescent et de l'adulte.

Le développement des traits et leur changement ne s'explique cependant pas par le seul apprentissage et l'influence du milieu, mais se trouve déterminé également par la maturation et l'hérédité, à laquelle Cattell attribue une importance non négligeable. Pour vérifier cette hypothèse,

Cattell (1965b) a développé une méthode, la Multiple Abstract Variance Analysis (MAVA) qui permet de montrer non seulement si un trait est héréditaire, mais encore de déterminer la mesure dans laquelle l'hérédité et le milieu influencent le développement des traits différents. A cet effet, Cattell commence par appliquer une série de tests de personnalité aux membres d'un grand nombre de familles. Les résultats des tests sont alors analysés en fonction de deux groupes d'influences: les différences héréditaires intra- et extra- familiales et les différences de milieu intra- et extra- familiales. A partir de cette analyse, une série d'équations permettent pour finir de déterminer la part que prennent, dans le développement d'un trait, les facteurs génétiques et les facteurs de milieu. Les résultats obtenus par cette méthode montrent que l'importance de l'hérédité et du milieu varient d'un trait à l'autre. Pour l'intelligence, par exemple, l'influence de l'hérédité est estimée à environ 80%, ce qui est le cas également pour le trait Parmia-Threctia, pour lequel on a d'ailleurs pu trouver des corrélats physiologiques comme la réactivité du coeur à des effets de surprise. Une détermination génétique moindre, quoique appréciable, de 30 à 40 %, a été trouvée pour le trait de *stabilité émotionnelle - tendance aux manifestations névrotiques*. D'autres traits comme, par exemple, la *sensibilité émotionnelle* et l'*expansivité-non expansivité* semblent être déterminés principalement par le milieu, qu'on a également estimé responsable pour les 2/3 dans la détermination de la personnalité dans son ensemble.

Cattell, dans son étude de l'hérédité et du milieu, insiste particulièrement sur leur interaction. En se referant aux travaux des éthologistes sur l'imprégnation, il remarque que le milieu agit plus puissamment lors des stades précoces du développement et estime, comme Freud, que les six premières années de la vie sont particulièrement importantes pour la formation de la personnalité. Il observe aussi que le patrimoine génétique met des limites aux possibilités d'apprentissage (limites que la célèbre affirmation de Wat-

son ne mentionne pas) et que le milieu de son côté
« contrôle » le développement des potentialités héréditaires
par une « loi de la contrainte à la moyenne bio-sociale ».
Cette loi lui a été suggérée par la découverte, au cours des
analyses faites avec la méthode MAVA, de corrélations
négatives entre les différences qui sont dues à l'hérédité et
celles qui sont attribuables au milieu. Cela signifie, illustré
à propos du trait dominance-soumission, que les individus
naturellement plus dominants ont subi, de la part de la société, une influence les poussant à être moins dominants,
alors que les individus naturellement plus soumis ont été
encouragés à être plus dominants. Après avoir rappelé que
le milieu détermine souvent le domaine dans lequel un trait
se manifeste alors que l'hérédité en détermine le degré,
Cattell attire encore l'attention sur le fait que, pour le clinicien, il est moins important de savoir que les troubles mentaux et les névroses ont une composante héréditaire que de
connaître les traits particuliers de l'individu qui peuvent
être considérés comme un « donné » constitutionnel.

Les troubles de la personnalité

L'examen de la façon dont Cattell conçoit les processus
psychiques nous a permis d'y rencontrer la notion de
conflit, et l'esquisse de sa conception du développement de
la personnalité vient de nous montrer une série de séquences au cours desquelles un individu cherchant à satisfaire
un drive n'y parvient pas, essaie de briser l'obstacle sans y
réussir, doit y renoncer et se retrouve dans un état
d'anxiété et de conflit qui entraîne la formation des symptômes. Nous avons mentionné également que Cattell a élaboré une équation visant à déterminer la force relative et la
structure des motivations d'un individu et d'évaluer ainsi
son degré d'ajustement, d'adaptation et d'intégration.
C'est dire que la conception de Cattell en matière de genèse des troubles de la personnalité est basée, comme celle
de Freud, sur un « modèle » conflictuel.

Mais il y a plus. Cattell (1965a) pense, en effet, en matière de troubles de la personnalité, que:

«Il y a plus dans le diagnostic clinique, c'est-à-dire la compréhension des déviants névrotiques, criminels et psychotiques, que l'ancienne image d'un enchevêtrement et d'un conflit dans la dynamique de l'individu. Il doit maintenant être évident que des névrosés, par exemple, diffèrent de sujets normaux, en moyenne aussi par rapport à une variété de traits de tempérament et de facteurs généraux de la personnalité dont certains pourraient être des causes et certains des conséquences du conflit de l'anxiété et de la frustration dynamique». Et il précise: «Lorsque le psychométricien dit que les névrosés diffèrent significativement des normaux en ce qui concerne un certain nombre de facteurs généraux de la personnalité, il attire l'attention sur des ressources définies de la personnalité qui sont ignorées par le psychanalyste, mais il reconnaît aussi que certains de ces facteurs généraux de la personnalité, par exemple, la force du moi ou le sentiment de soi, peuvent être changés dans la bonne direction par l'analyste qui démêle un conflit» (ibid.).

Il ne s'agit donc point d'une conception statique et «fixiste» des troubles de la personnalité comme on a souvent tendance à le croire à propos des conceptions basées sur la notion de trait en général, et celle de Cattell en particulier.

C'est dire qu'en dehors de ses essais d'une analyse quantitative du conflit, Cattell s'est surtout intéressé à l'étude des traits et structures qui distinguent les individus normaux des déviants et les déviants les uns des autres. Dans cette recherche, différentielle plutôt que clinique, Cattell applique un grand nombre de questionnaires et de tests objectifs, plutôt que projectifs, à un grand nombre d'individus normaux et déviants, et compare ensuite les résultats en prenant comme référence les traits factoriels reconnus comme traits de base de la personnalité normale. Des recherches ont ainsi été entreprises sur les différences entre les sujets normaux et les sujets névrosés, psychotiques et délinquants. D'autres recherches portent sur les caractéristiques de différentes variétés de psychotiques, par exemple les psychoses d'affect, les schizophrénies et les états paranoïdes, ou encore sur les profils et le pronostic des délinquants. Les données fournies par ces recherches ont permis de calculer de nombreuses différences significatives et d'établir des profils moyens et individuels qui demandent évidemment une interprétation faite en connaissance de cause, c'est-à-dire de la psychopathologie et des instruments utilisés.

Utilisées dans ces conditions, les batteries factorielles ont pu trouver une application dans la vérification des catégories psychopathologiques traditionnelles et la découverte de classifications nouvelles, dans l'élucidation de la structure et de la dynamique individuelles et dans l'évaluation des effets et progrès thérapeutiques.

Pour illustrer cette approche, résumons les principaux résultats des recherches faites par Cattell et ses collaborateurs sur l'anxiété et la névrose. Un premier point intéressant est la constatation que l'anxiété n'est qu'un facteur parmi d'autres qui distinguent les sujets normaux des névrosés, qu'elle peut être présente à des degrés élevés chez des sujets normaux et assez faibles chez des sujets par ailleurs nettement névrotiques.

Parmi ces autres facteurs que l'on rencontre dans les différents troubles névrotiques, on peut mentionner:

Facteurs trouvés par les questionnaires:
1 C (stabilité émotionnelle ou force du moi) bas,
2 I (sensibilité émotionnelle) élevé,
3 L (méfiance) élevé,
4 O (tendance à la culpabilité) élevé,
5 Q4 (tension nerveuse) élevé,
6 F 11 (anxiété) élevé.

Facteurs trouvés par les tests objectifs:
1 UI 16 (moi développé) bas,
2 UI 21 (exubérance) bas,
3 UI 22 (adaptivité) bas,
4 UI 23 (régression névrotique) élevé,
5 UI 24 (anxiété) élévé,
6 UI 29 (volonté de réponse) bas,
7 UI 32 (introversion) élevé.

En second lieu, il faut remarquer que certains de ces facteurs sont plus caractéristiques de certaines variétés de névrose — la sensibilité émotionnelle, par exemple, est plus caractéristique de troubles anxieux que de troubles de conversion — et que d'autres traits de personnalité peuvent intervenir pour déterminer le tableau de la névrose. Un troisième point intéressant est la constatation que les résultats élevés pour la régression névrotique ne se retrouvent pas chez les sujets psychotiques. Et, finalement, en ce qui concerne la relation entre les facteurs dégagés à partir des questionnaires et à partir des tests objectifs, il apparaît qu'elle est loin d'être parfaite, puisque, par exemple, le résultat pour le trait UI 23 (régression névrotique) ne semble pas avoir d'équivalent dans les résultats de questionnaire.

La modification de la conduite et de la personnalité

Comme l'attestent ses idées méthodologiques et sa conception de la dynamique et du développement de la personnalité, le problème des fluctuations, changements et modifications de la personnalité n'a pas échappé à Cattell. Ce problème a été abordé dans son système à partir de la notion de maturation et, surtout, à partir de l'étude des fluctuations du comportement et de l'étude de l'apprentissage.

La question des états d'humeur et des conditions passagères (moods and states) s'est d'abord posée pour Cattell dans le contexte des problèmes de mesure en psychologie mais, très vite, il s'y est intéressé en tant qu'ils posent des problèmes en eux-mêmes et il les a analysés au moyen des techniques P et R, faisant ainsi une analyse corrélationnelle du changement. Il s'agit ici de facteurs distincts des traits, qui «couvrent des conditions dynamiques, la fatigue, etc. et qui sont des facteurs qu'on a trouvés par l'étude du changement longitudinal» (Cattell, 1965 a). Il s'agit donc de changements et de fluctuations du comportement qui ne laissent pas de trace au niveau de la structure des traits et qui peuvent être en rapport avec des fluctuations d'ordre physiologique. En 1967, une dizaine de dimensions indépendantes a déjà été isolée, comportant, par exemple, un facteur d'anxiété, un facteur élation-dépression. Concernant l'anxiété, un travail de Cattell et Scheier (1961) montre précisément qu'il y a lieu de distinguer les sujets non-anxieux se trouvant temporairement dans un état anxieux des sujets dont l'anxiété est liée au caractère, et propose de distinguer l'anxiété de trait et l'anxiété temporaire.

Dans le domaine des changements opérés par l'apprentissage, Cattell pense que le conditionnement classique et l'apprentissage par récompense y sont pour beaucoup, mais qu'il est nécessaire de reconnaître que l'apprentissage de la personnalité est «un changement multi-dimensionnel en réponse à une situation multi-dimensionnelle» (1965 a). Ce qui compte pour Cattell en matière de changement de la personnalité s'exprimant au niveau des traits et de leur structure, c'est moins le conditionnement de réponses spécifiques que l'apprentissage d'une «hiérarchie ou combinaison de réponses qui donnera la plus grande satisfaction à la personnalité comme un ensemble, non simplement à un seul drive» (ibid.). Ceci lui semble vrai aussi pour la psychothérapie car «les mensurations de la personnalité montrent que, dans la névrose, toute la structure (pattern) de la personnalité est défectueuse...» et il estime que «les incidents historiques et les conflits personnels enchevêtrés sont réellement importants dans la seule mesure où ils produisent dans la personnalité totale des pertes d'énergie et d'autres effets d'économie énergétique» (ibid.).

Ceci dit, Cattell admet, d'autre part, que le changement effectué au niveau d'un comportement spécifique contribuera à changer les traits de source de la personnalité. Mais cela ne semble être qu'un premier pas du processus thérapeutique appelé à être complété par un apprentissage intégratif.

On trouve donc chez Cattell une conception générale des troubles de la personnalité et une conception générale des processus psychothérapeutiques, ceux-ci étant vus comme aboutissant à changer les traits de personnalité et sa structure par l'intermédiaire du conditionnement classique, de l'apprentissage par récompense et, surtout, par l'apprentissage intégratif. Mais si Cattell présente une «théorie» des processus thérapeutiques, il ne présente pas de technique, il ne dit pas comment il faut procéder pour faire jouer les processus d'apprentissage dans un cas concret en vue d'améliorer le patient.

CRITIQUE

L'inspection des très nombreux articles et livres qui constituent son œuvre montre que, dans son étude de la personnalité, Cattell a abordé pratiquement tous les problèmes importants et qu'il l'a fait en fournissant des contributions de poids à plusieurs d'entre eux. Qu'il suffise ici de rappeler ses travaux sur la méthodologie de l'étude de la personnalité, ses contributions au psychodiagnostic, à l'étude transculturelle de la personnalité, à la détermination génétique du comportement, l'étendue de ses études portant sur les aspects importants de la personnalité que sont la structure et sa dynamique, son développement, ses troubles et ses modifications. Parmi les contributions que fit Cattell à l'étude de la personnalité, il faut mentionner encore son parachèvement de la théorie des traits qu'il a réalisé en étudiant outre les déterminants du comportement se trouvant «dans l'individu» (les traits) ceux qui se trouvent dans le milieu ou la situation, et en essayant d'aborder le problème des traits de façon plus objective, précise et vérifiable que ce ne fut le cas avant lui.

C'est dans cette plus grande objectivité, rigueur et vérifiabilité obtenues grâce à l'emploi de tests et de méthodes statistiques que Cattell et les autres factoristes (Eysenck, Guilford) voient l'avantage de leurs conceptions. Cela ne va cependant pas sans problèmes, comme le montre l'inspection de la littérature critique consacrée à l'analyse factorielle de la personnalité.

En ce qui concerne l'analyse et l'interprétation que fait Cattell des traits conduisant à l'établissement des traits de source, on peut remarquer avec Thomae (1968) qu'elles ne sont pas aussi objectives qu'il ne paraît mais qu'elles sont déterminées par une option anthropologique particulière. Thomae montre en effet qu'il y prédomine le point de vue de l'adaptation et de l'efficacité sociale et que « les 4/5 des indicateurs des facteurs de la personnalité sont en principe une évaluation de l'individu faite à partir de critères extérieurs ». Et Thomae dit même avoir parfois l'impression que les instruments multiples de l'analyse factorielle « ne servent qu'à évaluer chaque individu en fonction de critères socio-culturels de la classe moyenne américaine ». Il poursuit : « De cette façon, l'étude de la personnalité semble toujours et à nouveau imperceptiblement se transformer en une censure de la personnalité. A partir de ce système de catégories, l'individu et son monde ne deviennent accessibles que de façon très périphérique ».

Une seconde critique porte alors sur le nombre de facteurs dégagés par l'analyse factorielle. Des travaux ont effectivement montré que le nombre de facteurs dépend de la technique d'analyse utilisée et de l'échantillon sur lequel on a travaillé. L'influence de la technique utilisée est claire si l'on compare le nombre de facteurs dégagés par la technique d'Eysenck (qui aboutit à un petit nombre de facteurs) à celui, nettement plus élevé, auquel arrive Cattell à partir de la sienne. Quant à l'influence de l'échantillon sur lequel on travaille, Lienert (1960, 1964) a montré dans le domaine de l'intelligence que le nombre de facteurs obtenus par une seule et même technique varie en fonction de l'âge, du niveau d'intelligence et du névrosisme des individus constituant l'échantillon. Ces résultats obligent donc à mettre quelque réserve à l'affirmation selon laquelle l'analyse factorielle dégagerait de façon objective la structure des facteurs universels de la personnalité. Ces réserves augmentent encore lorsqu'on s'aperçoit que des facteurs apparemment semblables et portant des noms similaires présentent des caractéristiques pour le moins très différentes comme c'est le cas pour le facteur « névrosisme » que

Eysenck dit fortement déterminé par l'hérédité, et le facteur «régression névrotique» dont la détermination génétique est faible selon Cattell.

Un troisième problème se pose alors au niveau des présupposés de l'analyse factorielle, à savoir l'indépendance et l'additivité des déterminants du comportement. Comme il ressort par exemple du travail de Lienert pour l'indépendance, et de réflexions se basant sur la conception du drive comme multiplicateur (Hull) pour l'additivité, ces deux conditions ne sont pas remplies dans le domaine de la personnalité. La question est évidemment de savoir quelle est l'importance de l'erreur que l'on commet en appliquant quand même l'analyse factorielle. Cattell estime qu'elle n'est pas de nature à compromettre la prédiction du comportement.

Une dernière critique à mentionner ici est celle d'Allport attirant l'attention sur le danger qu'il y a pour l'analyse factorielle à manquer la réalité de la personnalité parce que les facteurs dégagés concernent une personnalité générale ou moyenne, alors que la personnalité est toujours unique. A cela, on peut ajouter qu'il est également possible que l'analyse factorielle ne manque pas seulement des caractéristiques propres à un seul individu (traits individuels) mais également des caractéristiques propres à des groupes (traits différentiels).

Cette esquisse des principales critiques adressées à Cattell et à l'analyse factorielle en général montre que cette méthode permet bien de réduire de grands nombres de variables à des schémas relativement simples, mais qu'elle n'est pas cette méthode impartiale qui permet enfin de décrire la structure objective et universelle de la personnalité. Il ne faut pas cependant oublier que c'est en partie grâce à elle que Cattell a enrichi nos connaissances sur la personnalité et qu'elle continuera à rendre des services importants dans la description de données multiples et complexes.

VIII. LES CONCEPTIONS DE LA PERSONNALITE ISSUES DU BEHAVIORISME ET DE LA PSYCHOLOGIE DE L'APPRENTISSAGE

LA CONCEPTION DE L'HOMME ET DE LA SCIENCE

L'arrière-fond philosophique de la tradition behaviouriste est constitué surtout par l'empirisme anglais (Locke et Hume) et le pragmatisme américain (Peirce, James et Dewey) qui ont imprimé au behaviourisme les caractéristiques relevées par Allport et que nous avons résumées dans la première partie. On pourrait aussi dire que l'image de l'homme que se fait le behaviouriste est construite sur cinq axiomes découlant de cette position philosophique :

1. *Axiome atomiste* : les phénomènes psychiques complexes sont des associations d'éléments simples et doivent être étudiés comme tels. C'est ainsi que pour Watson le comportement doit être analysé et expliqué en termes de stimulus et de réponse, et pour Skinner en termes de relations existant entre des réponses de l'organisme et les contingences de renforcement du milieu. Il s'ensuit aussi que les résultats obtenus par l'étude d'organismes simples peuvent être généralisés aux organismes complexes, que

les problèmes posés par la psychologie humaine peuvent être étudiés au niveau de l'expérimentation animale.

2. *Axiome mécaniste* : la formation des liaisons S-R et de séquences de comportement obéit à des lois de type mécanique (contiguïté spatiale et temporelle) et laisse peu de place à l'activité propre de l'organisme, ce qui fait qu'au fond l'homme est un «animal machine».

3. *Axiome environnementaliste* : le comportement de cet «animal-machine» est vu comme déterminé surtout par le milieu externe, les caractéristiques et activités propres de l'individu étant relativement peu importantes au début de son histoire d'apprentissage qui sera façonnée surtout par les différentes conditions et situations dans lesquelles l'individu se trouvera placé. Les déterminants du comportement sont à rechercher dans les situations plutôt que dans des dispositions plus ou moins stables (traits de personnalité) de l'individu.

4. *Axiome hédoniste* : précise que les réactions sont guidées par la tendance à rechercher le plaisir et à éviter le déplaisir, ou, dans les termes de Thorndike qui a formulé la fameuse *Loi de l'Effet* : «Tout acte qui, dans une situation donnée, produit une satisfaction sera associé à cette situation de façon à ce que cet acte ait plus de chance qu'auparavant de se produire à nouveau lorsque la situation se reproduit. Réciproquement, tout acte qui dans une situation donnée produit un malaise sera dissocié de cette situation de façon à ce que cet acte ait moins de chance qu'auparavant de se reproduire lorsque la situation se reproduit».

5. *Axiome pragmatique* : selon Peirce, James et Dewey, la connaissance et l'action ont pour but d'améliorer notre vie et doivent donc être utiles, mener à des conséquences pratiques.

Quant à la façon dont il convient d'étudier scientifiquement l'homme ainsi conçu, les caractéristiques qui précèdent entraînent comme conséquence pour la méthode une approche qui peut se caractériser par quatre points:

1. étudier le comportement en dégageant et en manipulant des variables (stimuli) indépendantes dont on observe l'effet au niveau des variables (réponses) dépendantes en essayant d'établir ainsi des relations de cause à effet et les lois qui les régissent;

2. définir de façon objective ces variables en évitant l'introspection et les phénomènes et concepts corrélatifs comme la conscience, l'intention, la pensée, la volonté, etc., l'existence de ces phénomènes n'étant pas niée, mais leur utilité scientifique étant considérée comme douteuse;

3. commencer par l'étude de phénomènes simples pour aborder progressivement des phénomènes plus complexes, même si cela ne va pas sans problèmes. Mowrer (1960) justifie cette approche en disant que, face au dilemme entre une approche globale de la conduite par l'étude des phénomènes de «consience» relativement inanalysables et une approche segmentaire à partir des connexions S-R, plus maniables à l'analyse, fût-ce au risque de négliger l'aspect organisateur et intégrateur si caractéristique de l'organisme vivant, le néo-béhaviouriste choisit l'approche segmentaire parce que, malgré sa limitation, elle aurait fourni des résultats plus solides;

4. favoriser la recherche qui fournit des données empiriques, des faits, et éviter la spéculation théorique.

LA THEORIE DE LA PERSONNALITE

En fait il serait plus exact de parler des conceptions et des théories de la personnalité du *Learning* parce que, au lieu d'une seule théorie unifiée, différentes conceptions ont été élaborées par les divers auteurs du Learning qui se sont intéressés à la question. Leur point commun, cependant, réside dans une optique behaviouriste sur les problèmes de la personnalité, et dans l'importance qu'ils accordent aux phénomènes de l'apprentissage.

La structure de la personnalité

Les caractéristiques de la conception de l'homme que nous venons d'esquisser, laissent entrevoir immédiatement que l'aspect structural de la personnalité y est relativement peu développé. C'est dire que nous y trouvons peu de concepts structuraux et qu'ils sont simples en comparaison de ce que nous avons pu rencontrer dans la conception freudienne par exemple.

Le concept structural le plus important pour toutes les conceptions behaviouristes est celui du *habit* dont nous avons vu qu'il se définit comme l'association d'un stimulus et d'une réponse, et qu'il peut être plus ou moins complexe, allant de la simple réaction réflexe à des comportements de solution de problèmes impliquant des stimuli et des réponses nombreux. Les *habits* peuvent alors se développer en ensembles, en systèmes ou hiérarchies comme le système des *habits* professionnels, personnels, religieux, etc., l'ensemble de ces systèmes constituant la personnalité.

Un second concept structural a été développé par Hull et retenu par ceux qui ont repris sa conception de l'apprentissage (Dollard et Miller, Wolpe), c'est le concept de *drive*. Ce *drive* est cependant conçu comme intervenant à titre de force motrice de l'apprentissage plutôt que comme différence individuelle plus ou moins permanente qui expliquerait des différences dans le comportement, ce qui fait que c'est le *habit* et ses systèmes qui constituent le concept structural le plus important pour l'étude de la personnalité.

La dynamique de la personnalité

Ce que nous avons pu voir dans l'esquisse de la conception de l'homme et le faible développement de l'aspect structural de la personnalité nous indiquent que les conceptions de la personnalité du Learning mettent l'accent sur la dynamique et valorisent surtout l'aspect changement, l'aspect processuel de la personnalité.

Ce changement est décrit ici non pas en termes de maturation, d'instincts ou de pulsions, mais en termes d'apprentissage. C'est dire qu'à propos de tout changement constatable dans la conduite et la personnalité d'un individu, on se posera la question : comment peut-on l'expliquer par les lois de l'apprentissage, en termes de théorie d'apprentissage ?

Depuis les idées que propose Rousseau sur l'apprentissage dans l'Emile, et les conceptions des associationnistes anglais, différentes conceptions se sont développées après que Pavlov et Thorndike en ont entrepris une investigation expérimentale et systématique. Nous en esquisserons ici les quatre principales en guise d'exemples de conceptualisation expérimentale des phénomènes de changement et d'apprentissage.

● *Les conceptions S-R*

Le conditionnement classique. Comme on sait, c'est au cours de ses travaux sur la physiologie de la digestion que Pavlov a découvert le phénomène du réflexe conditionnel, découverte qui lui vaut d'être considéré comme un des pères de la psychologie contemporaine. L'expérience était simple ; ce qu'il en fit, inattendu et riche de conséquences.

En étudiant la salivation chez le chien, Pavlov, pour la provoquer, introduisait avec une éprouvette de la poudre de viande ou une solution d'acide dans la gueule du chien et constatait que celui-ci se mettait à saliver non seulement au contact de la poudre de viande, mais aussi déjà à la simple vue des éprouvettes. Pavlov appela ce phénomène « sécrétion psychique » et, au lieu de se contenter d'une appellation, se mit à l'étudier davantage, décrivant ainsi le réflexe conditionnel et quelques phénomènes connexes.

Schématiquement l'expérience peut se présenter en trois temps qui s'articulent de la façon suivante : lors d'un premier temps l'expérimentateur fait retentir une sonnerie (appelée stimulus neutre, SN) et constate qu'elle ne provoque pas de réaction salivaire; il dépose ensuite de la poudre de viande (stimulus inconditionnel, SI) et constate une réaction de salivation (appelée réflexe conditionnel, RI). Lors d'un deuxième temps, l'expérimentateur fait d'abord retentir la sonnerie (SN) et immédiatement après donne de la poudre de viande (SI); il observera une réaction de salivation (RI). Après avoir répété un certain nombre de fois les opérations du deuxième temps, l'expérimentateur présentera, lors d'un troisième temps, le seul stimulus neutre (devenu stimulus conditionnel, SC) et le verra suivi d'une réaction de salivation que l'on appelle réflexe conditionnel (RC).

Le réflexe conditionnel ainsi établi, on peut observer un certain nombre de phénomènes connexes dont les plus importants, pour notre contexte, sont ceux de l'extinction, de la généralisation et de la discrimination. L'extinction du RC, sa disparition, survient lorsque la présentation du SC n'est plus jamais suivie du SI. Pour que le RC se maintienne, il est donc nécessaire que le retentissement de la sonnerie soit suivi, du moins de temps à autre, de la présentation de la poudre de viande. Et, inversement, pour que le RC s'éteigne, il ne suffit pas de ne plus présenter le SC pendant un laps de temps prolongé, mais il faut le présenter sans le renforcer. La généralisation du RC consiste dans la tendance de la réponse conditionnelle à se produire aussi lors de la présentation de SC semblables; s'il a appris à saliver pour un son de 2.000 cycles, le chien salivera aussi pour un son de 1.500 ou de 2.500 cycles, à moins que dans les expériences ultérieures on ne renforce plus que le son de 2.000 cycles à l'exclusion de ceux de 1.500 et 2.500, auquel cas on se trouvera devant le phénomène de discrimination.

C'est ce schéma du réflexe conditionnel qui est à la base des expériences de l'école de Pavlov sur les névroses expérimentales et qui a conduit Watson à faire du conditionnement le principe et la méthode de l'apprentissage qu'il illustrait dans ses travaux sur le conditionnement et puis le «déconditionnement» de réactions anxieuses chez l'homme.

Il s'agit donc, dans le conditionnement pavlovien, d'un apprentissage où un stimulus nouveau et préalablement neutre est acquis comme déclencheur d'une réponse ancienne; cet apprentissage se fait automatiquement, sans intervention de l'individu qui n'a pas de prise sur la situation, et se trouve contrôlé par l'expérimentateur qui présente le stimulus nouveau.

Le conditionnement instrumental (Hull), par contre, aboutit à l'acquisition d'une réponse nouvelle basée non pas sur ses antécédents, mais sur ses conséquences et qui, étant le résultat d'une activité spontanée ou «par essais et erreurs», n'est pas initialement déterminée par l'expérimentateur. Aussi s'agit-il d'un apprentissage plus complexe que le conditionnement classique, et dont l'illustration typique est celui que fait le rat des allées d'un labyrinthe qui conduisent à la nourriture.

Lorsqu'un rat affamé est placé dans un labyrinthe, on voit qu'il répond au problème posé (trouver la nourriture) en cherchant, par essais et erreurs, l'allée qui l'y conduit et que parmi toutes les réponses faites par essais et erreurs, celles qui auront conduit à la nourriture auront plus de chance de se reproduire lorsque le rat sera remis dans le labyrinthe. Pour expliquer ces observations, Hull suppose que la privation de nourriture produit un état interne de stimulation, le *drive*, qui conduit à des réponses (par essais et erreurs) dont certaines aboutissent à la prise de nourriture et réduisent ainsi l'état de stimulation interne. Ces réponses sont donc associées à des récompenses réduisant le drive. L'accent est ici mis sur la réduction du drive, sur la production d'un état interne satisfaisant. Avec Dollard et Miller, on pourrait résumer cette conception de l'apprentissage en disant: pour qu'il apprenne, un organisme doit avoir besoin de quelque chose (il doit être motivé), remarquer quelque chose (être excité par un stimulus interne ou externe), faire quelque chose (une réponse ou séquence de réponses) et obtenir quelque chose (faire l'expérience d'une réduction de motivation).

Ce modèle d'apprentissage proposé par Hull a été appliqué aux problèmes de la psychologie de la personnalité par Dollard et Miller, qui l'ont également utilisé, comme Wolpe, pour conceptualiser les phénomènes névrotiques et la psychothérapie, et présenter une réinterprétation des phénomènes décrits par la psychanalyse.

Le conditionnement operant (Skinner) laisse, comme le conditionnement instrumental, une plus grande place à la spontanéité de l'organisme. Dans le conditionnement operant «l'organisme ne subit pas, il agit» (Richelle, 1966), il ne subit pas, comme dans le conditionnement classique, des stimuli qu'il ne peut pas éviter ou modifier, mais il agit sur le milieu en émettant une réponse et provoque ainsi un renforcement. L'expérience classique décrite par Skinner est celle de l'animal affamé placé dans une cage expérimentale, la Skinner-box. Dans cette cage où l'animal peut se mouvoir librement se trouve un appareil qui distribue de la nourriture lorsque l'animal abaisse un levier. Au cours de l'exploration de la cage, le hasard conduira l'animal à abaisser ce levier, action (réponse) qui sera suivie d'une distribution de nourriture (renforcement). Par la suite on verra l'animal répéter la réponse qui deviendra plus fréquente et se maintiendra aussi longtemps qu'elle sera renforcée.

Le conditionnement operant, tout comme le conditionnement instrumental, permet d'aborder des phénomènes d'apprentissage plus complexes et les aborde du côté de la réponse plutôt que du stimulus. Mais Skinner s'intéresse davantage aux différentes formes de renforcement et en conçoit différemment la nature.

Adoptant un point de vue strictement behaviouriste, Skinner veut s'en tenir à ce qui est directement observable, ce qui le conduit à une conception descriptive et pragmatique de l'apprentissage et de son investigation. On y trouvera donc une accentuation de l'étude des réponses, des renforcements et de leurs relations, et l'abandon de la notion de drive ou, plus généralement, de constructs neurophysiologiques qui étaient importants dans les conceptions de Pavlov et de Hull. Comme le montre le passage suivant, Skinner (1953) pense en effet que la connaissance des causes neuro-physiologiques du comportement est relativement peu utile pour la prédiction et le contrôle d'un comportement spécifique:

« Finalement une science du système nerveux basée sur l'observation directe plutôt que l'inférence décrira les états et les événements nerveux qui précèdent immédiatement des comportements... Ces événements à leur tour auront été précédés par d'autres événements neurologiques et ceux-ci à leur tour par d'autres. Cette série nous conduira en arrière à des événements qui se trouvent à l'extérieur du système nerveux et, finalement, à l'extérieur de l'organisme. Dans les chapitres qui suivent, nous allons considérer des événements extérieurs de cette sorte un peu plus en détail. Nous serons alors mieux à même d'évaluer la place des explications neurologiques du comportement. Cependant, nous pouvons noter ici que nous n'avons pas et pouvons bien ne jamais avoir cette sorte d'information neurologique au moment où elle serait nécessaire pour prédire un comportement spécifique. Il est même plus improbable que nous serons capables d'altérer directement le système nerveux pour mettre en évidence les conditions antécédentes d'un comportement particulier. Les causes à chercher dans le système nerveux sont pour cela d'une utilité limitée pour la prédiction et le contrôle d'un comportement spécifique. »

Dans cette perspective, Skinner distingue alors deux types de réactions ou de réponses: a) les répondants (respondents ou elicited responses) qui sont provoqués par des stimuli définis comme, par exemple, la constriction pupillaire qui suit un stimulus lumineux, b) les opérants (operants ou emitted responses) dont le stimulus déclencheur ne peut être associé à aucun stimulus défini et qui présente donc une certaine spontanéité bien illustrée dans l'exemple donné par Reynolds (1968):

« Dans le comportement operant il n'y a pas de stimulus de l'environnement qui le provoque, il se produit, tout simplement. Dans la terminologie du conditionnement operant, les operants sont émis par l'organisme. Le chien se promène, court et joue bruyamment; l'oiseau vole... l'enfant humain babille. Dans chaque cas, le comportement se produit sans aucun stimulus déclencheur spécifique. La cause initiale du comportement operant est dans l'organisme lui-même... Il est dans la nature biologique des organismes d'émettre un comportement operant. »

A ces deux types de réponses, dont le second est bien plus important chez les organismes supérieurs, correspondent deux types d'apprentissage : a) le « conditionnement du type S » qui correspond au conditionnement classique de Pavlov et b) le « conditionnement du type R », le conditionnement operant qui est de loin le plus important pour l'apprentissage humain.

Dans ses recherches sur le conditionnement operant, Skinner met alors l'accent sur la description du renforcement, lequel est lié ici non plus au stimulus, mais à la réponse, et qu'il définit non pas par rapport au drive, mais de façon purement comportementale :

« L'opération de renforcement est définie comme la présentation d'une certaine sorte de stimulus en relation temporelle avec ou bien un stimulus ou une réponse. Un stimulus renforçateur est défini en tant que tel par son pouvoir de produire le changement qui en résulte. Il n'y a pas de circularité en cela ; certains stimuli produisent un changement, d'autres ne le font pas, et on les classifie par conséquent comme renforçateur et non renforçateur. Un stimulus peut avoir le pouvoir de renforcer lorsqu'il est présenté pour la première fois (lorsqu'il est habituellement le stimulus d'un répondant inconditionnel) ou il peut acquérir ce pouvoir par conditionnement... » (1938).

On peut ainsi renforcer des réponses en les faisant suivre de stimuli agréables comme la nourriture, des louanges, des plaisirs de l'esprit, par des renforçateurs positifs, mais une réponse peut aussi être renforcée parce qu'elle permet de terminer ou d'éviter un stimulus désagréable. L'exemple classique de cette dernière éventualité est celui du sujet placé dans une situation dans laquelle il peut, en tournant un bouton, interrompre un son qui lui annonce un choc électrique ; cette réponse sera renforcée parce qu'elle lui permet d'arrêter l'effet du stimulus aversif annonçant le choc électrique qui est ainsi évité en même temps.

A propos des stimuli désagréables et de leur effet sur

l'apprentissage, il faut évidemment encore mentionner le phénomène de punition qui consiste à faire suivre une réponse operante par un stimulus aversif. Son effet est de réduire la probabilité de la réponse en question, mais il semble temporaire et peu efficace pour faire disparaître un comportement et Skinner préfère arriver à ce but par des renforcements positifs. Ce n'est que très récemment que le problème de la punition a connu un regain d'intérêt, notamment dans le domaine de la behaviour therapy.

L'expérience ayant montré que des modalités d'application du renforcement sont importantes, Skinner a élaboré des programmes de renforcement (*schedules of reinforcement*) qui entraînent des effets différents et dont la classification peut se faire selon divers critères. Dans le grand nombre de variétés, Richelle (1966) distingue et décrit ainsi 1. les programmes à renforcement positif (boisson, nourriture) et les programmes à renforcement aversif (choc électrique, etc.), 2. les programmes simples et les programmes complexes (combinant plusieurs modalités de relation), 3. les programmes à renforcement continu (chaque réponse est renforcée) et les programmes à renforcement intermittent (certaines réponses seulement sont renforcées).

L'apprentissage des réponses et des comportements complexes se fait alors, selon Skinner, par un processus d'approximations successives qu'il appelle *shaping* au cours duquel on renforce toute réponse, même imparfaite, du moment qu'elle s'approche de la réponse désirée. Skinner (1953) compare cette activité à celle du sculpteur:

« Le conditionnement operant façonne le comportement comme un sculpteur façonne un morceau d'argile. Bien qu'à un certain moment le sculpteur semble avoir produit un objet entièrement nouveau, nous pouvons toujours suivre le processus remontant jusqu'au bloc initial indifférencié et nous pouvons rendre aussi petites que nous le désirons les différentes étapes par lesquelles nous retournons à cette condition. A aucun moment, rien n'émerge qui soit très différent de ce qui précède... Un operant n'est pas quelque chose qui apparaît pleinement développé dans le comportement de l'organisme. C'est le résultat d'un processus de façonnement continuel. »

Le conditionnement operant a fait l'objet d'un grand nombre de travaux expérimentaux qui visent à établir les lois de l'apprentissage à partir de l'observation du comportement, surtout de pigeons et de rats placés dans une Skinner-box. Skinner pense, en effet, que c'est par ce genre d'expériences faites sur des animaux que l'on peut découvrir le mieux les lois élémentaires de l'apprentissage. On comprend celui-ci en le contrôlant par des modifications introduites dans le milieu selon des plans de renforcement. Ces principes ont trouvé leur application à l'apprentissage humain dans les travaux sur l'*apprentissage programmé* et la *modification du comportement* (*behaviour modification*), thérapie de comportement d'inspiration skinnerienne.

En terminant cet aperçu sur les théories S-R de l'apprentissage dans lequel nous avons suivi la distinction classique entre conditionnement pavlovien et conditionnement instrumental (Hull) ou operant (Skinner), il faut encore remarquer que Pavlov n'ignorait pas le conditionnement operant, mais, comme le dit Richelle (1966): «les chercheurs russes ont inclus depuis très longtemps les études sur des réflexes conditionnés de type operant dans leurs travaux sur le conditionnement, sans éprouver le besoin de distinguer les deux procédures par des définitions particulières».

● *Les conceptions cognitives*

D'autres auteurs pensent qu'une description et conceptualisation adéquate des processus d'apprentissage doit tenir compte des processus mentaux qui s'intercalent entre le stimulus et la réponse et que ces processus mentaux ne peuvent pas se réduire à de simples séquences S-R internes, comme le font par exemple Dollard et Miller.

L'apprentissage par insight (Köhler). C'est au cours de ses travaux sur l'apprentissage animal poursuivis pendant la première guerre à Ténériffe que W. Köhler trouve la confirmation de son idée selon laquelle l'approche de Pavlov et de Thorndike ne tiennent pas suffisamment compte de l'organisation et de la signification des situations d'apprentissage, manque qui lui paraît particulièrement évident lorsqu'il s'agit de tâches complexes et nouvelles. Ayant pu constater, lors de ses nombreuses expériences avec des chimpanzés, que ceux-ci utilisent et fabriquent des instruments et découvrent parfois brusquement (sans essai préalable) la solution d'un problème, W. Köhler interprète ces conduites comme signes de compréhension (*Einsicht, Insight*), comme renvoyant à une activité mentale portant sur des relations « moyen-fin ». Ce processus mental interne est sans doute difficile à décrire, surtout en termes S-R, mais il semble nécessaire à Köhler pour expliquer les comportements observés. Il s'agirait d'une activité mentale plus ou moins complexe qui s'intercalerait entre le stimulus (la situation-problème) et la réponse apportant la solution, une sorte de comparaison des différents chemins pouvant conduire au but.

L'apprentissage latent décrit par Tolman est un autre argument pour l'intervention de facteurs cognitifs dans les processus d'apprentissage. Tolman propose de distinguer l'apprentissage de la performance et montre expérimentalement qu'un apprentissage peut se réaliser sans se manifester nécessairement dans le comportement observable. Dans leur expérience classique, Tolman et Honzik (1930) observaient, entre autres, le comportement de deux groupes de rats. Le premier courait dans un labyrinthe et recevait de la nourriture chaque fois qu'il atteignait le but. Le second parcourait librement le labyrinthe pendant dix jours sans recevoir de nourriture lorsqu'il atteignait l'endroit du but. A partir du onzième jour, le second groupe recevait de la nourriture tout comme le premier lorsqu'il atteignait l'endroit-but. Les auteurs constataient alors que les deux groupes apprenaient quelque chose pendant les dix premiers jours, mais que l'apprentissage du groupe qui recevait de la nourriture était nettement supérieur à celui de l'autre et que, à partir du onzième jour, le nombre d'erreurs du deuxième groupe diminuait brusquement et fortement au point qu'après le douzième jour déjà, il était inférieur à celui du premier groupe. De ces observations Tolman et Honzik concluent que les rats du second groupe ont dû apprendre quelque chose sur les dispositions spatiales du labyrinthe, mais que cet apprentissage ne s'est manifesté qu'au moment où les rats ont reçu de la nourriture. En d'autres mots, on pourrait dire que les rats ont appris une carte ou représentation mentale (*cognitive*) de ce labyrinthe et qu'ils ont utilisé ce « savoir » lorsque cela leur permettait d'obtenir une récompense.

L'apprentissage par expectation (J.B. Rotter)

C'est dans son ouvrage « *Social learning and clinical psychology* » (1954) que Rotter parle de « social learning theory » pour caractériser son essai d'intégrer, dans une visée psychothérapeutique, les points de vue de la psychologie sociale et de la psychologie de l'apprentissage. Sa conception de l'apprentissage fait référence à un certain nombre de principes que l'on trouve également dans les conceptions S-R, mais l'importance qu'il accorde au caractère orienté du comportement et au rôle que joue l'expectation ou l'attente dans le processus d'apprentissage rappelle la conception de Tolman et situe sa théorie parmi les théories cognitives. Pour Rotter, ce que fera un individu dans une situation donnée dépend en effet de « son expectation que le comportement conduira à un but ou à une satisfaction particuliers, de la valeur que cette satisfaction a pour lui, et de la force relative d'autres comportements dans la même situation » (1971), et ce sont là des processus de représentation ou cognitifs. Rotter ajoute d'ailleurs que ces processus cognitifs sont souvent inconscients.

L'apprentissage vicariant (observational learning)

Bien que le terrain des théories cognitives ait été préparé

de longue date par W. Köhler (1917), Tolman (1930) et que M.-C. Jones ait déjà en 1924 utilisé de façon explicite l'imitation sociale dans la thérapie de peurs infantiles, l'étude expérimentale systématique de l'apprentissage cognitif et social et son intégration dans une conception du développement de la personnalité sont de date récente.

C'est une double insatisfaction concernant les théories précédantes qui a conduit Bandura et Walters à les compléter par des développements nouveaux : ils leurs reprochent d'abord d'utiliser un ensemble trop limité de principes et de les baser principalement sur des études faites avec des animaux ou portant sur des situations impliquant une seule personne lorsqu'il s'agit de travaux portant sur des sujets humains, négligeant ainsi des aspects sociaux qui sont présents dans des situations dyadiques ou de groupe. Ils estiment ensuite que les théories de Hull, de Skinner et aussi celle de Rotter, rendent insuffisamment compte de l'acquisition de réponses nouvelles, du fait que celles-ci ne s'acquièrent pas nécessairement de façon segmentaire et progressive et ne doivent pas nécessairement être renforcées.

Concernant l'acquisition de réponses nouvelles, Bandura et Walters remarquent que Rotter ne parvient pas à l'expliquer de façon satisfaisante. Selon sa théorie, l'apparition d'un comportement est en effet déterminée par l'expectation de son renforcement et la valeur qu'attribue le sujet au renforçateur. Or, disent Bandura et Walters (1963) : « L'explication que donne Rotter du processus d'apprentissage présuppose l'existence d'une hiérarchie de réponses qui tendent à se produire dans différentes situations avec des degrés de probabilités variables ; pour cette raison, elle est tout à fait inadéquate pour rendre compte de la survenue d'une réponse qui n'a pas encore été apprise et qui par conséquent a une valeur de probabilité zéro. » Et à l'adresse de Skinner, expliquant l'apparition de comportements nouveaux par le conditionnement opérant au cours des approximations successives du shaping, Bandura et Walters font remarquer qu'il est douteux cependant que beaucoup des réponses que manifestent presque tous les membres de notre société seraient jamais acquises si l'apprentissage social procédait seulement selon la méthode des approximations successives. Ceci est particulièrement vrai d'un comportement pour lequel il n'y a pas de stimulus déclencheur fiable à part des stimuli fournis par les autres qui manifestent ce comportement... Dans de pareils cas l'imitation est un aspect indispensable de l'apprentissage » (ibid.).

Le nouveau type d'apprentissage décrit et étudié systématiquement par Bandura et Walters se caractérise donc par le fait que c'est un apprentissage complexe et social dont la réalisation ne nécessite pas de renforcement et n'implique pas l'exécution effective immédiate de ce qui est acquis. Un sujet peut ainsi apprendre par la simple observation d'un modèle sans manifester le comportement qu'il est en train d'apprendre. La manifestation de ce comportement dans une situation adéquate ultérieure permettra alors d'inférer que c'est lors de son observation du modèle que le sujet a acquis ce comportement. C'est la raison pour laquelle Bandura et Walters distinguent l'*apprentissage* de la *performance* (de ce qui a été appris) comme le faisait déjà Tolman dans sa conception de l'apprentissage latent.

Parmi les facteurs qui influencent l'apprentissage vicariant on remarquera surtout les conséquences entraînées par les réponses du modèle, les caractéristiques du modèle et les caractéristiques de l'observateur. Des sujets imiteront ainsi plus facilement un modèle agressif lorsqu'il est récompensé de son agressivité, ils imiteront plus facilement des modèles qui ont du prestige et de la puissance et ils le feront d'autant plus facilement que dans leur passé ils ont été récompensés pour des conduites d'imitation. Des états transitoires, comme une activation émotionnelle modérée ou une situation de dépendance, peuvent également faciliter l'imitation du modèle.

L'interprétation théorique des phénomènes d'apprentissage vicariant, Bandura (1969) la conçoit comme acquisition de représentations imagées et symboliques suite à un conditionnement par contiguïté. L'acquisition et la formation de représentations imagées se font au niveau du conditionnement sensoriel au cours d'un processus que Bandura (ibid.) décrit ainsi :

> « ...pendant la période d'exposition, les stimuli modèles (modeling) déclenchent dans l'observateur des réponses qui s'associent en séquence et sont intégrées au niveau central sur la base de la contiguïté temporelle de la stimulation. Lorsque des séquences perceptives sont déclenchées de façon répétée, un stimulus acquiert la capacité d'évoquer des images (c-à-d des perceptions suscitées au niveau central) des événements stimuli associés, même lorsque ceux-ci ne sont plus physiquement présents. Ainsi, par exemple,... lorsqu'un nom est constamment associé à une personne donnée, il est quasi impossible d'entendre le nom sans faire l'expérience imagée des caractéristiques physiques de la personne. Les résultats de recherches... indiquent qu'au cours de l'observation, des phénomènes perceptifs, transitoires produisent des images relativement durables et réévocables de séquences de comportements imités».

Toutefois, la rapidité des acquisitions et leur rétention à long terme ne s'explique pas par simple contiguïté temporelle des stimuli. Il faut, en plus de la représentation imagée, une représentation verbale des événements observés. Bandura ajoute d'ailleurs que les processus cognitifs qui gouvernent le comportement sont verbaux plutôt que visuels, et qu'une théorie de l'apprentissage vicariant ne peut se limiter aux phénomènes de contiguïté des stimuli, mais doit faire intervenir les processus d'attention, de rétention, de reproduction motrice et de motivation.

On pourrait résumer ainsi: pour qu'il y ait acquisition d'un nouveau comportement par apprentissage vicariant, il faut que le sujet observe et enregistre le comportement du modèle et transforme ses perceptions en représentations imagées ou verbales; pour qu'il y ait performance, le sujet doit se trouver dans une situation qui le motive assez pour actualiser cette acquisition et être récompensé pour cela, actualisation dont le sort ultérieur dépendra alors des renforcements obtenus.

En terminant, et pour éviter des malentendus, on pourrait peut-être ajouter qu'en parlant de «principes de l'apprentissage social» et d'un nouveau type d'apprentissage, l'apprentissage vicariant, Bandura et Walters (1963) n'entendent ignorer ni les phénomènes classiques de la psychologie de l'apprentissage (renforcement, généralisation, extinction, etc.) ni les lois d'apprentissage dégagées par leurs prédécesseurs, ils entendent simplement les mettre plus directement en rapport avec les comportements sociaux et accorder une grande importance à l'apprentissage vicariant. C'est aussi de cette façon qu'il faut lire son ouvrage *«Principles of behavior modification»* (1969) où Bandura fait le point de la question et resitue sa propre technique thérapeutique du «modeling».

Le développement de la personnalité

Sans nier que le développement de la personnalité soit le résultat de l'interaction de facteurs biologiques, qui sont innés, se développent de façon relativement indépendante du milieu au cours des phases de maturation et fonctionnent selon des lois propres, et de facteurs du milieu, les auteurs du Learning étudient le développement en mettant l'accent sur l'apprentissage, l'effet du milieu, et envisagent surtout le domaine de la socialisation. C'est dire qu'on s'y réfère peu à des processus internes et des stades de développement comme c'est le cas, par exemple, en psychanalyse où l'on décrit des processus pulsionnels qui parcourent différents stades; c'est dire aussi, qu'à l'opposé de la psychanalyse, on a tendance à mettre l'accent sur les situations actuelles plutôt que passées.

Appliquer les principes de l'apprentissage au développement de la personnalité revient donc, pour les auteurs du Learning à les appliquer au processus de socialisation en étudiant la façon dont l'individu acquiert des conduites sociales. Dans cette étude, on peut distinguer deux approches qui ne sont pas exclusives l'une de l'autre, mais qui mettent l'accent sur des aspects différents de l'apprentissage social.

Dans la perspective de Skinner, on aborde les problèmes du développement en soulignant le rôle important que jouent les programmes de renforcement dans l'apprentissage social et on le conçoit comme des configurations de réponses plus ou moins spécifiques à renforcer par des facteurs de milieu plus ou moins spécifiques. C'est ainsi que l'indépendance affective est acquise à partir du développement de réponses stables qui ne sont renforcées qu'occasionnellement, et que pour apprendre à l'enfant à renoncer à la satisfaction immédiate, on augmente progressivement le laps de temps séparant la demande et la satisfaction (Gerwirtz, 1968).

D'autres auteurs accentuent l'importance d'autrui comme modèle et comme source de renforcement et abordent l'apprentissage social en termes d'imitation et d'identification.

Dans leur ouvrage sur l'apprentissage social et l'imitation, Miller et Dollard (1941) suggèrent que l'identification pourrait se concevoir de la même façon que l'imitation, c'est-à-dire comme un comportement appris selon les principes du renforcement de la théorie de Hull. Ils distinguent alors trois sortes de comportements d'imitation : le « same-behavior », le « matched dependent behavior » et le « copying », les deux derniers étant les plus importants. Dans le cas du « matched-dependant behavior » qui se présente dans des situations relativement simples, le stimulus auquel un individu répond et qu'il imite est la réponse du modèle et cette imitation est directement suivie d'un renforcement. L'exemple donné par Miller et Dollard est le suivant. En jouant, l'aîné de deux enfants entend les pas de son père revenant de son travail et s'encourt à sa rencontre, recevant des friandises que le père a l'habitude de rapporter aux enfants. Le cadet n'entend pas les pas du père et n'a pas l'habitude de courir avec son frère à sa rencontre. Mais un jour, par hasard, il court derrière son aîné et reçoit des sucreries de son père, ce qui augmente cette réaction lorsqu'il voit courir son aîné. Ainsi le cadet a été récompensé pour avoir imité son aîné. La troisième sorte d'imitation, le *copying*, concerne l'imitation de comportements plus complexes, non seulement certains comportements particuliers ou spécifiques, mais ce que l'on pourrait appeler des attitudes, des façons de se comporter, voire le style, et se rapproche davantage de l'identification telle qu'on la conçoit traditionnellement. Il s'agit ici de «faire la même chose» et de la même façon que le modèle, de réagir ou de répondre comme le modèle. Ceci implique une perception des similitudes et des différences existant entre le sujet et le modèle. La différence entre cette sorte d'imitation et celle qui la précède est ainsi exprimée par Miller et Dollard (1941): «dans le "matched-dependent behavior" l'imitateur répond seulement à l'indicateur (cue) venant du modèle, alors que dans le "copying" il répond seulement aux indicateurs (cues) de similitude et de différence produits par la stimulation de la réponse propre et de celle du modèle». Le «copying» peut alors devenir un drive acquis suite à la récompense associée à la similitude du comportement imité et suite à la punition associée à la différence par rapport au modèle.

Miller et Dollard conçoivent donc l'imitation et l'identification en termes S-R comme le résultat d'un drive appris, acquis pendant l'enfance à partir d'un comportement par essais et erreurs au cours duquel les comportements semblables au modèle sont récompensés. L'enfant commence par apprendre d'abord des réponses plus ou moins spécifiques parce que cela lui vaut une récompense, ensuite cette imitation se généralise, pour la même raison, à d'autres réponses et ensembles de réponses, devenant ainsi une tendance généralisée à imiter. Ainsi la personnalité émerge progressivement à partir des premières identifications aux parents qui sont les premiers modèles et sources de renforcement de l'enfant, et au cours des identifications ultérieures aux personnes qui leur succèdent dans ce rôle.

Pour Mowrer (1950) qui se réfère également à une conception S-R de l'apprentissage, il y a lieu de distinguer l'identification de développement et l'identification défensive, la première étant celle à un modèle gratifiant alors que la seconde se rapporte à un individu qui est source de crainte et de haine. Mais au lieu d'expliquer l'identification de développement par un drive secondaire à l'imitation, comme le font Miller et Dollard, Mowrer l'explique par le renforcement secondaire: puisque, selon la théorie de Hull, tout stimulus associé à la réduction d'un drive primaire peut devenir un renforçateur secondaire, les parents qui sont naturellement associés à la satisfaction des drives primaires (besoins) de l'enfant deviennent pour lui des renforçateurs secondaires et l'enfant essaiera de les imiter pour se récompenser lui-même puisqu'il reproduit ainsi le modèle qui est pour lui un renforçateur secondaire. Imiter le modèle est ici gratifiant parce que le comportement du modèle a été gratifiant pour le sujet imitant. On pourrait dire que la différence entre la conception de Miller et Dollard et celle de Mowrer réside en ceci: les premiers mettent l'accent sur le renforcement de la similitude et de la différence, et sur le développement d'un drive à imiter, et visent surtout à expliquer comment on apprend à imiter, alors que Mowrer envisage davantage le lien affectif qui existe entre le sujet et son modèle et explique mieux pourquoi un sujet s'identifie à un modèle plutôt qu'à un autre.

Sears (1957, 1965) propose, comme Miller et Dollard, et Mowrer, une théorie de l'identification basée sur le modèle d'apprentissage de Hull, et, comme Mowrer, accorde beaucoup d'importance à l'identification de développement. Selon Sears, au cours de l'interaction avec la mère qui le soigne, l'enfant acquiert, vers la fin de sa première année un besoin de dépendance, se sent frustré lorsque celui-ci n'est pas satisfait, et doit trouver une nouvelle façon d'obtenir ce qu'il a perdu. Dans cette recherche l'enfant se met à imiter (reproduire) les comportements de la mère qui jadis ont satisfait ses besoins et obtient ainsi indirectement les gratifications attendues de la mère.

Sur la base de cette conception de l'identification, une

série de travaux a été faite sur les effets des pratiques éducatives. On a ainsi analysé les composantes de ces pratiques éducatives et la relation de ces pratiques à des comportements ultérieurs supposés être le résultat de l'identification pour laquelle plusieurs mesures ont été proposées. Les résultats de ces travaux indiquent l'existence de certaines relations, mais ils montrent aussi que les différentes mesures de l'identification sont parfois sans rapport entre elles et présentent des relations peu claires aux mesures des pratiques éducatives (Sears et al. 1965).

Bandura et Walters, dans leur ouvrage *Social Learning and Imitation* (1963), critiquent les conceptions de l'imitation faisant intervenir le renforcement et proposent une théorie de l'imitation basée sur l'apprentissage vicariant. Selon cette théorie il y a lieu de distinguer l'acquisition d'un comportement d'imitation de sa performance, l'acquisition se faisant par apprentissage vicariant et ne nécessitant pas de renforcement, alors que la performance du comportement d'imitation dépend du renforcement, c'est-à-dire des conséquences qu'a ce comportement pour le sujet.

L'intérêt que présentent pour l'étude du développement de la personnalité les travaux de Bandura et de ses collaborateurs sur l'apprentissage vicariant, réside dans le grand nombre de recherches bien conduites sur les conditions dans lesquelles un enfant imite un modèle, sur l'acquisition des normes, du comportement moral, de la capacité à renoncer à la satisfaction immédiate, et l'acquisition du contrôle de soi.

Les troubles de la conduite et de la personnalité

Pour les auteurs du Learning les troubles de la conduite et de la personnalité que l'on appelle habituellement névrotiques, psychopathiques ou pervers sont des conduites inadaptées persistantes qui, comme les névroses définies par

Wolpe (1958) sont «acquises par apprentissage dans un organisme physiologiquement normal». Il s'agit donc de les conceptualiser en termes d'apprentissage et non comme manifestation d'une maladie sous-jacente dont ils seraient les symptômes, car «le comportement spécifique que l'on appelle anormal est appris, maintenu et altéré de la même manière que le comportement normal et le comportement normal lui-même peut-être considéré comme une adaptation résultant d'une histoire particulière de renforcement» (Ullmann et Krasner, 1969).

La classification générale des troubles de la conduite, dans cette perspective, distinguerait alors des conduites inadaptées par suite d'un apprentissage de réponses inadaptées de celles qui le sont parce que le sujet n'a pas appris la réponse adaptée. Eysenck (1963) distingue ainsi les désordres de la première espèce (anxiétés, phobies, obsessions, etc.) qui consistent dans l'association de stimuli inadéquats à des réactions de peur et d'anxiété (réactions du système nerveux sympathique), et des désordres de la seconde espèce (énurésie, conduite psychopathique, etc.) dans lesquels l'inadaptation n'est pas due à l'apprentissage d'une réponse inadaptée, mais bien au non-apprentissage d'une réponse adaptée.

Si l'on conçoit les troubles de la personnalité non pas comme manifestation d'une maladie ou d'une anomalie physiologique sous-jacente, mais comme résultat d'apprentissages inadéquats, il y a lieu de montrer comment l'apprentissage intervient dans l'acquisition de réponses inadéquates et la non-acquisition de réponses adéquates. Suite à notre distinction de différentes formes d'apprentissage, cette mise en évidence peut se faire en montrant comment les différentes formes d'apprentissage interviennent dans l'acquisition et la persistance d'une conduite inadaptée.

● *Le conditionnement classique*

Au cours de leurs expériences de conditionnement,

Pavlov et ses collaborateurs ont pu constater l'apparition de troubles du comportement et ont ainsi été conduits à distinguer ces troubles de simples manifestations émotionnelles transitoires, et à en décrire les différents procédés de production et les mécanismes impliqués. C'est ainsi qu'en 1912 Jerofejewa constate que le conflit entre une réaction innée et une réaction conditionnelle provoque des troubles du comportement prolongés. Dans une autre expérience Chenger-Krestovnikowa (1921) apprend à un chien à distinguer un cercle d'une ellipse, rapproche ensuite la forme de l'ellipse de celle du cercle et constate qu'à partir d'un certain moment le chien ne parvient plus à les distinguer, commence à s'agiter, manifeste des comportements d'agression et d'inhibition, et perd tous les réflexes antérieurement acquis, bref présente des troubles de comportement que l'on appelle «névrose expérimentale»[25]. Des troubles du même genre ont pu être provoqués lorsque le passage d'un état d'excitation à un état d'inhibition était trop rapide (Rosenthal, 1923) ou par un choc émotionnel unique et violent (Rikman, 1924).

L'étude systématique des conditions d'apprentissage provoquant de pareils troubles a conduit Pavlov à en distinguer trois: 1. l'application de stimuli trop intenses qui comporte une surtension du processus d'excitation, 2. l'établissement de différenciations trop difficiles et trop fines qui mène à une surtension du processus d'inhibition et 3. la présentation simultanée ou dans une alternance trop rapide de stimuli positifs et négatifs, qui dépasse la labilité des processus nerveux.

S'appuyant sur ces travaux de l'école de Pavlov, Krasnagorski (1925) étudie les névroses expérimentales chez les enfants et vers 1930 Pavlov lui-même aborde l'étude de l'apprentissage humain et de la psychopathologie en vue d'élaborer une conception des névroses et psychoses basée sur les notions d'excitation et d'inhibition et la relation des processus correspondants.

Aux Etats-Unis, Watson avait montré, en 1920 déjà,

comment, chez l'être humain, des réactions anxieuses peuvent être acquises par conditionnement et se généraliser (cas d'Albert). Dans les expériences faites à cet effet, Watson et Rayner (1920) commencent par constater que le petit Albert ne manifeste aucune crainte devant un rat blanc, et qu'on peut provoquer une réaction de tressaillement et de peur par un bruit soudain et violent en frappant une barre de fer suspendue. Ils ont alors associé ces deux stimuli en frappant la barre de fer juste au moment où Albert étendait la main en direction du rat blanc qu'on venait de lui présenter. Après quelques expériences associant ces deux stimuli, les auteurs ont pu constater que la seule vue du rat provoquait les pleurs et la fuite d'Albert, et que ces réactions de peur étaient aussi provoquées par la vue d'un lapin, d'un chien, d'une fourrure, etc. Les mêmes phénomènes ont pu être constatés dans une expérience de Diven (1937) dans laquelle des sujets auxquels on présentait des mots ayant trait à la vie rurale (vache, grange, etc.) montraient après des réactions anxieuses à la présentation d'autres mots du même genre.

Dans le cas du petit Albert, il y a donc association inadéquate d'un stimulus préalablement neutre (le rat blanc) à un stimulus inconditionnel (le bruit) et le sujet développe une réaction d'évitement (inadéquate) à un stimulus préalablement neutre, réaction d'évitement qui peut se généraliser à des stimuli semblables. De la même façon, des réactions d'approche peuvent être conditionnées à des stimuli inadéquats lorsque, par exemple, un objet fétiche se trouve associé à un stimulus inconditionnel positif.

Selon le schéma du conditionnement classique, les comportements anormaux se conçoivent donc comme: 1. Comportements d'approche ou d'évitement de stimuli inadéquats suite à l'association inadéquate d'un stimulus neutre à un stimulus inconditionnel; 2. Absence de réponse conditionnée à certains stimuli auxquels l'individu aurait dû apprendre à réagir; 3. Désorganisation du comportement suite à une surtension nerveuse provoquée par des conditions d'apprentissage trop difficiles.

On remarquera que Pavlov distingue ces troubles du comportement de manifestations émotives transitoires, et il y a lieu d'ajouter qu'il explique leur persistance par un dommage causé au système nerveux par l'application d'une stimulation traumatisante et non pas, comme il eût été logique de le faire dans sa perspective, par une non-extinction de la réaction.

● *L'apprentissage instrumental*

Comme nous l'avons vu dans notre esquisse de la conception de Hull, les notions importantes sont celles de *drive* et de *renforcement*, ce dernier consistant dans une réduction du drive. Selon cette conception, un comportement, en l'occurrence le comportement anormal, est appris parce qu'il permet de réduire le drive. Les comportements et symptômes névrotiques sont donc des réponses permettant de réduire le drive qui est ici l'anxiété. Mais si les auteurs qui se rallient à la conception de Hull, à savoir Dollard et Miller, Mowrer, Eysenck, Wolpe, s'accordent sur la place centrale qu'occupe l'anxiété comme drive dans l'apprentissage des troubles du comportement, ils divergent quant à leur théorie de la personnalité et leur modèle d'analyse des comportements anormaux, Dollard et Miller se référant à des conceptions psychanalytiques, alors que Eysenck et Wolpe y sont nettement opposés.

Après Mowrer, Dollard et Miller se sont intéressés à l'application des principes de l'apprentissage à la psychologie de la personnalité normale et anormale et, comme lui, ils s'inspirent de conceptions psychanalytiques. On peut même dire que dans leur ouvrage de 1950, *Personality and Psychotherapy*, où ils essaient de conceptualiser en termes d'apprentissage les phénomènes décrits par Freud, ils tentent de faire une synthèse des théories de Freud et de Hull. C'est dire que les concepts clé de leur analyse du comportement névrotique seront des concepts de la théorie de l'apprentissage — stimulus, réponse, drive, renforcement,

généralisation, discrimination — et des concepts psychanalytiques — anxiété, conflit, défense, fixation, etc. —
conçus en termes d'apprentissage instrumental. Le déplacement devient ainsi un phénomène de généralisation, la
fixation le résultat d'un renforcement intense du passé, etc.

Dans cette perspective, le comportement névrotique résulte d'un conflit inconscient appris au cours de l'enfance.
Car, pour Dollard et Miller comme pour Freud, l'enfant, au
cours de son développement comportant une série de situations d'apprentissage critiques, doit apprendre à contrôler
ses pulsions, socialisation au cours de laquelle les obsta-
cles et les punitions rencontrés peuvent produire de
l'anxiété; celle-ci sera ainsi associée (par conditionnement
classique) à certaines pulsions. L'enfant qui manifeste, par
exemple, sa colère à l'égard d'un adulte peut être puni et
cette punition créera de l'anxiété, laquelle s'associera aux
émois et comportements de colère et prendra valeur de
drive. Le même stimulus qui, avant la punition, incitait les
émois et mouvements de colère suscitera maintenant en
même temps la réaction d'anxiété que l'enfant aura tendance à éviter, produisant ainsi un conflit de type
approche-évitement, l'enfant ayant envie d'exprimer sa colère en même temps qu'il craint d'être puni s'il le fait.
C'est ce type de conflit entre deux drives qui est à la base
de la névrose.

Mais pour qu'il y ait névrose, il faut plus qu'un simple
conflit approche-évitement, il faut que ce conflit soit inconscient et mène, de ce fait, à une tentative de résolution
inadéquate, à des comportements, qu'on appelle aussi des
symptômes, propres à diminuer l'anxiété et le conflit. Dollard et Miller les décrivent en termes de fixation, de refoulement, de déplacement, etc.

Dollard et Miller conçoivent donc la névrose selon le
modèle psychanalytique classique en reprenant la théorie
freudienne de l'anxiété et des mécanismes de défense, mais
en y appliquant la théorie de l'apprentissage de Hull. Le
point de départ de la névrose, l'association d'une pulsion

et de l'anxiété, est ici conçue en termes de conditionnement classique, son développement, qui se fait par voie de
généralisation des stimuli et des réponses et l'intervention
des mécanismes de défense faisant appel, en plus, au
conditionnement instrumental. A ce propos Dollard et Miller (1950) rapportent le cas d'une jeune femme mariée souffrant, entre autres, de la peur que son cœur s'arrête si elle
n'en compte pas les battements. Les troubles avaient
commencé par un malaise ressenti dans un magasin, puis la
patiente avait peur de sortir seule et finissait par avoir peur
d'un trouble cardiaque. Ces symptômes sont considérés
par Dollard et Miller comme expression d'un conflit sexuel
opposant le désir sexuel à l'anxiété et la culpabilité:
lorsqu'elle était seule en rue, la jeune femme avait peur de
ne pas pouvoir résister aux essais de séduction dont elle
pourrait être l'objet, et le désir sexuel accompagnant la
scène de séduction fantasmée déclenchait l'anxiété et la
culpabilité qui constituaient un des pôles du conflit. En évitant d'être seule en rue la patiente diminuait le conflit et
l'anxiété, ce qui renforçait la tendance à ne pas sortir
seule, de même que compter les battements de cœur lui
permettait de ne pas penser aux séductions possibles, ce
qui diminuait également le conflit et l'anxiété, et de ce fait
renforçait la tendance à compter.

Bien que suivant le même schéma de constitution des
névroses humaines, en concevant l'anxiété conditionnée
par voie classique comme drive et les symptômes comme
réponses qui le réduisent, Wolpe (1958) et Eysenck (1959)
ne voient aucun intérêt à le mettre en rapport avec les
idées psychanalytiques, tout au contraire. Pour ces auteurs, il est superflu d'invoquer un conflit pulsionnel inconscient plongeant ses racines dans l'enfance et une élaboration recourant à des mécanismes de défense. A une
conception psychanalytique du symptôme comme manifestation visible de causes inconscientes (« complexes ») résultant du refoulement et déterminé par les mécanismes de
défense, Eysenck (1959) oppose une interprétation dans la-

quelle les symptômes sont des réponses conditionnées inadaptées résultant d'un apprentissage inadéquat et déterminées par les différences individuelles (au niveau de la conditionnabilité et de la labilité du système nerveux autonome) et les circonstances accidentelles du milieu. Pour Wolpe, les troubles névrotiques doivent se concevoir de la même façon. Ils débutent par une situation dans laquelle le sujet devient anxieux suite à une stimulation directe de l'anxiété ou à une stimulation ambivalente (conflit). Cette anxiété se généralise alors à d'autres stimuli et le sujet développe des comportements destinés à la réduire (évitement, déplacement de l'attention, obsessions, etc.).

Pour terminer ces indications sur la façon dont la théorie de Hull permet de conceptualiser les névroses, il y a lieu d'attirer encore l'attention sur l'intérêt qu'elle présente pour l'explication de leur persistance. La question se pose effectivement de savoir pourquoi les troubles névrotiques ne disparaissent en général pas spontanément avec la disparition des stimuli anxiogènes initiaux, pourquoi, en d'autres termes, il y a si peu de « guérisons spontanées ». D'après la théorie du conditionnement classique, l'anxiété conditionnée devrait en effet disparaître si elle n'est plus jamais renforcée, donc avec la cessation du stimulus inconditionnel qui l'a produite. Pavlov a en effet constaté qu'un réflexe conditionnel s'éteint s'il n'est plus jamais renforcé. Pour cela, cependant, il faut que le stimulus conditionnel soit effectivement présenté, mais sans être renforcé. Or, c'est précisément ce que prévient le conditionnement instrumental : l'anxiété étant désagréable, le sujet évite, s'il le peut, les stimuli qui la provoquent, le stimulus conditionnel qui ne pourra par conséquent pas être suivi d'un non-renforcement, et empêche ainsi le processus d'extinction d'avoir lieu. On remarquera que cette explication rend mieux compte de la persistance des troubles névrotiques que l'hypothèse de Pavlov qui invoque un dommage causé au système nerveux, et qu'elle est également plus intéressante au point de vue thérapeutique.

● *Le conditionnement operant*

Comme Eysenck et Wolpe, Skinner rejette les notions de conflit inconscient, de mécanisme de défense, etc., pour expliquer la genèse du comportement anormal et, renonçant à la notion de drive, propose de l'analyser uniquement en termes de contingences de renforcement externe qui façonnent et maintiennent les réponses. Ainsi, au lieu de se demander, comme le fait Freud à propos des traces laissées par une situation de rivalité infantile, vécue par lui-même, quel est l'effet de ces circonstances sur les tendances agressives conscientes ou inconscientes ou les sentiments de culpabilité, il faut rechercher «les actes spécifiques qui peuvent plausiblement être supposés avoir été produits par ces épisodes infantiles» (Skinner, 1954). Plus spécifiquement: «comment le comportement du jeune Freud était-il façonné par les contingences de renforcement spéciales émergeant de la présence d'un enfant plus jeune dans la famille, par la mort de cet enfant, et par l'association ultérieure avec un compagnon de jeu plus âgé... Qu'est-ce que le jeune Freud apprenait à faire pour obtenir l'attention parentale dans ces circonstances difficiles? Comment évitait-il les conséquences aversives? Exagérait-il une maladie? Simulait-il une maladie?...» (ibid.). Et Skinner estime que «ce qui a survécu au cours des ans n'est pas l'agression et la culpabilité qui vont se manifester plus tard dans le comportement, mais plutôt les patrons de comportement eux-mêmes» (ibid.).

Comme on le voit, il s'agit pour Skinner de faire une analyse très détaillée, spécifique à chaque cas individuel, des réponses et des renforcements qui ont conduit à l'établissement d'un patron de comportement normal ou anormal, celui-ci n'étant que le résultat d'une série de conditionnements inadéquats.

Dans cette perspective, on distinguera trois types d'apprentissage inadéquats. Le premier peut être illustré par le cas d'un individu qui présente des réponses normales, mais qui ne sont pas adéquatement renforcées. Certains comportements «dépressifs», par exemple, peuvent être le résultat d'un manque de renforcement positif ou de punitions reçues lors de la manifestation de réponses d'affirmation. Dans le deuxième type d'apprentissage inadéquat, il y a absence de développement d'une réponse ou d'un répertoire de réponses adéquates normalement présentes, alors que dans le troisième type il y a présence de réponses considérées comme anormales, l'individu présentant des réponses qu'il ne devrait pas manifester. Ceci peut être le résultat d'un renforcement positif: un enfant qui ne parvient à attirer l'attention qu'en étant dépendant ou «impossible», pourra garder ces comportements à l'âge adulte. On a également rapporté des cas de fétichisme et d'homosexualité s'expliquant par l'association précoce d'un objet ou d'un partenaire de même sexe à des renforcements très intenses. D'autre part, des comportements inadéquats peuvent aussi se développer parce qu'ils permettent d'éviter ou de diminuer un stimulus aversif comme nous l'avons vu à propos des symptômes névrotiques, par exemple. Certaines interprétations de masochisme vont également dans ce sens: le masochiste s'exposerait lui-même à des stimuli aversifs pour en éviter d'autres, il préférerait se diminuer lui-même plutôt que de se faire rabaisser par autrui.

● *L'apprentissage vicariant*

Admettant l'importance des phénomènes décrits dans le conditionnement classique, instrumental et operant pour l'acquisition de comportements normaux et anormaux, Bandura propose cependant de concevoir certaines conduites anormales comme résultat de l'action de modèles inadéquats soit par le biais de l'imitation directe, soit par celui du conditionnement vicariant. Les parents, ou d'autres personnes importantes de l'entourage de l'enfant peuvent ainsi jouer le rôle de modèles pour des comportements qui évolueront plus tard vers des troubles de la personnalité.

Bandura (1969), en se basant sur une série de rapports cliniques, de cas de transvestisme, de voyeurisme, d'homosexualité, d'exhibitionnisme et de fétichisme, souligne, parmi les facteurs déterminant l'acquisition et la persistance de ces comportements, l'importance des modèles que constituent les parents. Il attire également l'attention sur les dysfonctions dans les systèmes d'auto-renforcement qui peuvent avoir leur origine dans des modèles inadéquats et jouer un rôle non négligeable dans des réactions dépressives.

La modification de la conduite et de la personnalité

En dehors des travaux qui portent sur des problèmes pédagogiques et les apprentissages scolaires et professionnels et ont abouti à « l'enseignement programmé », les efforts faits par les adeptes du Learning pour conceptualiser et influencer le changement de la conduite et de la personnalité se trouvent consignés dans les travaux s'inscrivant dans le mouvement de la Behaviour Therapy et la *Behavior Modification*. [26]

Plutôt qu'une théorie et une technique unifiées, ces termes désignent en fait un ensemble de théories et de techniques variées d'inspiration behaviouriste visant à décrire, à expliquer et à modifier les troubles de la conduite. [27] Cette appellation commune est justifiée par trois points :
1. une référence fondamentale aux théories et aux travaux (expérimentaux) sur l'apprentissage ; 2. une conception behavioriste de la conduite et de ses troubles ; ceci implique une approche segmentaire plutôt globale, une prise en considération des stimuli externes plutôt que des processus mentaux internes et a pour conséquence que l'action modificatrice (thérapeutique) est centrée sur le symptôme, des réponses ou segments de conduite plutôt que sur la structure psychique, la maladie ou la névrose dont ils seraient l'expression ; 3. une approche empirique et controlée des

problèmes que pose la modification des troubles de la conduite.

Il s'agit donc d'une application des méthodes, des théories et des résultats de la psychologie de l'apprentissage aux troubles de la conduite. Ceux-ci sont conceptualisés en termes d'acquisition et non pas en fonction d'un «modèle médical» qui est d'ailleurs impropre et scientifiquement dépassé. C'est cette conceptualisation nouvelle, liée à la perspective behaviouriste, qui a permis de promouvoir une approche empirique et contrôlée visant une description précise et objective des faits cliniques ainsi qu'une élaboration explicite et vérifiable des hypothèses.

La conception fondamentale de la behaviour therapy ainsi caractérisée se trouve déjà parfaitement esquissée dans trois travaux dirigés par Watson (J.B. Watson et R. Rayner, 1920; M.-C. Jones, 1924). Déjà dans leur travail sur les réactions émotionnelles, Watson et Rayner (1920) posent la question de savoir quelles méthodes peuvent être utilisées pour éliminer des réponses émotionnelles conditionnées qui ne se sont pas éteintes spontanément et envisagent les possibilités suivantes:

1. Confrontation fréquente de l'enfant aux stimuli conditionnés dans l'espoir qu'il y ait habituation par «fatigue» du réflexe;

2. «Reconditionnement» par présentation simultanée de stimuli anxiogènes visuels et de stimuli agréables bloquant l'anxiété (caresses, friandises);

3. Mise en route d'activités «constructives» par imitation des manipulations de l'objet redouté par d'autres personnes.

Ces possibilités ont alors été investiguées dans le travail de M.C. Jones (1924a), où l'auteur cherche des méthodes propres à éliminer les peurs infantiles.

Les procédés mis à l'épreuve par Jones et les résultats furent les suivants:

1. L'élimination par évitement des stimuli anxiogènes; l'expérience montre qu'il s'agit d'un procédé insatisfaisant.

2. L'entretien sur l'objet de crainte dans un contexte positif et plaisant ne peut-il pas provoquer un changement dans la réaction anxieuse de l'enfant? Jones constate que celui-ci apprend effectivement a en parler librement sans que cela change cependant la réaction anxieuse.

3. La méthode de l'adaptation négative qui repose sur l'hypothèse qu'une répétition fréquente et monotone de la stimulation provoque l'indifférence. Jones rapporte un cas traité avec succès par cette méthode, mais pense qu'en général cette méthode appliquée seule risque de conduire à une sommation des réactions anxieuses plutôt qu'à une habituation ou à l'indifférence.

4. La méthode de répression utilisant la punition et la ridiculisation des sujets manifestant une conduite anxieuse se révèle inadéquate;

5. La méthode consistant à distraire l'individu de l'objet de crainte semble avoir quelque effet transitoire sans aboutir à une réduction permanente de la peur;

6. La méthode de conditionnement direct (contre-conditionnement) dans laquelle on utilise plus directement que dans les méthodes précédentes un processus de conditionnement en associant au stimulus anxiogène un stimulus défini qui provoque une réaction émotionelle positive (plaisante).L'illustration en est le «cas de Peter» (Jones, 1924b) qui est le pendant du «cas Albert» rapporté par Watson et qui est le point de départ de ce que sera plus tard la Behaviour Therapy telle qu'elle a été développée surtout par Wolpe.

Comme on peut le voir, il s'agit, dans ces trois travaux, de la première application systématique de la psychologie de l'apprentissage à la psychothérapie. On y trouve une ébauche de la problématique générale et des techniques de traitement.

Le développement ultérieur de ces idées s'est fait à travers les différentes contributions à la théorie de l'apprentissage et au niveau de son application aux problèmes de la psychothérapie. Parmi les contributions plus directes à la Behaviour-Therapy, il faut mentionner ici surtout Dunlap, Mowrer, Eysenck, Bandura, Kanfer et Stuart. Dunlap a en effet élaboré la technique de la «pratique négative» et insisté sur l'importance des projets de traitements spécifiques et Mowrer, outre ses travaux sur l'anxiété et le paradoxe névrotique, a développé un procédé de traitement direct de l'énurésie. Wolpe, dans son ouvrage *Psychotherapy by reciprocal inhibition* (1958), présente une théorie des névroses et de leur traitement qui se veut basée sur Pavlov, Hull, et les travaux sur la névrose expérimentale chez l'animal. Les mérites d'Eysenck sont doubles: d'abord ses écrits sur la psychothérapie et le manque fréquent de rigueur de la psychanalyse ont contribué à provoquer une réaction salutaire d'efforts critiques chez les meilleurs des adeptes d'une conception psychodynamique : ensuite Eysenck a synthétisé en une théorie générale des troubles du comportement et de leur modification une série de travaux et il a décrit les liens entre cette théorie et une théorie de la personnalité. Parmi les développements plus récents ayant une incidence sur la technique, il faut mentionner une prise en considération croissante de l'aspect social et interpersonnel par les auteurs comme Bandura, Kanfer, et Stuart, et une revalorisation des facteurs cognitifs. La tendance la plus récente (Brengelmann et Tunner, 1974) est de ne plus se reférer aux seuls principes de l'apprentissage, mais d'inclure dans les efforts de théorisation de la genèse et de la modification des troubles de la conduite les résultats d'autres disciplines expérimentales.

Si, parallèlement à ce que nous faisions à propos de la genèse des troubles de la conduite, nous nous posons maintenant la question des processus d'apprentissage actuellement invoqués comme intervenant dans la modification des troubles, nous pouvons le faire en examinant les réponses proposées dans le cadre des grandes formes d'apprentissage esquissées antérieurement.

● *Le conditionnement classique*

Le principe des procédés thérapeutiques basés sur le schéma du conditionnement classique consiste à modifier un comportement inadéquat (réponses, symptômes) par le contrôle des stimuli qui le provoquent. Ceci se réalise par association de stimuli nouveaux aux stimuli qui provoquent les réponses inadéquates (symptômes), ces stimuli nouveaux provoquant des réponses antagonistes à ces dernières et finissant par les supprimer. Il y a donc essai de substitution de stimuli qui conduit à une réorganisation des stimuli ou de la signification de la situation qui ne donne dès lors plus lieu à la réponse inadéquate [28]. Ce principe a été appliqué dans une série de méthodes destinées au traitement de troubles très variés.

Avec Watson et Jones (1924), Kantorovich (1929) est un des premiers auteurs à s'inspirer du conditionnement classique dans l'élaboration d'une technique thérapeutique, en l'occurrence une technique aversive. Cherchant un traitement pour l'alcoolisme, Kantorovich essayait d'associer les stimuli supposés conduire à la consommation d'alcool (vue, odeur et pensées en rapport avec l'alcool) à un stimulus nouveau, un choc électrique produisant une réaction pénible. Ainsi les stimuli associés à l'alcool (SC) conduisant à sa consommation, et des sensations agréables se trouvent associés à un choc (SI) provoquant la douleur et finissant par provoquer une réponse de peur et d'évitement (RC). Le traitement vise donc à supprimer la prise d'alcool par l'association d'une réponse d'évitement à celui-ci. D'autres travaux faits selon le même schéma, mais en remplaçant le choc électrique par des drogues, ont donné des résultats peu satisfaisants. Francks (1958) remarque à ce sujet qu'à l'exception des travaux de Voegtlin et al., la majorité de ces travaux manque d'une conceptualisation satisfaisante même s'ils prétendent être en accord avec les principes pavloviens. Dans les travaux les plus récents, on est revenu au choc électrique comme SI parce qu'il permet un meilleur contrôle et on a élargi les traitements en ajoutant au traitement aversif d'autres techniques permettant d'aborder aussi les autres problèmes (anxiété, relations sociales) qui se présentent dans le contexte de l'alcoolisme.

Le conditionnement aversif a aussi été utilisé dans le traitement de certaines déviations sexuelles. Ici également, on associe un stimulus inconditionnel désagréable au stimulus conditionnel provoquant la conduite indésirable, ce dernier devenant ainsi le signal d'un événement désagréable et incompatible avec la réponse originaire agréable qui est ainsi supprimée, laissant la possibilité d'acquisition d'une conduite plus adéquate. Dans l'expérience de Solyom et Miller (1965) on a ainsi essayé de supprimer non seulement la conduite homosexuelle, mais on a conduit l'expérience de façon à renforcer l'attrait hétérosexuel. Au cours du traitement les patients assis confortablement dans une pièce obscurcie devaient regarder des images d'hommes et de femmes nus. La présentation des images masculines était accompagnée d'un choc électrique alors que celle des images féminines était précédée d'un choc électrique que le patient pouvait couper faisant ainsi apparaître l'image féminine. Il y avait donc association d'un stimulus pénible au stimulus homosexuel et association de son évitement au stimulus hétérosexuel, dans le but de supprimer l'attrait homosexuel et la peur des femmes.

Un cas traité par Raymond (1956) montre l'intérêt que peut avoir un procédé aversif dans certains cas de fétichisme. Le patient était un homme qui avait connu plusieurs ennuis avec la police suite à la destruction répétée et volontaire de voitures d'enfants et de sacs à mains, et qu'une psychothérapie prolongée n'avait pas pu aider autrement qu'en lui permettant de comprendre que deux événements de son enfance étaient à l'origine de l'excitation sexuelle que provoquaient en lui les voitures d'enfants et les sacs à mains. Pour changer ce comportement, Raymond associa un SI aversif à ces objets fétiches, en injectant de l'apomorphine au patient et en lui montrant, lorsqu'elle produisait son effet (nausée), des voitures d'enfants et des sacs à mains. La répétition de cette association avait pour conséquence que ces objets-fétiches provoquant l'exitation sexuelle devenaient des SC de la sensation de nausée (SI) et provoquaient aussi une réponse antagoniste aux sensations sexuelles originaires. Le conditionnement a réussi et le patient non seulement ne présentait plus ses symptômes, mais avait également amélioré ses relations conjugales.

Le traitement de l'énurésie est un autre domaine encore pour l'application thérapeutique du modèle pavlovien. Interprété selon celui-ci, l'énurésie, le manque de contrôle sphinctérien, n'est pas l'expression d'un conflit émotion-

nel, d'une attitude hostile envers les parents ou d'une satisfaction sexuelle substitutive comme le veulent les conceptions psychodynamiques, mais principalement un manque
de conditionnement. C'est pourquoi Mowrer et Mowrer
(1938) proposent un traitement basé sur le modèle pavlovien: les stimulations provenant de la vessie remplie de
l'enfant sont considérées comme SC que l'on peut associer
à un SI, un son de cloche. Comme ce dernier provoque le
réveil et la contraction sphinctérienne, les stimuli provenant de la distension de la vessie deviennent des SC du
réveil et de la contraction sphinctérienne. L'application
pratique se faisait grâce à un dispositif électrique placé
dans le lit de l'enfant et qui déclenchait la sonnerie lorsque
l'enfant urinait. L'association s'établissait et allait de pair
avec une disparition de l'énurésie.

La méthode de *désensibilisation systématique* a été développée par Wolpe à partir de ses travaux sur l'apprentissage et les névroses expérimentales qui l'ont conduit à
concevoir les névroses humaines comme des comportements inadaptés et persistants, appris dans un organisme
physiologiquement normal, et dans lesquels l'anxiété joue
un rôle central. Le traitement de ces névroses visera donc
surtout la suppression de l'anxiété.

Le principe thérapeutique de base est celui de l'inhibition réciproque repris au physiologiste Sherrington (1906)
et que Wolpe (1958) formule comme suit: « Si une réponse
antagoniste à l'anxiété peut être provoquée en présence de
stimuli évocateurs d'anxiété de façon à être accompagnée
d'une suppression complète ou partielle des réponses
anxieuses, le lien entre ces stimuli et les réponses anxieuses sera affaibli ». La thérapie consistera donc à supprimer
l'anxiété par le contre-conditionnement d'une réponse antagoniste. Comme l'anxiété est surtout liée à l'activité du
système nerveux sympathique, Wolpe supposait pouvoir
trouver ces réponses antagonistes parmi les réponses qui
impliquent surtout le système nerveux para-sympathique
et, se basant sur la littérature psychophysiologique, choi-

sissait des réponses d'auto-affirmation, des réponses sexuelles, des réponses de relaxation musculaire et des réponses émotives à tonalité positive. Parmi les différentes réponses antagonistes à l'anxiété qui ont conduit à l'élaboration des différentes techniques de traitement, ce sont les réponses de relaxation musculaire qui sont le plus souvent utilisées dans la désensibilisation systématique. C'est la technique non seulement la plus employée en behaviour therapy, mais également la plus étudiée et la mieux connue, tant du point de vue expérimental que du point de vue clinique. Elle consiste à associer les stimuli anxiogènes (SC) à la relaxation musculaire profonde qui les inhibera progressivement.

L'application pratique de cette technique peut être décrite en distinguant quatre phases, dont la première est commune à toutes les techniques utilisées par Wolpe, alors que les trois suivantes sont spécifiques à la désensibilisation systématique. Lors de la première que l'on peut appeler «diagnostique», une anamnèse détaillée est prise en vue de décrire les difficultés et les symptômes du patient, de les situer dans leur contexte et de décider si la technique thérapeutique est indiquée. L'histoire des symptômes et difficultés est prise en consacrant une attention particulière aux événements précipitants et aux facteurs qui semblent améliorer ou aggraver les symptômes; l'histoire de vie est explorée en faisant attention plus particulièrement aux relations et attitudes familiales, sociales et professionnelles, à l'histoire sexuelle, aux événements importants et marquants, aux peurs, difficultés et réactions émotionnelles, aux habitudes de réagir. L'indication posée, le thérapeute entraîne le patient à la relaxation musculaire profonde pendant environ six séances et lui demande un exercice quotidien de relaxation de deux fois 15 minutes. La troisième phase est celle de la construction des hiérarchies d'anxiété qui commence à peu près en même temps que l'entraînement à la relaxation, mais qui ne se fait pas en état de relaxation. C'est la phase la plus difficile et la plus complexe, car elle demande une «reconnaissance précise des sources de stimuli de la réponse anxieuse inadaptée, une itemisation laborieuse et une gradation soigneuse des items» pour aboutir à «une liste graduée de stimuli comportant différents degrés d'un trait défini qui évoque l'anxiété» (Wolpe et Lazarus, 1966). Ces stimuli anxiogènes sont alors groupés selon les thèmes (peur des espaces ouverts, peur des examens, peur d'être rejeté, etc.) et sériés selon un continu allant du plus fort au plus faible. Un patient peut ainsi présenter peu ou beaucoup de thèmes et peu ou beaucoup d'items dans chaque hiérarchie. Les hiérarchies d'anxiété ayant été établies et l'entraînement à la relaxation musculaire profonde ayant permis au patient d'atteindre celle-ci, le thérapeute aborde, lors d'une quatrième phase, le procédé de désensibilisation. Il dit au patient de se relaxer et, la relaxation étant accomplie, lui demande d'imaginer le stimulus le plus faible d'une hiérarchie. Si le patient parvient à s'imaginer ce stimulus sans devenir anxieux, on passe au stimulus suivant jusqu'au moment où tous les stimuli de toutes les hiérarchies peuvent être évoqués sans être suivis d'une réaction anxieuse.

Les résultats obtenus par cette méthode de la désensibilisation systématique sont extrêmement intéressants et ont conduit à une série de travaux importants pour la recherche en psychothérapie. Wolpe (1958) et d'autres auteurs trouvent en effet non seulement un pourcentage élevé de cas guéris ou fortement améliorés en un temps relativement court, mais ils constatent que l'effet thérapeutique est durable et qu'il n'y a pas de substitution de symptôme comme le voudrait la psychanalyse.

Vu les incertitudes inhérentes aux travaux cliniques non contrôlés sur les effets de la psychothérapie, certains chercheurs se sont proposés d'étudier les effets et les mécanismes de la méthode de Wolpe dans des recherches de laboratoire bien contrôlées. C'est ainsi que Lang et Lazovik (1963) ont étudié l'effet de la désensibilisation systématique sur la phobie des serpents. Dans ce travail les auteurs ont réparti en deux groupes des étudiants présentant une peur intense des serpents non-venimeux, les sujets du premier groupe (le groupe expérimental) recevant un traitement par désensibilisation, les sujets du second groupe (le groupe contrôle) n'en recevant pas, mais étant simplement confrontés à l'objet phobique lors des situations test subies également par le groupe expérimental. Les résultats montraient que les sujets du groupe expérimental étaient plus capables de toucher ou de tenir le serpent et disaient avoir moins peur que les sujets du groupe de contrôle; six mois après l'arrêt du traitement, l'effet thérapeutique était maintenu, voire même augmenté, et aucune substitution de symptôme n'avait été constatée. Dans une expérience ultérieure, Lang, Lazovik et Reynolds (1965) ont poussé ce travail plus avant en essayant de déterminer si le changement thérapeutique constaté pouvait s'expliquer par l'effet placebo. Les sujets et conditions d'expérience étaient semblables à ceux de l'expérience précédente, à cette différence près que, dans la nouvelle expérience, on ajoutait dix sujets subissant une «pseudothérapie». Les résultats de ce travail montraient également, entre autres, que les sujets ayant subi la désensibilisation systématique présentent une réduction de peur significativement plus grande que les sujets du groupe de contrôle (non-traité) qui ne diffèrent d'ailleurs pas significativement de ceux du groupe ayant reçu la pseudo-thérapie. Ces résultats ont pu être confirmés dans un travail de Paul (1966) qui est le meilleur de cette première série parce que le mieux contrôlé et le plus «clinique» en ce sens que le trouble étudié se rapproche plus de la phobie à structure psycho-névrotique que ne le faisaient les autres, et aussi parce que l'analyse des mécanismes du trouble et de son amélioration est beaucoup plus satisfaisante. Dans ce travail, Paul comparait l'effet qu'avaient sur l'anxiété interpersonnelle (prise de parole en public) la désensibilisation systématique, une thérapie brève d'orientation psychodynamique, et un traitement placebo. Les résultats montrent, entre autres, une réduction significativement plus forte de l'anxiété pour les sujets traités par désensibilisation systématique, cette supériorité se constatant dans les mesures de tous les aspects envisagés de l'anxiété (aspects cognitifs, physiologiques, et moteur). Deux ans après l'arrêt du traitement, Paul (1967) pouvait constater que l'effet thérapeutique s'était maintenu, voire étendu, et qu'il n'y avait pas de substitution de symptôme.

Après ces premiers travaux comparatifs sur l'effet et les mécanismes d'action de la désensibilisation systématique, les recherches se sont aussi orientées vers la mise en évidence des différentes composantes de cette méthode qui pourraient expliquer son efficacité. Les questions qui se posaient d'abord à ce niveau étaient de connaître le rôle joué par la variable « relaxation » et la variable « représentation imagée du stimulus anxiogène », et de voir si le principe de l'inhibition réciproque invoqué par Wolpe suffisait pour expliquer les effets observés ou s'il fallait en chercher d'autres.

En ce qui concerne le rôle de la relaxation, Rachman (1965) trouve que c'est la représentation imagée du stimulus anxiogène associée à la relaxation qui provoque l'effet et non les deux variables prises isolément. D'autres recherches arrivent à des résultats différents, et en 1968 Rachman arrive à la conclusion que le facteur essentiel est le *sentiment* de relaxation, et que la relaxation musculaire tout en étant de nature à le favoriser, n'est pas absolument indispensable.

Au niveau des principes explicatifs des effets de la désensibilisation, le modèle proposé par Wolpe a rencontré quelques difficultés qui ont conduit à concevoir des modèles alternatifs parmi lesquels il faut mentionner celui de Lader et Mathews (1968) et le modèle « cognitif ». Selon le modèle de Lader et Mathews qui est basé sur des travaux psycho-physiologiques concernant l'excitation du cortex cérébral, la désensibilisation serait une habituation se réalisant très rapidement à la faveur d'un niveau d'activation physiologique faible. D'après le modèle cognitif, l'effet de la désensibilisation systématique s'expliquerait principalement par des processus cognitifs. C'est ainsi que Valins et Ray (1967), après avoir montré que la peur des serpents diminue chez les individus auxquels on donne des informations incorrectes sur leur activité cardiaque, supposent que la désensibilisation systématique amène le patient à croire qu'il sera détendu en face des stimuli anxiogènes ce qui, d'après la théorie de Schachter, diminue la réaction émotive, puisque l'excitation n'est plus interprétée comme peur. Pour Folkins et al. (1968) la diminution de l'anxiété pourrait s'expliquer par le développement de stratégies cognitives élaborées lors de la représentation imagée de stimuli anxiogènes, qui permettraient de mieux affronter les situations anxiogènes.

Actuellement les problèmes concernant le rôle de la relaxation et de la représentation imagée, de même que ceux qui se rapportent aux modèles explicatifs, ne sont pas encore résolus. Il reste vrai que la « désensibilisation est un procédé qui ne peut en aucun cas être considéré comme un simple déconditionnement. Une multiplicité de processus se déroulent à des niveaux différents. Ceux-ci ne s'excluent pas mutuellement, mais contribuent ensemble à l'efficacité de la désensibilisation » (Bergold, 1969).

● *Le conditionnement operant*
et la modification du comportement

Bien que n'étant pas clinicien comme Wolpe qui est psychiatre, mais homme de laboratoire, Skinner s'est intéressé directement aux problèmes posés par la thérapie des névroses et des psychoses. Dans sa conception de la modification de comportements troublés, le thérapeute a deux tâches principales : d'abord il doit être un auditeur ou témoin non-punitif permettant ainsi l'émergence de comportements inadéquats refoulés dont l'anxiété et la culpabilité associées disparaîtront au cours d'un processus d'extinction si elles ne sont pas renforcées. Ensuite, le thérapeute doit être une source de renforcement de l'acquisition des comportements nouveaux désirés. L'accomplissement de ces tâches suppose préalablement une analyse approfondie du comportement, déterminant quels sont les comportements à modifier, quels sont les comportements à acquérir, quels renforcements sont efficaces pour le patient et selon quels schèmes il faut les administrer pour former les comportements nouveaux au cours d'une série d'approximations successives.

Les premières applications thérapeutiques du conditionnement operant ont été tentées dans des cas relativement réfractaires à une influence par la parole : des enfants avec des déficiences graves, des retardés mentaux, et certains cas de psychose. C'est ainsi qu'après les recherches de Lindsley, Ayllon a développé le traitement comportemental en institution psychiatrique à partir de ses observations qui montrent comment, sans le vouloir, le personnel soignant renforce parfois les comportements qu'il désire éliminer chez les malades. Dans le cas du refus de nourriture, par exemple, l'analyse du comportement montrait que le personnel entretenait ce comportement en accordant une attention à ces patients qui dès lors refusaient de manger seuls. La modification de ce comportement fut obtenue en ne renforçant pas les refus de nourriture par l'octroi d'une attention spéciale, et en faisant dépendre l'accès à la salle à manger de l'accomplissement d'une série de comportements. En généralisant cette démarche Ayllon et Azrin (1965) ont alors élaboré leur technique de l'économie des jetons. Dans cette technique les comportements attendus du malade sont récompensés par des gages qu'il peut échanger contre des avantages et objets qu'il désire (vision TV, sortie, cigarettes, friandises, etc.).

Ces modifications du comportement ne guérissent évidemment pas la psychose du malade, mais elles améliorent la vie en institution, et la disparition de certains symptômes et comportements améliore souvent les relations sociales du malade et de son entourage (famille, autres patients, personnel) et augmente sérieusement les chances de réhabilitation. Atthowe et Krasner (1968), en appliquant cette technique en hôpital psychiatrique, ont pu constater une augmentation de l'activité et de la responsabilité du patient, et ont vu doubler le nombre de sorties. La guérison d'un cas de cécité hystérique est rapporté par Brady et Lind (1961).

Plus récemment des techniques basées sur le conditionnement operant s'appliquent également pour modifier des comportements névrotiques et conflictuels, et dans les thérapies de couple. Stuart (1969) propose une thérapie du couple, une approche «operante-interpersonnelle» basée sur le conditionnement operant appliqué dans un cadre de références qui est constitué par l'analyse fonctionnelle du comportement, l'Exchange Theory (Tibaut et Kelley, 1959, Homans, 1961) et la théorie des communications (Watzlawick, Beavin et Jackson, 1967). Le but de cette thérapie est l'amélioration de la qualité et de la quantité d'interaction positive dans le couple par la sélection et l'approximation successive de «comportements-cible» chez chacun des partenaires qui finissent par se percevoir et se ressentir d'une façon nouvelle grâce à la modification du comportement que chacun adopte à l'égard de l'autre. En Europe cette approche a été développée par Mandel et al. (1971, 1975) qui l'enrichissent d'un apport psychanalytique et anthropologique, et proposent des techniques et des exercices qui complètent et qui vont plus loin que les techniques de Wolpe et de Masters et Johnson (Sexothérapie)[29].

● *L'apprentissage vicariant et le modelage*

L'apprentissage vicariant étant un apprentissage par lequel on apprend en observant le comportement d'autrui, son application thérapeutique consiste dans l'observation d'un modèle qui se comporte avec succès dans une situation qui fait problème pour un individu. Les applications thérapeutiques du modelage sont relativement récentes et peu nombreuses, mais on a montré qu'il s'agit d'une technique efficace dans le traitement de certaines peurs infantiles. Bandura (1969) remarque aussi que dans la thérapie combinée de Lovaas (1967) traitant des enfants autistes, des procédés de modelage ont une place importante. Il attire également l'attention sur l'importance qu'ils ont dans le jeu thérapeutique et note que la «thérapie des rôles fixes» de Kelley fait intervenir presque exclusivement des procédés de modelage. De cette façon, l'apprentissage vicariant ne permet pas seulement d'éliminer des comportements inadéquats (des peurs, par exemple) mais aussi d'acquérir des comportements nouveaux et plus adéquats comme le montre également le travail de O'Connor (1969) au cours duquel on est parvenu à diminuer l'anxiété sociale et à augmenter le comportement de contact chez des enfants qui se conduisaient en isolés.

CRITIQUE

Les critiques que l'on entend généralement adresser aux conceptions de la personnalité inspirées par le Learning leur reprochent d'être trop simples, incomplètes et finalement pas aussi scientifiques qu'elles prétendent l'être, de manquer la complexité de la personnalité humaine, d'en négliger des aspects importants sans pour autant en avoir fait une étude plus scientifique.

On fait ainsi remarquer que ces conceptions se basent sur des lois de l'apprentissage établies par des recherches faites sur des animaux en laboratoire, des chiens, des rats et des pigeons, et qu'il n'est pas sûr que ces lois soient valables également dans l'apprentissage humain. Et même si elles l'étaient, peut-on continuer l'interrogation, le choix du «habit» comme unité d'analyse, ne conduit-il pas à manquer deux caractéristiques essentielles de la personnalité, à savoir sa complexité et son organisation, le fait que la personnalité n'est pas une somme de facteurs spécifiques et indépendants les uns des autres, mais un ensemble de facteurs en interaction? Peut-on nier que dans ces premières tentatives vers une conception de la personnalité les phénomènes complexes que sont les processus de régulation, de pensée, du langage et de la réflexion sur soi-même aient reçu un traitement insuffisant, même si l'on tient compte de quelques remarquables mises au point présentées plus récemment, telles que celles de Richelle (1966, 1972)? Et malgré l'apport important que firent aux problèmes de l'hérédité et du milieu les auteurs de ces conceptions, en soulignant l'importance et en décrivant les mécanismes d'action de ce dernier par leur étude de l'apprentissage, le peu d'attention accordée aux facteurs génétiques et de développement laissent ces conceptions incomplètes.

Quant à la scientificité de ces conceptions, elle se veut fondée sur deux caractéristiques que Eysenck attribue aussi à la Behaviour Therapy: 1. Elles sont «basées sur une théorie consistante proprement formulée et qui mène à des déductions vérifiables»; et 2. «Dérivées d'études expérimentales spécifiquement conçues pour vérifier la théorie de base et les déductions qui en sont faites.» Mais il faut rappeler aussi «que ce n'est jamais qu'un rayon limité de processus psychiques qui se laisse provoquer au laboratoire par des dispositions expérimentales, et que l'applicabilité de l'expérimentation décroît d'autant plus que nous essayons d'avancer de la périphérie de la conscience des objets vers les expériences plus profondes et plus centrales» (Lersch, 1954). Cette restriction est aussi faite, et presque dans les mêmes termes, par un auteur qui se situe dans la perspective du Learning: «plus on s'éloigne de simples situations de laboratoire, plus grand est le nombre de suppositions qui doivent être faites» (Taylor, 1963). C'est sans doute la raison qui a fait dire, à propos de Bandura et Walters: «Un examen soigneux de leurs idées et de leurs recherches suggère cependant que leurs recherches contiennent moins de théorie systématique et plus de sens commun qu'il ne paraît à première vue. C'est après tout une observation du sens commun que les enfants imitent et qu'ils se modèlent d'après les parents, les frères et sœurs, les professeurs... Bandura et Walters illustrent avec profusion le processus imitatif... mais ils ne l'expliquent pas» (Deutsch et Krauss, 1965).

Ces trois critiques adressées aux conceptions de la personnalité inspirées par le Learning et le Behaviorisme concernent évidemment aussi les conceptions thérapeutiques qui en sont dérivées, comme on pourra le voir dans les commentaires que nous ferons pour terminer sur la comparaison que fait Eysenck de la behaviour therapy et de la psychanalyse.

BEHAVIOUR THERAPY ET PSYCHANALYSE, THEORIES ALTERNATIVES OU COMPLEMENTAIRES?

Les différences principales entre les deux théories

Pour examiner cette question, partons de la liste donnée par Eysenck (1959). Il est vrai qu'elle contient des affirmations qui ne sont pas partagées par tous les behaviouristes et que les différences entre les théories psychodynamiques et celles qui se basent sur les théories de l'apprentissage ont été particulièrement accentuées par Eysenck (et Wolpe), alors que d'autres auteurs qui se rattachent également à la psychologie de l'apprentissage ont insisté sur les ressemblances des deux perspectives ou ont même essayé de les intégrer[30]. Si nous la prenons quand même comme référence de notre comparaison, c'est parce qu'elle mentionne et situe de façon succincte les points principaux des discussions sur ce sujet. Le texte suivant la lettre a) se rapporte à la «psychothérapie», plus particulièrement à la psychanalyse, le texte précédé de la lettre b) concerne la behaviour therapy.

1. a) Basée sur une théorie inconsistante jamais proprement formulée sous forme de postulat.
   b) Basée sur une théorie consistante proprement formulée, conduisant à des déductions vérifiables.
2. a) Dérivée d'observations cliniques faites sans les observations de contrôle nécessaires, ni expérimentation.
   b) Dérivée d'études expérimentales spécifiquement établies pour vérifier la théorie de base et les déductions faites à partir d'elle.
3. a) Considère les symptômes comme le résultat visible de causes inconscientes («complexes»).
   b) Considère les symptômes comme des réponses conditionnées inadaptées.
4. a) Considère les symptômes comme des signes de *refoulement*.
   b) Considère les symptômes comme des signes d'un mauvais apprentissage.
5. a) Croit que la symptomatologie est déterminée par les mécanismes de défense.
   b) Croit que la symptomatologie est déterminée par des différences individuelles dans la conditionnabilité et l'instabilité du système nerveux autonome, aussi bien que les circonstances accidentelles du milieu.
6. a) Tout traitement de troubles névrotiques doit être *historiquement* fondé.
   b) Tout traitement de troubles névrotiques concerne des habitudes existant dans le *présent*; leur développement historique est largement hors de propos.
7. a) La guérison est obtenue en maniant la dynamique sous-jacente (inconsciente), et non en traitant le symptôme lui-même.
   b) La guérison est obtenue en traitant le symptôme lui-même, c'est-à-dire en éteignant les réponses conditionnées inadaptées et en établissant des réponses conditionnées souhaitées.
8. a) *L'interprétation de symptômes*, de rêves, d'actes, etc., est un élément important du traitement.
   b) L'interprétation, même si elle n'est pas complètement subjective et erronée, est hors de propos.
9. a) Le traitement symptomatique conduit à l'élaboration de symptômes nouveaux.
   b) Le traitement symptomatique conduit à une guérison permanente dans la mesure où les RC en excès aussi bien autonomes que relationnels sont éteints.
10. a) Les relations de transfert sont essentielles à la guérison de troubles névrotiques.
    b) Les relations personnelles ne sont pas essentielles pour guérir les troubles névrotiques, bien qu'elles puissent être utiles en certaines circonstances.

A cette liste des principales différences entre la behaviour therapy et la psychanalyse, on peut ajouter un onzième point concernant les résultats thérapeutiques qui, d'après les défenseurs de la behaviour therapy, seraient supérieurs à ceux des autres méthodes et obtenus plus rapidement (Eysenck, 1959; Wolpe et Lazarus, 1966).

Au sujet des deux premiers points qui concernent le statut scientifique des deux théories, les remarques suivantes s'imposent. Si la structure formelle de la théorie psychanalytique laisse à désirer, comme l'a montré E. Nagel (1959) entre autres, il ne faut pas perdre de vue que la supériorité scientifique que Eysenck reconnaît à la behaviour therapy n'est pas aussi solidement établie qu'il semble à première vue. Comme il ressort de l'article dont notre liste est extraite, cette supériorité scientifique de la behaviour therapy résiderait dans l'application aux troubles névrotiques des « principes bien établis » dégagés de l'étude expérimentale des lois de l'apprentissage et du conditionnement chez l'homme et l'animal. La question se pose alors de savoir si ces principes sont effectivement si bien établis et s'ils s'appliquent à la genèse et au traitement des troubles névrotiques.

Concernant la référence aux lois de l'apprentissage et du conditionnement, il faut remarquer que Eysenck est partisan d'une théorie S-R « périphérique » qui prend pour unité d'analyse des stimuli et des réponses relativement simples, décrits en termes de variables objectives et directement observables. Déjà à ce niveau on peut constater un flottement dans la théorie de l'apprentissage de la behaviour therapy, car tout en se référant à la rigueur des expériences animales sur l'apprentissage et à la solidité de leurs résultats, la behaviour therapy définit le stimulus et la réponse d'une façon qui n'a plus rien de la rigueur des expériences animales : une situation sociale, une pensée ou l'imagination d'une scène sont en effet des « stimuli » très différents des stimuli auditifs que Pavlov faisait jouer dans ses expériences, et les réponses aussi étaient d'un tout autre ordre que les «sentiments», l'état de relaxation ou les «effets émotionnels d'expériences esthétiques» (Wolpe, 1958). En plus de cet usage impropre des notions de stimulus et de réponse, il y a le fait rappelé par Breger et Mc Gaugh (1965), que, même au niveau de l'apprentissage animal, la forme de théorie S-R sur laquelle se base la behaviour therapy, ne permet pas de rendre compte de phénomènes aussi capitaux que ceux de la généralisation (équivalence de stimulus, transfert de réponse). Il est vrai que, dans son ouvrage publié avec Rachman, Eysenck insiste sur l'importance de l'organisme comme variable intermédiaire et remplace la formule classique «S-R» par la formule «S-O-R», mais les conséquences de cette modification se limitent à la mise en valeur des dimensions de la personnalité et ne donnent pas lieu à l'élaboration pourtant nécessaire des variables intermédiaires qui jouent au niveau de l'organisation cognitive et affective. Ce n'est cependant pas seulement sur le plan de la définition du stimulus et de la réponse, mais aussi sur celui de l'usage des lois du conditionnement et de l'effet, que la théorie de l'apprentissage à laquelle se réfère Eysenck fait problème, comme le soulignent aussi Breger et Mc Gaugh (1965)[31]. La théorie de l'apprentissage sur laquelle se base la behaviour therapy n'est donc pas si bien établie, même au niveau animal, et son application aux conduites humaines complexes ne va pas sans susciter des questions.

En ce qui concerne le symptôme, il faut noter que Eysenck le conçoit à partir d'une théorie behaviouriste de la conduite et d'une théorie «périphérique» de l'apprentissage plutôt qu'à partir de l'observation clinique. Celle-ci montre en effet que dans la psychonévrose, le symptôme est une conduite plutôt qu'une réponse manifeste isolée ou une habitude, conduite qui ne peut être expliquée à partir des seuls stimuli tels que Eysenck les décrit sans avoir recours à des variables intermédiaires. L'analyse de la conduite d'un patient souffrant d'une agoraphobie psychonévrotique montre effectivement que l'angoisse est déclenchée non par une configuration spatiale précise, mais par sa valeur symbolique qui peut d'ailleurs se réaliser à travers des configurations objectivement très différentes. Ainsi le symptôme psychonévrotique ne peut être compris comme simple réponse conditionnée inadaptée qui serait déterminée par la conditionnabilité du sujet et par des circonstances de milieu accidentelles, mais il entre dans sa production des facteurs non directement observables, des variables intermédiaires comme, entre autres, les «complexes» et les «mécanismes de défense». A ceci il faut encore ajouter que, si théoriquement Eysenck définit le symptôme comme réponse manifeste plus ou moins isolée, *en pratique* il le traite en l'insérant dans un contexte beaucoup plus large.

Quant au fondement historique du traitement des névroses, il faut remarquer que la psychanalyse ne le juge nécessaire que dans la mesure où la connaissance de l'histoire est indispensable à la connaissance de la situation présente du patient et que la behaviour therapy recourt également à l'histoire de la vie du patient pour déterminer la signification des stimuli et des réponses.

A propos de la place qu'occupent dans le traitement le symptôme et la dynamique sous-jacente, il y a lieu de ne pas perdre de vue que dans la mesure où des conflits ou des «conceptions erronées» sont présents chez un patient, la behaviour therapy s'en occupe également, tout comme la psychanalyse, et ne se borne donc pas seulement à «traiter le sumptôme lui-même»: «La correction de conceptions erronées, cependant, est souvent un précurseur nécessaire à la désensibilisation effective. Un patient qui exprimait une culpabilité indue concernant le fait qu'il se laissait aller à la masturbation à laquelle il attribuait erronément ses maux de tête et sa peur des hauteurs et de répondre au téléphone, avait nécessairement besoin d'une correction avant d'être soumis à un programme de désensibilisation. La même chose s'applique à des patients avec des attitudes erronées envers la société, des personnes particulières, ou eux-mêmes» (Wolpe et Lazarus, 1966).

Que le traitement ne se borne pas à l'extinction des réponses conditionnées inadaptées suivie de l'établissement des réponses conditionnées souhaitées, mais intervient également dans la dynamique sous-jacente du cas, saute aux yeux lors de la lecture de la description du traitement d'un cas que Eysenck et Rachman (1965) donnent comme exemple des processus de désensibilisation systématique. La patiente qui se plaignait d'une impossibilité de recevoir des injections, d'une peur d'utiliser des tampons hygiéniques internes et d'un «problème sexuel», recevait en effet bien plus qu'une désensibilisation systématique. Lors des interviews, N° 12, 13, 14 et 15, le thérapeute introduisait «une sorte de discussion cathartique non-directive», «les différentes difficultés concernant le voyage projeté d'A.G. ont émergé et ont été discutées complètement», et «la patiente a reçu des informations et des conseils concernant les jeux de l'amour et on lui a dit de se relaxer complètement avant l'acte. Il lui a également été suggéré qu'il y aurait probablement un transfert spontané de l'effet de relaxation et que pour cela, le succès dans le domaine sexuel était vraisemblable une fois que les deux autres aires d'anxiété auraient été désensibilisées» (Eysenck et Rachman, 1965).

Les citations précédentes, le procédé général de «l'approche du patient» et les exposés de cas de Wolpe font douter aussi que pour la behaviour therapy «l'interprétation, même si elle n'est pas complètement subjective et erronée, est hors de propos». Comme nous venons de le voir, la behaviour therapy fait bien intervenir l'interprétation implicite tant qu'explicite, mais cette interprétation, si elle n'est certainement pas du type psychanalytique, est une interprétation «sauvage». Elle est sauvage dans la mesure où le «code» auquel elle se réfère dans la lecture du texte qu'est la conduite du patient, est un code mixte au statut mal défini qui, faute de laisser apparaître la subjectivité du patient, risque de laisser s'imposer celle du thérapeute. La conséquence thérapeutique n'en est pas nécessairement toujours positive.

Concernant la substitution des symptômes, il faut remarquer que son évaluation dépend de la façon dont on définit le symptôme. Dans la mesure où on le définit sans tenir compte de l'ensemble de la psychodynamique du patient, on risque de ne pas voir la répercussion que la disparition du symptôme pourrait avoir sur cet ensemble, on risque de ne pas voir, par exemple, que la disparition d'un symptôme phobique est suivie d'une anxiété générale diffuse, d'une restriction dans certains secteurs de la vie sociale du patient, ou de l'apparition de légères tendances obsessionnelles. Dans le cas d'anxiétés non-psychonévrotiques, les résultats des travaux faits sur ce sujet tendent à montrer qu'il n'y a pas de substitution de symptôme, pour les cas de psychonévrose des constatations semblables ont été faites, mais les choses sont moins claires.

Quant à la nécessité du transfert, il y a lieu de préciser ce que l'on entend par transfert et dans quel cas on le juge nécessaire pour l'accomplissement de la cure. On peut d'abord remarquer qu'il y a toujours transfert lorsqu'on s'engage dans une relation thérapeutique, mais que des « relations personnelles » (Eysenck) ne sont peut-être pas aussi nécessaires lorsqu'il ne s'agit pas de psychonévroses. Ensuite il faut dire qu'un procédé comme le training assertif, par exemple, fait bel et bien intervenir le transfert, mais sans l'analyser.

Le onzième point que nous avons ajouté, l'affirmation de l'efficacité thérapeutique plus grande et plus rapide de la behaviour therapy, suscite des réserves dans la mesure où cette affirmation s'appuie sur des études cliniques non-contrôlées, ces études ne permettant aucune comparaison valable. Les études contrôlées ne sont pas très nombreuses et dans la mesure où elles rapportent des résultats supérieurs obtenus par la behaviour therapy, il ne s'agit pas de psychonévroses, ou bien la supériorité est relative à une psychothérapie brève d'orientation psychanalytique. Il s'agit donc d'une affirmation qui attend encore sa confirmation pour les psychonévroses. Il faut noter cependant que cette question de l'efficacité thérapeutique ne doit pas se poser en termes de supériorité d'une méthode sur une autre, mais de façon plus différenciée : quel est l'effet (au niveau du symptôme *et* au niveau « existentiel ») de telle méthode utilisée par tel thérapeute avec tel patient ?

Behaviour therapy et psychanalyse, théories complémentaires ?

L'argumentation pour une relation de complémentarité entre la psychanalyse et la behaviour therapy nous semble pouvoir être conduite le plus utilement, si on la développe à partir d'un examen des conceptions de l'étiopathogénie, des phénomènes d'apprentissage supposés en jeu dans les processus thérapeutiques, et de la classification des troubles névrotiques.

Si l'on considère les deux conceptions étiopathogénétiques, on remarquera d'abord une similitude : les deux théories présentent chacune deux conceptions étiopathogénétiques et ces deux sont strictement superposables.

En ce qui concerne la psychanalyse, on se souviendra, en effet, que Freud a développé deux conceptions pathogénétiques, la conception « traumatique » et la conception « conflictuelle », tout en soulignant que « le point de vue traumatique ne devra pas être abandonné comme étant erroné ; il devra se placer ailleurs et se subordonner » (XI, 285). On se souviendra aussi que la formation des symptômes décrite dans la conception « traumatique » obéit en fait aux mécanismes de conditionnement invoqués par la behaviour therapy.

La behaviour therapy, de son côté, fait également intervenir une conception « traumatique » et une conception « conflictuelle ». La référence à une conception « traumatique » ressort clairement de l'exposé que fait Wolpe (1958) de sa conception de la genèse des névroses humaines. La conception « conflictuelle » est plus implicite, mais nettement saisissable si on se souvient que Wolpe fait intervenir le conflit comme source de l'anxiété à partir de laquelle les symptômes se conditionnent, et qu'ensuite, il décrit le développement comme «réponses névrotiques secondaires» de «conduites réductrices d'anxiété», dont la description ne laisse pas de doute sur leur nature de «mécanisme de défense».

Il faut ajouter que la psychanalyse, dans la suite de son évolution, a surtout développé la conception «conflictuelle» et négligé quelque peu l'élaboration de la conception «traumatique», et que la behaviour therapy a négligé l'aspect «conflictuel» au profit de l'aspect «traumatique». Mais c'est précisément en cela que les deux théories nous semblent non seulement pouvoir, mais devoir se compléter, car, abstraction faite du manque d'une théorie de l'apprentissage en psychanalyse, la psychanalyse et la behaviour therapy ne conceptualisent de façon satisfaisante qu'une partie des phénomènes névrotiques. La psychanalyse rend en effet mieux compte des «psychonévroses», c'est-à-dire des névroses qui se développent à partir d'un *conflit* qui plonge ses racines dans l'enfance et se développe pour une part essentielle au niveau des processus de symbolisation et de langage, alors que la behaviour therapy aborde mieux les névroses dont l'origine se trouve dans un *conditionnement inadéquat* bien plus que dans un conflit de structure de la personnalité. Les résultats thérapeutiques obtenus par la behaviour therapy semblent d'ailleurs étayer ce point de vue, en ce sens qu'ils sont excellents pour les troubles qui ne sont pas psychonévrotiques, alors qu'ils sont médiocres pour les troubles à base de conflit, comme certaines agoraphobies ou certaines «dépressions névrotiques», — du moins lorsque la thérapie pratiquée est basée uniquement sur des techniques de déconditionnement et ne fait pas intervenir subrepticement d'autres techniques, comme c'est souvent le cas dans les études non-contrôlées.

Il est d'ailleurs intéressant de constater que toutes les classifications cliniques des «névroses», que ce soient celles de la psychiatrie clinique, de la psychanalyse, de la behaviour therapy, ou celle de Schultz, distinguent les troubles névrotiques à base de conflits de ceux où le conflit d'origine infantile est secondaire ou inexistant. A cela on peut évidemment objecter que pareille classification a la même valeur que les fausses fenêtres que l'on fait pour la symétrie, et que l'on peut toujours déceler par exemple un conflit dans un cas de névrose traumatique ou chez des personnes qui ont peur des animaux, des voyages en voiture ou en avion. Cette objection perd cependant quelque peu de sa valeur lorsqu'on considère que tout homme normal a des conflits, tandis que le conflit névrotique se définit par le fait qu'il est inconscient et se présente chez une personne « immature », et que les névroses sans conflit inconscient peuvent être guéries sans « restructuration du fond de la personnalité ». Quant au behaviouriste qui contesterait la valeur réelle de cette distinction, on pourrait lui demander pourquoi pour sa part, dans sa *pratique clinique*, il ne se borne pas à de simples procédés de déconditionnement comme la désensibilisation systématique, mais juge nécessaire d'avoir recours, dans certains cas, aux approches psychodynamiques inavouées que Wolpe préconise, comme on peut le constater dans l'exposé qu'il fait de sa méthode. Ces approches psychodynamiques inavouées ont une durée souvent supérieure à celles des analyses faites par Freud et les premiers de ses élèves, et guère inférieure à ce que l'on appelle actuellement une « psychothérapie courte » d'orientation psychanalytique et qui a recours à l'interprétation et au « maniement » du transfert.

Rappelons, au demeurant, la reconnaissance par Freud de cas mixtes, et que « le symptôme de la névrose actuelle est très souvent le noyau et le stade précurseur du symptôme psychonévrotique » (XI, 405), chose qui nous permet aussi de comprendre certaines améliorations de psychonévroses obtenues par behaviour therapy.

Au niveau des phénomènes d'apprentissage supposés en jeu dans les processus thérapeutiques, la complémentarité se manifeste avec la même netteté.

Concernant ces processus, Wolpe (1958) dit :

« Il est nécessaire de souligner que le fait de changer des significations ne constitue pas un exemple de psychothérapie fondamentale telle qu'elle est comprise dans ce livre. La psychothérapie fondamentale implique le fait de détacher des réponses névrotiques (habituellement de l'anxiété) de stimuli qui sont objectivement inoffensifs; et le fait de changer des significations n'opère pas cela... Mais bien que la correction de conceptions erronées ne soit pas en elle-même psychothérapeutique dans notre sens, elle est souvent une condition préalable essentielle pour le succès psychothérapeutique. »

Ce passage, l'exposé que fait Wolpe des principes et mécanismes thérapeutiques, la liste d'Eysenck citée, le travail de Lang et Lazovik, ceux de Paul et d'autres partisans de la behaviour therapy, ne laissent pas de doute sur le fait que les processus thérapeutiques sont conçus comme étant essentiellement de l'ordre du conditionnement élémentaire en tant qu'opposé à l'apprentissage complexe et cognitif. Et, Eysenck et Rachman (1965) insistent sur la différence entre les niveaux de conduite auxquels ce conditionnement se fait : « Selon cette analyse, il n'est pas surprenant que les psychanalystes montrent une préoccupation de méthodes psychologiques impliquant principalement le *langage*, alors que la behaviour therapy se concentre sur le *comportement* actuel comme étant le plus susceptible de conduire à l'extinction de réponses conditionnées inadaptées. Les deux termes expriment de manière plutôt concise les points de vue des deux écoles. »

Notre exposé de la conception des processus thérapeutiques (et aussi de la formation de la psychonévrose) selon la psychanalyse ne laisse pas de doute non plus sur le fait qu'ils sont plutôt de l'ordre de l'apprentissage complexe et cognitif que de celui du conditionnement, et se jouent, pour une part très importante, au niveau du langage et des processus symboliques, alors que théoriquement les phénomènes de conditionnement classique sont quelque peu négligés, en tous cas pas thématisés par la psychanalyse.

Nous ne voulons évidemment pas dire que la psychanalyse a une théorie de l'apprentissage à opposer à la théorie du conditionnement adoptée par la behaviour therapy, mais seulement qu'elle aborde, à sa façon, des phénomènes d'apprentissage que la behaviour therapy néglige ou ne peut pas expliquer de façon satisfaisante (Chomsky, 1959, Breger et Mc Gaugh, 1965), et qui sont importants dans la pathogénie et les processus thérapeutiques de certaines névroses, à savoir les psychonévroses.

Il faut souligner qu'*en pratique* dans ce qu'ils *font effectivement*, les adeptes des deux types de thérapie recourent aux deux types d'apprentissage comme nous l'avons vu précédemment. Dans le traitement des phobies, la psychanalyse met en œuvre des mécanismes de conditionnement classique, par exemple, en demandant au patient d'affronter progressivement son anxiété sous la protection du transfert positif et en insistant sur la nécessité de la perlaboration. La behaviour therapy fait appel aux mécanismes d'apprentissage complexe et cognitif et intervient au niveau des processus de symbolisation et de langage en «corrigeant des conceptions erronées» et en «changeant des significations».

Les arguments précédents nous semblent autoriser à conclure que la behaviour therapy et la psychanalyse ne présentent pas des théories alternatives, mais des théories appelées à se compléter, car aucune des deux théories ne rend suffisamment compte de tous les phénomènes névrotiques, mais chacune en explique mieux que l'autre certains aspects.

Affirmer l'intérêt qu'il y a à considérer ces deux approches comme pouvant se compléter plutôt que comme devant s'exclure n'implique nullement que l'on doive abandonner l'analyse théorique conséquente et rigoureuse pour un éclectisme facile. Cela n'implique pas non plus la négation du fait qu'il y a des cas pour lesquels une psychanalyse est la thérapie de choix, et cela ne revient pas non plus à dire que cette psychanalyse doive être un mélange de procédés divers plutôt qu'une cure proprement analytique. Cela signifie simplement que, dans l'état actuel de nos connaissances, les deux problématiques peuvent s'éclairer mutuellement et qu'il y a intérêt à dépasser les positions dogmatiques pour mieux percevoir la réalité clinique et mieux traiter les cas qui, n'étant pas « purs », ne sont les indications types ni d'une psychanalyse ni d'un simple conditionnement, et qui constituent la majorité des troubles non-psychotiques de la personnalité. Cet éclairage mutuel permettrait aussi d'approfondir le savoir sur les facteurs qui déterminent le processus thérapeutique, d'approfondir nos connaissances sur les conditions et « techniques » qui favorisent un changement créateur de la personne[32]. Ce sont là, nous semble-t-il, les questions cruciales soulevées par les thérapies brèves et par les multiples formes de thérapie qui se veulent neuves et qui se réfèrent au corps, à l'action et à la communication.

CONCLUSIONS

Après avoir esquissé quelques problèmes de la psychologie de la personnalité et quelques « théories » proposées en ce domaine, nous sommes conduits à nous interroger encore un instant sur l'état actuel de la question et sur ses développements futurs.

L'examen de la façon dont se posent les problèmes en psychologie de la personnalité et des remarques critiques que nous avons eu l'occasion de faire à propos des « théories » présentées nous oblige à conclure que chacune de ces théories, malgré ses contributions substantielles, présente des faiblesses telles qu'il est impossible d'en considérer aucune comme pleinement satisfaisante. Certaines, par exemple la psychanalyse, présentent des faiblesses théoriques et méthodologiques sérieuses, d'autres négligent des problèmes et des domaines importants, comme c'est le cas des théories behavioristes en ce qui concerne les déterminants génétiques ou l'expérience subjective, ou de Rogers à propos des facteurs biologiques ou de la psychologie du développement. Cet état de chose fait en sorte qu'il est impossible, actuellement, de dire quelle est la « meilleure » théorie et qu'il faut se contenter de constater que certaines théories satisfont mieux que d'autres certaines conceptions de l'homme ou certaines options méthodologiques, ou encore apportent des résultats empiriques plus nombreux et plus valables pour certains problèmes. Dans le domaine de la compréhension et du traitement des psychoses, par exemple, la psychanalyse offre pour le moment bien plus que les écoles behavioristes. Chacune de ces théories enregistre des succès et des échecs dans son application aux problèmes pratiques dans les domaines diagnostique, thérapeutique, éducatif.

S'il en est ainsi, se pose tout naturellement la question de savoir s'il n'est pas possible et souhaitable de faire une synthèse de ces différentes théories qui éliminerait leurs défauts et cumulerait leurs qualités. C'est là une entreprise que l'on pourrait tenter, mais qui ne nous paraît pas souhaitable parce que cela diluerait en quelque sorte les problèmes au lieu de les résoudre. Il nous paraît plus souhaitable, et aussi plus probable, que la recherche se fasse dans le sens d'un approfondissement de chacune des conceptions. Pour être fertile, cependant, cet approfondissement des différents points de vue devra dépasser la seule spéculation et affirmation dogmatique, quitter le niveau idéologique, et se faire au niveau d'une recherche empirique rigoureuse. Cela n'implique nullement qu'on ne s'interroge pas sur la conception anthropologique, éthique ou politique, au contraire, mais seulement que l'on étudie en plus et de façon empirique et rigoureuse les comportements de l'individu, et les situations qu'il rencontre. Cet approfondissement n'exclut pas non plus une approche comparative systématique essayant non seulement de repérer des similitudes et des différences, mais encore de les préciser et de les situer les unes par rapport aux autres, non pour construire un système global unitaire, mais afin d'ordonner de façon cohérente les problèmes complexes de la psychologie de la personnalité et les solutions multiples qui en ont été proposées.

Cette évolution comportera des changements. On verra ainsi les conceptions behavioristes introduire de plus en plus l'aspect cognitif et interpersonnel relativement négligé jusqu'à présent, et il est probable que dans le domaine de la psychanalyse un effort soit fait au niveau de la formulation théorique, des méthodes de recherche (abandon de l'étude de cas plus ou moins spéculative), et que des liens plus solides soient établis avec les disciplines empiriques. Plus généralement, on assistera probablement à une extension des contacts que la psychologie de la personnalité a commencé à prendre avec d'autres disciplines : l'accentuation de l'aspect interpersonnel et groupal l'orientera encore plus vers la psychologie sociale, la sociologie et l'anthropologie culturelle; l'importance que revêt le langage pour les processus de pensée et de communication accentueront l'intérêt qu'elle prend à la linguistique; l'éthologie aussi a déjà permis et permettra encore d'éclairer certains aspects du développement, de la motivation et des relations sociales; l'étude des déterminants de la personnalité et de leur interaction laisse entrevoir l'importance croissante que prendront la génétique et la psychophysiologie. Last but not least, la philosophie éclairera la conception implicite de l'homme des différents systèmes qui se développeront ainsi à partir des recherches et données nouvelles qui ne modifieront sans doute pas si tôt les conceptions actuelles et ne résoudront pas les questions que se pose l'homme sur le sens de sa vie et de ses actions. Dans cette évolution, la psychanalyse restera probablement plus importante pour qui s'intéresse au devenir et à l'accomplissement du sujet humain, et c'est là qu'on peut voir son apport irremplaçable; les conceptions behaviouristes expliqueront sans doute mieux les mécanismes d'apprentissage et de modification de la conduite et de la personnalité, et inscriront mieux son étude dans le contexte des autres sciences empiriques. Bien qu'apparemment difficiles à concilier, il s'agit là de deux aspects essentiels pour une psychologie de la personnalité qui se veut en prise sur les problèmes des hommes.

NOTES

[1] Voir à ce sujet Eysenck (1967): The biological basis of personality.

[2] On peut se demander si au lieu de parler de pessimisme, il ne serait pas plus juste de parler de réalisme ou de Stoïcisme.

[3] Voir par exemple: Hetherington, E.M. and Wray, N.P. (1964): Aggression, need for social approval, and humor preferences.

[4] Voir à ce sujet: Reuchlin, M. (1962): Les méthodes quantitatives en psychologie; Reuchlin, M. (1969): Psychologie différentielle; et Bonboir, A. (1972): La méthode des tests en pédagogie.

[5] Notons que R.A. Hinde (1966) se demande si des modèles énergétiques sont nécessaires et pense qu'«il semble possible et préférable de formuler des théories du comportement dans lesquelles le concept d'énergie et de drives qui énergétisent le comportement n'ont pas de rôle à jouer». Critique of Energy Models of Motivation. In: Motivation, Selected readings. Bindra, D. and Stewart, J. (Ed.). Harmondsworth: Penguin Books, 34-45.

[6] Pour une étude psychanalytique du «Self», on lira: J.B. Pontalis (1975): Naissance et reconnaissance du Self. — Pour introduire à l'espace potentiel.

[7] Sauf en psychanalyse où l'articulation réciproque des différents concepts particuliers a été poussée à une systématisation plus avancée que dans d'autres conceptions.

[8] Pour une étude approfondie de cette théorie, voir Leibbrand (1961): Der Wahnsinn, et Tellenbach (1974): Melancholie.

[9] Pour une présentation et une comparaison des théories de Kretschmer et de Sheldon, voir J. Nuttin (1965).

[10] Au sujet de l'agressivité et des facteurs physiologiques, voir Lischke (1971) et Van Rillaer (1975).

[11] Voir à ce sujet aussi: Buytendijk (1959): Le corps comme situation motivante; et Buytendijk (1967): Prolegomena einer anthropologischen Physiologie.

[12] Pour une revue de la question, voir Malson, L. (1964): Les enfants sauvages.

[13] Concernant l'importance du père pour l'identification féminine et l'inhibition sexuelle de la femme, voir Fisher, S. (1973): The Female Orgasm.

[14] Herbart, Fechner, v. Helmholtz, Brücke, Darwin, Haeckel et Spencer.

[15] Au sujet de l'anthropologie psychanalytique voir aussi : De Waelhens A. (1961, 1971); Kunz, H. (1975): Ricoeur, P. (1965); Vergote, A. (1964).

[16] Concernant la thématisation progressive du caractère symbolique de l'Œdipe et plus particulièrement de l'Œdipe féminin, voir : Flipot, G. : Le complexe d'Œdipe féminin à travers l'histoire de la psychanalyse. Thèse de doctorat inédite, Louvain, 1976.

[17] Voir Huber, W. (1968).

[18] Cet exposé se basera surtout sur les textes de Freud. Ce n'est pas un exposé systématique se plaçant dans la perspective de la critique historique, mais il est conçu de façon à faire sortir les ressemblances et les différences des processus thérapeutiques invoqués par la psychanalyse et la behaviour therapy.

[19] En lisant les passages cités de Breuer et Freud, on aura remarqué la référence aux mécanismes de l'association et lorsqu'on se reporte aux histoires de cas présentés, on constatera que la description que donnent Breuer et Freud de la formation des symptômes correspond à ce qu'en termes de conditionnement classique (non operant) on appelle conditionnement par contiguïté, et que le processus qu'ils invoquent pour la provocation d'un accès hystérique par une situation nouvelle correspond au processus de généralisation du stimulus.

[20] Dans cette façon de concevoir la persistance des troubles névrotiques qui est authentiquement freudienne, on reconnaît sans peine le schéma d'explication de la persistance des troubles névrotiques proposé aussi par la behaviour therapy.

[21] Il est intéressant de voir que Malan (1963) dans son étude de la psychothérapie courte, constate que non seulement les interprétations de transfert ne renforcent pas la dépendance du patient, mais que ce sont au contraire les patients qui ont développé une certaine dépendance (pas trop intense) qui s'améliorent le plus.

[22] Voir, entre autres : Blum (1953); Wolpe et Rachman (1960); Kline (1972); Eysenck and Wilson (1973).

[23] Nous reprenons ici un passage d'un travail antérieur (1964).

[24] N. Rescher (1973) a proposé un critère qui combine une condition logique de cohérence et une condition épistémique d'information maximale. Un tel critère est peut-être de nature à répondre plus adéquatement que des critères antérieurement proposés aux conditions qu'il convient d'imposer à une théorie pour lui assurer une portée épistémique réelle.

[25] Sur le problème des névroses expérimentales, on lira l'excellent ouvrage de J. Cosnier (1966).

[26] Voir à ce sujet : Rognant, J. (1970); Seron, X.; Lambert, J.-L. et Vanderlinden, M. (1977).

[27] Nous reprenons ici un passage, légèrement modifié, d'un travail antérieur (1975).

[28] Il faut noter que cliniquement le problème est souvent non seulement de supprimer la réponse inadéquate, mais encore de développer des réponses nouvelles plus adéquates.

[29] Voir à ce sujet: Huber, W. (1976): Thérapie du comportement et thérapie du couple.

[30] Par exemple: Shoben (1949); Dollard and Miller (1950); Mowrer (1950); Hilgard and Marquis (1961).

[31] Rachman et Eysenck (1966) ont répondu à cette critique de Breger et Mc Gaugh.

[32] A ce sujet rappelons que Freud disait déjà que l'analyse et l'interprétation ne suffisent pas toujours, qu'il faut parfois modifier la technique strictement analytique et intervenir dans les conditions de la cure; rappelons également que l'on trouve dans les grandes traditions spirituelles des «techniques» destinées à favoriser le changement et l'évolution spirituelle, et que ces techniques prescrivent certains comportements, des exercices, et parfois, mettent le corps en jeu.

BIBLIOGRAPHIE

AINSWORTH, M., 1962. *Les répercussions de la carence maternelle: faits observés et controverses dans le contexte de la stratégie des recherches*. In: La carence de soins maternels. Réévaluation de ses effets. Genève: O.M.S., pp. 95-168.

ALDRICH, C.A., SUNG, C. and KNOP, C., 1945. *The crying of newly born babies*. J. of Pediatrics, 27, 89-96.

ALLPORT, G.W., 1937. *Personality: A psychological interpretation*. New York: Holt.

ALLPORT, G.W., 1955. *Becoming: Basic considerations for a psychology of personality*. New Haven: Yale Univ. Press.

ALLPORT, G.W., 1957. *European and American Theories of personality*. In: H.P. David and H. von Bracken (Eds.). Perspectives in personality theory. New York: Basic Books

ALLPORT, G.W., 1963. *Pattern and Growth in Personality*. London, New York: Holt, Rinehart and Winston.

ANDRY, R.G., 1960. *Deliquency and parental pathology*. A study in Forensic and clinical psychology. London: Methuen.

ANDRY, R.G., 1962. *Rôle paternel et maternel et délinquance*. In: La carence de soins maternels. Réévaluation de ses effets. O.M.S. Genève, pp. 30-43.

ATKINSON, J.W., 1964. *An introduction to motivation*. Princeton, New Jersey: van Nostrand.

ATTHOWE, J.M.Jr. and KRASNER, L.A., 1968. *A preliminary report on the application of contingent reinforcement procedures and token economy on a «chronic» psychiatric ward*. J. Abn. Psychol., 73, 37-43.

AX, F., 1953. *The physiological differentiation between fear and anger in humans*. Psychosom. med., 15, 433-442.

AYLLON, T. and AZRIN, N.H., 1965. The measurement and reinforcement of behavior of psychotics. J. Exp. Anal. of Behavior, 8,57-383.

BAKER, J.G. and WAGNER, N.N., 1965. *Social class and mental illness in children*. Teachers College Record 66, 522-36.

BALDWIN, A.L., 1949. *The effect of home environment on nursery school behavior*. Child Development, 20, 49-61.

BALDWIN, A.L., KALHORN, J. and BREESE, F.H., 1945. *Patterns of parent behavior*. Psychological Monographs 58(3).

BALINT, M., 1948. *Individual differences of behavior in early infancy and an objective method for recording them*. J. of Genetic Psychol. 73, 57-79.

BANDURA, A., 1969, *Principles of Behavior Modification*. New York: Holt, Rinehart & Winston.

BANDURA, A. and WALTERS, R.H., 1963. *Social learning and personality development*. New York: Holt, Rinehart & Winston.

BATESON, G.A., JACKSON, D.D., HALEY, J. and WEAKLAND, Jr., 1956. *Towards a theory of schizophrenia*. Behaviorial Science, 1, 251-264.

BECKER, W.C., 1964. *Consequences of different kinds of parental discipline*. In: Hoffman, M.L., Hoffman, L.W. (Eds.). Review of a child development research. New York, 169-208.

BERGOLD, J.B., 1969. *Experimentelle und klinische Untersuchungen zur Desensibilisierung: Eine Literaturübersicht*. Schweiz. Z. Psychol., 29, 229-256.

BINSWANGER, L., 1926. *Erfahren, Verstehen, Deuten in der Psychoanalyse*. in: Binswanger, L. (1955). Ausgewählte Vorträge und Aufsätze II, Bern: Francke.

BINSWANGER, L., 1935. *Über Psychotherapie*. In: Binswanger L. (1947). Ausgewählte Vorträge und Aufsätze I. Bern: Francke.

BINSWANGER, L., 1936. *Freuds Auffassung des Menschen im Lichte der Anthropologie*. In: Binswanger (1947). Ausgewählte Vorträge und Aufsätze I. Bern: Franke.

BINSWANGER, L., 1956. *Erinnerungen an Sigmund Freud*. Bern: Francke.

BLANCHARD, Ph., 1944. *Adolescent experience in relation to personality and behavior*. In: J.Mc V. Hunt (Ed.). Personality and behavior disorders. New York: Ronald, pp. 691-713.

BLUM, G.S., 1955. *Les théories psychanalytiques de la personnalité*. Paris: P.U.F.

BONBOIR, A., 1972. *La méthode des tests en pédagogie*. Paris: P.U.F.

BOWLBY, J., 1952. *Maternal care and mental health*. Geneva: World Health Organization.

BREGER, L. and Mc GAUGH, J.L., 1965. *Critique and reformulation of* «learning-theory» approaches to psychotherapy and neurosis. Psychol. Bull., 63, 338-358.

BRONFENBRENNER, U., 1958. Socialisation and social class through time and space. In: Maccoby, Eleanor E., Newcomb, T.M., Hartley, E.L. (Eds.). Readings in Social psychology. New York, 400-425.

BRONFENBRENNER, U., 1961. The changing American child: a speculative analysis. J. soc. Issues 17, 6-18.

BROWN, A.M., STAFFORD, R.E. and VANDENBERG, S.G., 1967. Twins: behavioral differences. Child Devel., vol. 38, pp. 1055-64.

BÜHLER, K., 1960. Das Gestaltprinzip im Leben des Menschen und der Tiere. Verlag Hans Huber, Bern und Stuttgart.

BUYTENDIJK, F.J.J., 1959. Le corps comme situation motivante. In: Ancona, L: Buytendijk, F.J.J., Dell, P., Lairy, G.C., Nuttin, J., Pieron, H. La motivation. Paris: P.U.F.

BUYTENDIJK, F.J.J., 1967. Prolegomena einer anthropologischen Physiologie. Salzburg: Otto Müller Verlag.

BYRNE, D., 1966. Introduction to personality. Englewood Cliffs, N.J.: Prentice Hall.

BYRNE, D., 1971. The attraction paradigm. New York, London, Academic Press.

CARTER, H.D., 1935. Twin-similarities in emotional traits. Char. Pers., 4, 61-78.

CATTELL, R.B., 1948. Concepts and methods in the measurement of group syntality. Psychol. Rev., 55, 48-63.

CATTELL, R.B., 1950. Personality. New York: Mc Graw.

CATTELL, R.B., 1957. Personnality and Motivation Structure and Measurement. New York: World Book Comp.

CATTELL R.B., 1959. The dynamic calculus: concepts and crucial experiments. In: Jones, M.R. (Ed.). Nebraska symposium on motivation. Lincoln Nebraska: Univ. of Nebraska Press, pp. 84-134.

CATTELL, R.B., 1965a. The scientific analysis of personality. Harmondsworth, Middlesex (Penguin Books).

CATTELL, R.B., 1965b. Methodological and conceptual advances in the evaluation of hereditary and environmental influences and their interaction. In: Vandenberg, S.G. (Ed.). Methods and goals in human behavior genetics. New York: Academic Press, pp. 95-130.

CATTELL, R.B., 1966a. Psychological theory and scientific method. In: R.B. Cattell (Ed.). Handbook of multivariate experimental psychology. Chicago, III.: Rand Mc Nally, pp. 1-18.

CATTELL, R.B., 1966 b. The principles of experimental design and analysis in relation to theory building. In: R.B. Cattell (Ed.). Handbook of multivariate experimental psychology. Chicago, III.: Rand Mc Nally, pp. 19-66.

CATTELL, R.B. and BAGGALEY, A.R., 1956. The objective measure-

ment of motivation. Development and evaluation of principles and devices. J. of Personality, 24, 401-423.

CATTELL, R.B. and CHILD, D., 1976. *Motivation and dynamic structure.* Holtn Rinehart and Winston, New York, London.

CATTELL, R.B., RADCLIFFE, J.A. and SWEENEY, A.B., 1963. *The nature and measurement of components of motivation.* Genetic psychology Monographs, 68, 49-211.

CATTELL, R.B. and SCHEIER, I.H., 1961. *The meaning and measurement of neuroticism and anxiety.* New York: Ronald.

CHESS, S., THOMAS, A., BIRCH, H.G. and HERTZIG, M., 1960. *Implications of a longitudinal study of child development for child psychiatry.* Am. J. of Psychiatry, 117, 434-441.

CHOMSKY, N, 1959. *Review of: Verbal behavior,* by B.F. Skinner. In: Language, 35,26-58.

COOPER, R.M. and ZUBEK, J.P., 1958. *Effects of enriched and restricted early environment on the learning ability of bright and dull rats.* Can. J. of Psychol., 12, 159-164.

COSNIER, J., 1966. *Les névroses expérimentales. De la psychologie animale à la pathologie humaine.* Paris: Ed. du Seuil.

DAVIS, A. and DOLLARD, J., 1940. *Children of bondage.* Washington D.C.: American Council on Education.

DAVIS, A. and HAVIGHURST, R.J., 1946. *Social class and color differences in child rearing.* Amer. sociol. Rev., 11, 698-710.

DEUTSCH, M. and KRAUSS, R.M., 1965. *Theories in social psychology.* New York: Basic Books.

DE WAELHENS, A., 1961. *La philosophie et les expériences naturelles.* La Haye: Martinus Nijhoff.

DE WAELHENS, A., 1971. *La psychose. Essai d'interprétation analytique et existentiale.* Louvain-Paris: Nauwelaerts, Beatrice-Nauwelaerts.

DOLLARD, J. and MILLER, N.E., 1950. *Personality and psychotherapy.* New York: Mc Graw-Hill.

DUGDALE, R.W., 1877. *The Jukes.* New York: G.P. Putman's Sons.

EDWARDS, D.A., 1969. *Early androgene stimulation and aggressive behavior in male and female mice.* Physiology and Behavior, 4(3), 333-338.

EYSENCK, H.J., 1947. *Dimensions of personality.* London: Routledge and Kegan.

EYSENCK, H.J., 1952. *The scientific study of personality.* London: Routledge and Kegan.

EYSENCK, H.J., 1953. *The structure of human personality.* New York: Wiley.

EYSENCK, H.J., 1959. *Learning theory and Behaviour therapy.* J. Ment. Sci., 105, 61-75.

EYSENCK, H.J., *Behaviour Therapy, Extinction and Relapse in Neurosis.* Brit. J. Psychiat., 109, 12-18.

EYSENK, H.J., 1967. *The biological basis of personality.* Springfield, Ill.: Charles C. Thomas.

EYSENCK, H.J. and RACHMAN, S., 1965. *The causes and cures of neurosis.* London: Boutledge & Kegan.

EYSENCK, H.J. and WILSON, G.D., 1973. *The experimental study of Freudian theories.* London: Methuen.

EYFERTH, K., 1966. *Methoden zur Erfassung von Erziehungsstilen.* In: Herrmann, Th. (Hg.) Psychologie der Erziehungsstile. Göttingen: Hogrefe, pp. 17-31.

FAHRENBERG,.J., 19Y7. *Psychologische Persönlichkeitsforschung.* Göttingen: Hogrefe.

FIEDLER, F.E., 1950. *A comparison of therapeutic relationships in psychoanalytic, non-directive, and Adlerian therapy.* J. Consult. Psychol., 14, 436-445.

FINE, B.J. and SWEENEY, D.R., 1967. *Socio-economic background, aggression and catecholamine excretion.* Psych. reports, 20, II-18.

FISHER, S., 1973. *The female Orgasm.* New York: Basic Books.

FOLKINS, C.H., LAWSON, K.D., OPTON, E.M. Jr. and LAZARUS, R.S., 1968. *Disensitization and the experimental reduction of threat.* J. Abn. Pscychol. 73, 100-113.

FRAISSE, P., 1956. *Manuel pratique de psychologie expérimentale.* Paris: P.U.F., 1963.

FRANCK, G.H., 1965. *The role of the family in the development of psychopathology.* Psychol. Bull. in 64, 191-205.

FREUD, A., 1936. *Das Ich und die Abwerhrmechanismen.* Fr.: Le Moi et les mécanismes de défense. Paris: P.U.F., 1949.

FREUD, S., 1947. *Gesammelte Werke.* 17 Vol. London: Imago Publishing.

FROMM, E., 1950. *Psychoanalysis and religion.* New Haven, London: Yale Univ. Press.

GALTON, F., 1869. *Hereditary Genius.* London: Macmillan and Co. Ltd.

GERWITZ, G.L., 1968. *The role of stimulation in models for child development.* In: Laura L. Dittmann (Ed.). Early child carc. The new perspectives. New York: Atherton, pp. 139-168.

GERWITZ, G.L., 1968b. *On designing the functional environment of the child to facilitate behavioral development.* In: Laura L. Dittmann (Ed.). Early child care. The new perspectives. New York: Atherton, pp. 169-213.

GIESE, H. and SCHMIDT, G., 1968. *Studenten Sexualität. Verhalten und Einstellung.* Hamburg: Rowohlt.

GLUECK, S. and GLUECK, E.T., 1950. *Unraveling juvenile delinquency.* Cambridge, Mass.: Commonwealth Fund.

GODDARD, H.H., 1912. *The Kallikak family.* New York: The Macmillan Cy.

GOLDFARB, W., 1945a. *Effects of psychological deprivation in infancy and subsequent stimulation.* Amer. J. of Psychiat., 102, 18-33.

GOLDFARB,W., 1945b. *Psychological privation in infancy and subsequent adjustment*. Amer. J. of Orthopsychiat., 15, 247-255.
GÖRRES, A., 1958. *Methode und Erfahrung der Psychoanalyse*. München: Köselverlag.
GOTTESMAN, I.I. and SCHIELDS, J., 1966. *Schizophrenia in twins: Sixteen years consecutive admissions to a psychiatric clinic*. Brit. J. Psychiat., 112, 809-18.
GRAUMANN, C.F., 1960. *Eigenschaften als Problem der Persönlichkeits-Forschung*. In: Lersch, Ph., Thomae, H., (Hg.) Hdb. Psychol. Bd. 4: Persönlichkeitsforschung u. Persönlichkeitstheorie. Göttingen: Hogrefe, 87-154.
GUILFORD, J.P., 1959. *Personality*, New York: Mc Graw-Hill.
HARRIS, I.D., 1959. *Normal children and mothers*. Glencoe, Ill.
HELM, J., 1960. *Über Gestalttheorie und Persönlichkeitspsychologie*. In: Lersch, Ph., Thomae, H. (Hg.). Hdb.d.Psychol. Bd. 4. Persönlichkeitsforschung u. Persönlichkeitstheorie. Göttingen: Hogrefe, pp.357-436.
HERRMANN, Th., 1969. *Lehrbuch der empirischen Persönlichkeitsforschung*. Göttingen: 1972² Verlag für Psychologie. Hogrefe.
HERRMANN, Th., SCHWITAJEWSKI, E., AHRENS, H.J., 1968. *Untersuchungen zum elterlichen Erziehungsstil*: Strenge und Unterstützung. Arch. ges. Psychol., 120, 74-105.
HESTON, L.L., 1966. *Psychiatric disorders in foster-home reared children of schizophrenic mothers*. Brit. J. Psychiat., 112, 819-25.
HESTON, L.L. and DENNY, D., 1968. *Interactions between early life experience and biological factors in schizophrenia*. J. Psychiatr. Res., 6, 363-76.
HETHERINGTON, E.M. and WRAY, N.P., 1964. *Aggression, need for social approval, and humor preferences*. J. Abn. Soc. Psychol., 68, 685-689.
HETZER, H. 1929. *Kindheit und Armut*. Leipzig: Hirzel.
HOFSTÄTTER, P.R., 1957. *Psychologie*. Frankfurt/M.: Fischer Bücherei.
HOFSTÄTTER, P.R., 1960. *Tiefenpsychologische Persönlichkeitstheorien*. In: Lersch, Ph., Thomae, H. (Hg.) Hdb.d. Psychol. Bd. 4. Persönlichkeitsforschung u. Persönlichkeitstheorie. Göttingen: Hogrefe, pp. 542-586.
HOLLINGSHEAD, A.B. and REDLICH, F.C., 1958. *Social class and mental illness*. New York: Wiley.
HUBER, W., 1964. *Psychanalyse et Psychologie*. In: Huber, W., Piron, H., Vergote, A., La psychanalyse, science de l'homme. Bruxelles: Dessart, pp. 257-294.
HUBER, W., 1968. *Remarques sur le concept de névrose en psychopathologie*. In: Debuyst, Chr., Huber, W., Lievens, P., Schaber, G., Dickes, P., Hastert, F., Hochmann, J., Blanc, M., Bajard, G., Joos, J., La criminologie clinique. Bruxelles: Dessart, pp. 49-61.

HUBER, W., 1975. *Thérapie du comportement*. In: Thinès, G. et Lempereur, A. (sous la direction de) Dictionnaire général des sciences humaines. Paris: Edit. Universitaires, pp. 970-971.

HUBER, W., 1976. *Thérapie du comportement et thérapie du couple*. A paraître, in: Acta Psychiat. Belg.

HULL, C.L., 1943. *Principles of Behavior*. New York: Appleton-Century. Crofts.

JACKSON, D.D., 1960, (Ed.). *The Etiology of Schizophrenia*. New York: Basic Books.

JAMES, W., 1892. *Text Book of Psychology:* Briefer Course. New York: Holt.

JERVIS, G.A., 1937. *Introductory study of fifty cases of mental deficiency associated with excretion phenylpyruvic acid*. Arch. neurology and psychiatry, 38, 944-963.

JONES, M.C., 1924a. *Elimination of children's fears*. J. Exp. Psychol., 7, 382-390.

JONES, M.C., 1924b. *A laboratory study of fear*. The case of Peter. Pedagogical Seminar, 31, 308-315.

KAGAN, J., 1964. *Acquisition and significance of sex typing and sex role identity*. In: Hoffman, M.L., Hoffman, L.W. (Eds.). Review of child development research. vol. I. New York, 137-167.

KALLMANN, F.J.,1946. *The genetic theory of schizophrenia: an analysis of 691 schizophrenic twin index families*. Amer. J. Psychiat., 103, 309-22.

KALLMANN, F., 1950. *The genetics of psychoses*. Conrès Intern. de Psychiatrie, vol. VI, Paris: Hermann.

KARLI, P., 1958. *Hormone, stéroïde et comportements d'agression interspécifiques rats-souris*. J. Physiol. Pat. Gen., 50, 346-347.

KERMANI, E.J., 1969. *Aggression. Biological aspects. Diseases of the nervous system*, 30, 407-414.

KINGET, G.M., 1965. *La méthode non-directive*. In: Rogers, C.R. et Kinget, G.M.: Psychothérapie et relations humaines. Louvain-Paris: Beatrice-Nauwelaerts, vol. I, pp. 7-150.

KINSEY, A.C., POMEROY, W.B. and MARTIN, C.E., 1948. *Sexual behavior in the human male*. Philadelphia, Pa.: Saunders.

KINSEY, A.C., POMEROY, W.B., and MARTIN, C.E., 1953. *Sexual behavior in the human female*. Philadelphia, Pa.: Saunders.

KLINE, P., 1972. *Fact and Fantasy in Freudian Theory*. London: Methuen.

KLOPPER, A., 1964. *Physiological background to aggression*. In: Carthy, G.D. and Elbing F.J. The natural history of aggression. London, pp. 65-72.

KOCH, M., 1960. *Die Begriffe Person, Persönlichkeit und Charakter*. In: Lersch, Ph., Thomae, H., (Hg.). Hbd.d.Psychol. Bd. 4. Persönlichkeitsforschung u. Persönlichkeitstheorie. Gottingen: Hogrefe, pp. 3-29.

KÖHLER, W., 1917. *Intelligenzprüfungen an Anthropoïden* Berlin: Abh. Preuss. Akad. Wiss.

KOHN, M.L., 1968. *Social class and schizophrenia*. J. Psychiat. Res., Vol. 6, supp. I, pp. 155-74.

KRECH, D., CRUTCHFIELD, R.S. and BALLACHEY, E.L., 1962. *Individual in Society*. New York, London: Mc Graw-Hill.

KRETSCHMER, E., 1921, (1961[24]). *Körperbau une Charakter. Untersuchungen zum Konstitutionsproblem und zur Lehre von den Temperamenten*. Berlin: Springer.

KRINGELEN, E., 1964. *Schizophrenia in male monozygotic twins*. Acta Psychiat., suppl. 178.

KRINGELEN, E., 1967. *Heredity and environment in the functional psychoses: an epidemiological-clinical twin study*. Oslo, Universitets forlaget; London: W. Heinemann, Medical Books.

KUIPER, P.C., 1965. *« Verstehende Psychologie » en Psychoanalyse*. In: Kuiper, P.C. Controversen. Arnhem: Van Loghum Slaterus.

KUNZ, H., 1975. *Grundfragen der psychoanalytischen Anthropologie*. Göttingen: Vandenhoeck & Ruprecht.

LACAN, J., 1966. *Ecrits*. Paris: Ed. du Seuil.

LADER, M.H. and MATHEWS, A.M., 1968. *A physiological model of phobic anxiety and desensitization*. Behav. Res. Ther., 6, 411-421.

LAGACHE, D., 1949. *L'unité de la psychologie*. Paris: P.U.F.

LAGACHE, D., 1955. *La psychanalyse*. Paris: P.U.F.

LAGACHE, D., 1961. *La psychanalyse et la structure de la personnalité*. In: La Psychanalyse. Vol. 6. Paris: P.U.F., pp. 5-58.

LANG, P.J. and LAZOVIK, A.D., 1963. *The experimental Desensitization of a Phobia*. J. Abnorm. Soc. Psychol., 66, 519-525.

LANG, P.J., LAZOVIK, A.D. and REYNOLDS, D., 1965. *Disensitization, Suggestibility and Pseudotherapy*. J. Abnorm. Psychol., 70, 395-402.

LANGELÜDEKE, A., 1959. *Gerichtliche Psychiatrie*. Berlin.

LANGNER, T.S. and MICHAEL, S.T., 1963. *Life stress and mental health*. New York: The Free Press.

LAPLANCHE, J. et PONTALIS, J.B., 1967. *Vocabulaire de la Psychanalyse*. Paris: P.U.F.

LARCEBEAU,S., 1973. *Résultats obtenus par l'emploi de la méthode des jumeaux*. In: Reuchlin, M. (sous la direction de), 1973, L'hérédité des conduites. Paris: P.U.F., pp. 325-348.

LARMAT, J., 1973. *La génétique de l'intelligence*. Paris: P.U.F.

LEIBBRAND, W. und WETTLEY, A.M., 1961. *Der Wahsinn. Geschichte der Abendländischen Psychopathologie*. Freiburg, München: Verlag Karl Alber

LERSCH, Ph., 1954[7]– *Aufbau der Person*. München: Barth.

LEVINE, S., 1966. *Sex differences in the brain*. Scientific American, 214, 84-90.

LEVI-STRAUSS, CL., 1949. *L'efficacité symbolique*. In: Rev. de l'histoire des religions, 135,5-27.

LEVY, D.M., 1943. *Maternal overprotection*. New York: Columbia University Press.

LEVY, L.H., 1963. *Psychological Interpretation*. New York: Holt, Rinehart and Winston.

LEWIN, K., 1935. *A dynamic theory of personality*. New York-London: Mc Graw-Hill.

LIENERT, G.A., 1964. *Belastung und Regression*. Meisenheim: Hain.

LIENERT, G.A., 1960. *Die Faktorenstruktur der Intelligenz als Funktion des Intelligenz-niveaus*. Kongressbericht d. Dtsch. Ges. f. Psychol. Göttingen. S.138-140.

LINTON, R., 1936. *The study of Man*. New York: Appleton-Century Crofts.

LISCHKE, G., 1971. *Psychophysiologie der Aggression*. In: Selg,H. (Hrsg). Zur aggression verdammt? Psychologische Ansätze einer Friedensforschung. Stuttgart: Kohlhammer.

LOCH, W., 1965a. *Voraussetzungen, Mechanismen und Grenzen des psychoanalystischen Prozesses*. Bern und Stuttgart: Hans Huber.

LOCH, W., 1965b. *Übertragung-Gegenübertragung*. Anmerkungen zur Theorie und Praxis. In: Psyche, 19, 1-23.

LORENZ, K., 1935. *Der Kumpan in der Umwelt des Vogels*: Der Artgenosse als auslösendes Moment sozialer Verhaltensweisen. J. Ornithol., 137-213.

LORENZ, K., 1963. *Das sogenannte Böse*. Wien: Schoelerverlag.

LOVAAS, O.O., 1961. *Interaction between verbal and nonverbal behavior*. Child Development, 32, 329-336.

Mc Dougall, W., 1935. *The Energies of Men. A Study of the Fundamentals of Dynamic Psychology*. London: Methuen.

MC CLELLAND, D.C., 1951. *Personality*. New York: Rinehart and Winston.

MC CLELLAND, D.C., 1961. *The achieving society*. Princeton, N.J.: Van Nostrand.

MALAN, D., 1963. *A study of brief psychotherapy*. London: Tavistock Publ.

MALSON, L., 1964. *Les enfants sauvages*. Union générale d'Editions, 10/18.

MANDEL, A., MANDEL, K.H., STADTER, E., and ZIMMER, D., 1971. *Einübung in Partnerschaft durch Kommunikationstherapie und Verhaltenstherapie*. Band I. München: Verlag Pfeiffer, 1975[8].

MARX, M.H., 1963. *The general nature of theory construction*. In: M.H. Marx (Ed.). Theories in contemporary psychology. New York: Mcmillan, pp. 4-46.

MEILI, R. und MEILI-DWORETZKI, G., 1972. *Grundlagen individueller Persönlichkeitsunterschiede*. Stuttgart-Bern: Huber.

MILLER, N.E. and DOLLARD, J., 1941. *Social Learning and imitation*. New Haven: Yale University Press.

MILLER, G.A., GALANTER, E. and PRIBRAM, K.H., 1960. *Plans*

and the structure of behavior. New York: Holt, Rinehart and Winston.

MILLER, D.R. and SWANSON, G.E., 1958. *The changing American parent: A study in the Detroit area*. New York: Wiley.

MISCHEL, W., 1968. *Personality and assessment*. New York: Wiley.

MITTLER, P., 1971. *The study of twins*. Harmondsworth: Penguin Books.

MOSER, U., 1962. *Der Prozess der Einsicht im psychoanalystischen Heilverfahren*. In: Schw. Z. Psychol. Anwend., 196-221.

MOWRER, O.H., 1950. *Learning theory and personality dynamics*. New York.

MOWRER, O.H. and MOWRER, W.A., 1938. *Enuresis: A method for its study and treatment*. Am. J. of orthopsychiatry., 8, 436-447.

MYERS, J.K., BEAN, L.L. and PEPPER, M.P., 1965. *Social class and psychiatric disorders: a ten year follow-up*. J. of health and human behavior, 6,74-79.

NACHT, S., 1964. *Particularité technique du traitement des phobiques*. In: Rev. Franç. Psychanal., 18, 717-720.

NAGEL, E., 1959. *Methodogical Issues in Psychoanalytic theory*. In: S. Hook (Ed.). Psychoanalysis, Scientific Method and Philisophy. New York.

NEUMANN, J.V. and MORGENSTERN, O., 1947. *A theory of games and economic behavior*. New York.

NEWCOMB, T.M., 1950. *Role behaviors in the study of individual personality and of groups*. J. Pers., 18, 273-289.

NEWMAN, H.H., FREEMAN, F.N. and HOLZINGER, K.J., 1937. *Twins: A study of Heredity and Environment*. Chicago: University of Chicago Press.

NUTTIN, J., 1959. *Origine et développements des motifs*. In: Ancona, L., Buytendijk,F.J.J., Dell, P., Lairy: G.C., Nuttin, J., Piéron, H., La motivation. Paris: P.U.F.

NUTTIN, J., 1965. *La structure de la personnalité*. Paris: P.U.F. 1975[4].

OPLER, M.K., 1967. *Culture and social psychiatry*. New York: Atherton Press.

OPLER, M.K., 1967 and SINGER, J.L., 1956. *Ethnic differences in behavior and psychopathology*. Internat. J. Soc. Psychiat., 2, 11-23.

PANKOW, G., 1956. *Structuration dynamique dans la schizophrénie. Contribution à une psychothérapie analytique de l'expérience psychotique du monde*. In: Beiheft Schweiz. Z. Psychol. Anwend. Nr. 27. Bern: Hans Huber.

PARSONS, A., 1961. *A schizophrenic episode in a Neopolitan slum*. Psychiatry, 24, 109-121.

PAUL, G.L., 1966. *Insight vs. Desensitization in Psychotherapy*. Stanford Calif.: Stanford Univ. Press.

PAUL, G.L., 1967. *Insight versus Desensitization in Psychotherapy two years after termination*. J. Consult. Psychol. 31, 333-348.

PERREZ, M., 1972. *Ist die Psychoanalyse eine Wissenschaft?* Bern: Verlag Hans Huber.

PERVIN, L.A., 1970. *Personality*. New York: Wiley.

POLLIN W. and STABENAU, J.R., 1968. *Biological, psychological and historical differences in a series of monozygotic twins discordant for schizophrenia*. J. Psychiat. Res., vol. 6, supp. I, pp. 317-32.

PONTALIS, J.B., 1965. *Naissance et reconnaissance du «Self»*. In: Angelergues, Anzieu, Boesch, Brès, Pontalis, Zazzo. Psychologie de la connaissance de soi. Paris: P.U.F.

RACHMAN, S., 1965. *Studies in desensitization*. I: The separate effects of relaxation and desensitization. Behav. Res. Ther., 3, 245-251.

RACHMAN, S., 1968. *The role of muscular relaxation in desensitization therapy*. Behav. Res. Ther., 6, 159-166.

RACHMAN, S., and EYSENCK, H.J., 1966. *Reply to a «critique and reformulation» of behavior therapy*. Psychol. Bull., 65, 165-169.

RAPAPORT, D., 1960. *The structure of Psychoanalytic theory*. A systematizing Attempt. New York: International Univ. Press.

RAYMOND, M.J., 1956. *Case of fetichism treated by aversion therapy*. Brit. Med. J., 2, 854-856.

RESCHER, N., 1973. *The coherence theory of truth*. Oxford: Clarendon Press.

REUCHLIN, M., 1962. *Les méthodes quantitatives en psychologie*. Paris: P.U.F.

REUCHLIN, M., 1969. *La psychologie différentielle*. Paris: P.U.F.

REUCHLIN, M., 1973. (sous la direction de) *L'hérédité des conduites*. Paris: P.U.F.

REYNOLDS, G.S., 1968. *A primer of operant conditioning*. Glenview, Ill.: Scott, Foresman and Co.

RHEINGOLD, H.L. and BAYLEY, N., 1959. *The later effects of an experimental modification of mothering*. Child Development, 30, 363-372.

RIBBLE, M.A., 1943. *The rights of infants*. New York: Columbia Univ. Press.

RIBBLE, M.A., 1944. *Infantile experience in relation to personality development*. In: Hunt, J. McV. (Ed.): Personality and behavior disorders. Vol. II. New York, 621-651.

RICHELLE, M., 1966. *Le conditionnement operant*. Neuchâtel: Delachaux et Niestlé. 1973[2].

RICHELLE, M., 1972. *L'acquisition du langage*. Bruxelles: Dessart.

RICOEUR, P., 1965. *De l'interprétation. Essai sur Freud*. Paris: Ed. du Seuil.

RIESMAN, D., 1950. *The lonely crowd*. New Haven: Yale University Press.

ROCHEBLAVE SPENLE, A.M., 1962. *La notion de rôle en psychologie sociale*. Paris: P.U.F. (1969[2]).

ROGERS, C.R., 1947. *Some observations on the organization of personality*. American Psychologist, 2, 358-368.

ROGERS, C.R., 1951. *Client-centered Therapy*. Boston: Houghton Mifflin.

ROGERS, C.R., 1959. *A theory of therapy, personality and interpersonal relationships as developed in the client-centered framework*. In: Koch, S. (Ed.). Psychology: A study of a science, New York: Mc Graw-Hill. Vol. III, 184-256.

ROGERS, C.R., 1961 a. *On becoming a person*. Boston, Mass.: Houghton Mifflin.

ROGERS, C.R., 1961 b. *A tentative scale for the measurement of process in psychotherapies*. In: M.P. Stein (Ed.). Contemporary Psychotherapies. New York: Free Press, pp. 113-127.

ROGERS, C.R., 1965. *Psychothérapie et relations humaines. Théorie et recherche*. In: Rogers, C.R. et Kinget, G.M.: Psychothérapie et relations humaines. Louvain-Paris: Beatrice-Nauwelaerts, vol. I, pp. 151-317.

ROGERS, C.R., 1966. *Client-centered therapy*. In: S. Arieti (Ed.). Am. Handb. of Psychiatry. New York: Basic Books, pp. 183-200.

ROGERS, C.R., GENDLIN, E.T., KIESLER, D.J. and TRUAX, C.B., 1967. *The therapeutic relationship and its impact: A study of the psychotherapy of schizophrenics*. Madison, Wisc.: Univ. of Wisconsin Press.

ROGERS. C.R. and SKINNER, B.F., 1956. *Somme issues concerning the control of human behavior: A* symposium. Science, 124, 1057-1066.

ROGNANT, J., 1970. *Les thérapeutiques de déconditionnement dans les névroses*. In: Congrès de Neurologie et de Psychiatrie de Langue Française, LXVIIIe Sess. Milan, 1970. Paris: Masson.

ROSEN, B.C. and D'ANDRADE, R. G, 1959. *The psycho-social origins of achievement motivation*. Sociometry 22, 185-218.

ROSENTHAL, D., 1960. *Confusion of Identity and the frequency of schizophrenia in twins*. Arch. Gen. Psychiat., 3, 297-304.

ROTH, E., 1967. *Einstellung als Determination individuellen Verhaltens*. Göttingen: Hogrefe.

ROTTER, J.B., 1954. *Social learning and clinical psychology*. Englewood Cliffs, N.J.: Prentice Hall.

ROTTER, J.B., 1971[2]. *Clinical psychology*. Englewood Cliffs, N.J.: Prentice Hall.

SARBIN, T.R., 1950. *Contribution to role-taking theory:* I. Hypnotic behavior. Psychol. Rev., 57, 255-270.

SARBIN, T.R., 1954. *Role theory*. In: Lindzey, G. (Ed.). Handbook of social psychology. Vol. I. Reading, Mass., 223-258.

SCHACHTER, S. and SINGER, J.E., 1962. *Cognitive, social, and physiological determinants of emotional state*. Psychol. Rev., 69, 379-399.

SCHEINFELD, A., 1944. *The Kallikaks after thirty years*. J. Hered., 35, 259-264.

SCHEPANK, H., 1974. *Erb- und Umweltfaktoren bei Neurosen. Tiefenpsychologische Untersuchungen an 50 Zwillingspaaren.* Berlin: Springer.

SCHOFIELD, M., 1965. *The sexual Behaviour of Young People.* London: Longmans, Green and Co.

SCHOTTE, J., 1960. *Le transfert. Essai d'un dialogue avec Freud sur la question fondamentale de la psychanalyse.* In: Entretiens psychiatriques. Vol. 5. Paris: P.U.F. pp. 233-252.

SEARS, R.R., MACCOBY, E.E. and LEVIN, H., 1957. *Patterns of child-rearing.* Evanston, Ill.: Row, Petreson.

SEARS, R.R., RAU, L. and ALPERT, R., 1965. *Identification and child-rearing.* Stanford, Calif.: Stanford Univ. Press.

SERON, X., Lambert, J.-L. et Vanderlinden, M. 1977. *La modification du comportement.* Théorie, Pratique, Ethique. Bruxelles: Dessart et Mardaga.

SHELDON, W., STEVENS, S., and TUCKER, W., 1940. *The varieties of Human Physic: An Introduction to Constitutional Psychology.* New York: Harper and Row.

SHIELDS, J., GOTTESMAN, I.I. and SLATER, E., 1967. *Kallmann's 1946 shizophrenia twin study in the light of new information.* Acta psychiat. Scand. 43, 385-96.

SHIRLEY, M.M., 1931. *The first two years: Postural and locomotor development.* Minneapolis: Univ. of Minnesota Press.

SIEGELMAN, M., 1965. *Evaluation of Bronfenbrenners' questionnaire for children concerning parental behavior.* Child Developm., 36, 163-174.

SIEGELMAN, M., 1966. *Loving and punishing parental behaviors and introversion tendences in sons.* Child Developm., 37, 985-992.

SKINNER, B.F., 1938. *The behavior of organisms.* New York: Appleton-Century-Crofts.

SKINNER, B.F., 1953. *Science and human behavior.* New York: Macmillan.

SKINNER, B.F., 1954. *Critique of Psychanalytic Concepts and Theories.* The Scientific Monthly, 79, 300-305.

SOLYOM, L. and MILLER, S.A., 1965. *Differential conditioning procedure as the initial phase of the behavior therapy of homosexuality.* Behav. Res. Ther., 3, 147-160.

SONTAG, L.W., 1944. *War and the fetal-maternal relationship. Marriage and Family Living,* 6, 1-5.

SPENCE, K.W., 1948. *The postulates and methods of « behaviorism ».* Psychol. Rev., 55, 67-78.

SPITZ, R.A., 1945, 1946. *Hospitalism: an inquiry into the genesis of psychiatric conditions in early childhood.* Psychoanal. stud. Child, I) 53-74; 2) 113-117.

STERN, W., 1921[3]– *Die differentielle Psychologie in ihren methodischen Grundlagen.* Leipzig: Barth.

STEVENS, S.S., 1939. *Psychology and the science of science.* Psychol. Bull., 36, 221-263.

STEVENS, S.S., 1951. *Mathematics, measurement and psychophysics.* In: Stevens, S.S. (Ed.). Handbook of experimental psychol. New York: Wiley.

STRASSER, S., 1956. *Das Gemüt. Grundgedanken zu einer phänomenologischen Philosophie und Theorie des menschlichen Gefühlslebens.* Utrecht/Antwerpen, Freiburg: Spectrum, Herder.

STRODTBECK, F.L., 1958. *Family interaction, values, and achievement.* In: Mc Clelland D.C. et al. (Eds.). Talent and society. New Jersey, Princeton, 135-194.

STUART, R.B., 1969. *Operant-interpersonal treatment for marital discord.* J. of Consult. and Clin. Psychol., 33, 675-682.

SYMONDS, P.M., 1939. *The dynamics of parent-child relationships.* New York, 1949².

TAYLOR, J.A., 1963. *Learning theory and personality.* In: J.M. Wepman and R.W. Heine (Eds.). Concepts of personality. Chicago, Ill.: Aldine, pp. 3-30.

TELLENBACH, H., 1974. *Melancholie. Problemgeschichte, Endogenität, Typologie, Pathogenese, Klinik.* Berlin: Springer.

TIENARI, P., 1968. *Schizophrenia in monozygotic male twins.* J. Psychiat. Res. Vol. VI, supp. 1.

TINBERGEN N.., 1953. *The study of instinct.* Oxford: Clarendon Press.

THOMAE, H., 1955²– *Persönlichkeit. Eine dynamische Interpretation.* Bonn: Bouvier.

THOMAE, H., 1968. *Das Individuum und seine Welt. Eine Persönlichkeitstheorie.* Göttingen: Hogrefe.

THOMAS, A., CHESS, S., BIRCH, H.G., HERTZIG, M.E., and KORN, S., 1963. *Behavioral Individuality in early childhood.* New York: Univ. Press.

TOLMAN, E.C., 1932. *Purposive behavior in animals and men.* New York: Century.

TOLMAN, E.C. and HONZIK, C.H., 1930. *« Insight » in rats.* Univ. Calif. Publ. Psychol., 4, 215-232.

TOMAN, W., 1962. *Family Constellation.* New York: Springer. 1969²–

TRYON, R.C., 1940. *Genetic differences in maze-learning ability in rats.* 39th Yearb., Nat. Soc. Stud. Educ., Part I, 111-119.

ULLMANN, L.P. and KRASNER, L., 1969. *A Psychological approach to abnormal behavior.* New York: Prentice Hall.

VALINS, S. and RAY, A.A., 1967. *Effects of cognitive desensitization on avoidance behavior.* J. Pers. Soc. Psychol., 7, 345-350.

VANDENBERG, S.G., 1967. *Hereditary factors in normal personality traits (as measured by inventories).* In: J. Wortis (Ed.). Recent advances in biological psychiatry. New York: Plenum Press, 65-104.

VAN RILLAER, J., 1975. *L'agressivité humaine.* Bruxelles: Dessart et Mardaga.

VERGOTE, A., 1964. *Psychanalyse et anthropologie philosophique.* In: Huber, W., Piron, H., et Vergote, A., La psychanalyse, science de l'homme. Bruxelles: Dessart, pp. 147-255.

VERNON, P.E., 1964. *Personality assessment: A critical survey.* New York: Methuen.

WALKER, A.M., RABLEN, R.A. and ROGERS, C.R., 1960. *Development of a scale to measure process changes in psychotherapy.* J. of Clin. Psychol., 16, 79-85.

WASHBURN, R.W., 1929. *A study of the smiling and laughing of infants in the first year of life.* Genetic Psychology Monographs, 6, 397-537.

WATSON, J.B., 1930. *Behaviorism.* Chicago: University of Chicago Press.

WATSON, J.B. and RAYNER, R., 1920. *Conditioned emotional reactions.* J. Exper. Psychol., 3, 1-14.

WECHSLER, D., 1952^2– *The range of human capacities.* Baltimore: Williams and Wilkins.

WEINBERG, M. and SHABAT, O.E., 1956. *Society and Man.* Englewood Cliffs, N.S.: Prentice-Hall, Inc.

WILLERMAN, L. and CHURCHILL, J.A., 1967. *Intelligence and birth weight in identical twins.* Child Develop., 38, 623-9.

WOLPE, J., 1958. *Psychotherapy by reciprocal Inhibition.* Stanford, Calif.: Stanford University Press.

WOLPE, J., and LAZARUS, A., 1966. *Behavior Therapy Techniques.* Oxford: Pergamon Press.

WOLPE, J. and RACHMAN, S., 1960. *Psychoanalytic « evidence »: A critique based on Freud's case of little Hans.* J. Nerv. Ment. Disc., 130, 135-148.

WUNDT, W., 1864. *Vorlesungen über die Menschen- und Tierseele.* Leipzig, 1863-1864.

WURZBACHER, G., 1963. *Sozialisation-Enkulturation-Personalisation.* In: Wurzbacher, G. (Hg.). Der Mensch als soziales und personales Wesen. Stuttgart, S. 1-34.

ZAZZO, R., 1960. *Les jumeaux: Le Couple et la Personne.* Paris: P.U.F., 2 vol.

TABLE DES MATIERES

Printed in Belgium by Pierre Mardaga - Liège

PSYCHOLOGIE ET SCIENCES HUMAINES

collection publiée sous la direction de MARC RICHELLE